JUÍZO DE DEUS
UMA CHAMA QUE NÃO SE APAGA

Editora Appris Ltda.
1.ª Edição - Copyright© 2024 do autor
Direitos de Edição Reservados à Editora Appris Ltda.

Nenhuma parte desta obra poderá ser utilizada indevidamente, sem estar de acordo com a Lei nº 9.610/98. Se incorreções forem encontradas, serão de exclusiva responsabilidade de seus organizadores. Foi realizado o Depósito Legal na Fundação Biblioteca Nacional, de acordo com as Leis nos 10.994, de 14/12/2004, e 12.192, de 14/01/2010.

Catalogação na Fonte
Elaborado por: Dayanne Leal Souza
Bibliotecária CRB 9/2162

M541j
2024
	Meneghatti, Douglas
	  Juízo de Deus: uma chama que não se apaga / Douglas Meneghatti.
	  1. ed. – Curitiba: Appris, 2024.
	  218 p. : il. ; 23 cm. – (Coleção Ciências Sociais).
	
	  Inclui referências.
	  ISBN 978-65-250-6715-5
	
	  1. Religião. 2. Transcendência (Filosofia). 3. Imanência (Filosofia). I. Meneghatti, Douglas. II. Título. III. Série.
	
	                                                                          CDD – 200

Livro de acordo com a normalização técnica da ABNT

Appris
editora

Editora e Livraria Appris Ltda.
Av. Manoel Ribas, 2265 – Mercês
Curitiba/PR – CEP: 80810-002
Tel. (41) 3156 - 4731
www.editoraappris.com.br

Printed in Brazil
Impresso no Brasil

Douglas Meneghatti

JUÍZO DE DEUS
UMA CHAMA QUE NÃO SE APAGA

Appris
editora

Curitiba, PR
2024

FICHA TÉCNICA

EDITORIAL	Augusto Coelho
	Sara C. de Andrade Coelho
COMITÊ EDITORIAL	Ana El Achkar (Universo/RJ)
	Andréa Barbosa Gouveia (UFPR)
	Antonio Evangelista de Souza Netto (PUC-SP)
	Belinda Cunha (UFPB)
	Délton Winter de Carvalho (FMP)
	Edson da Silva (UFVJM)
	Eliete Correia dos Santos (UEPB)
	Erineu Foerste (Ufes)
	Fabiano Santos (UERJ-IESP)
	Francinete Fernandes de Sousa (UEPB)
	Francisco Carlos Duarte (PUCPR)
	Francisco de Assis (Fiam-Faam-SP-Brasil)
	Gláucia Figueiredo (UNIPAMPA/ UDELAR)
	Jacques de Lima Ferreira (UNOESC)
	Jean Carlos Gonçalves (UFPR)
	José Wálter Nunes (UnB)
	Junia de Vilhena (PUC-RIO)
	Lucas Mesquita (UNILA)
	Márcia Gonçalves (Unitau)
	Maria Aparecida Barbosa (USP)
	Maria Margarida de Andrade (Umack)
	Marilda A. Behrens (PUCPR)
	Marília Andrade Torales Campos (UFPR)
	Marli Caetano
	Patrícia L. Torres (PUCPR)
	Paula Costa Mosca Macedo (UNIFESP)
	Ramon Blanco (UNILA)
	Roberta Ecleide Kelly (NEPE)
	Roque Ismael da Costa Güllich (UFFS)
	Sergio Gomes (UFRJ)
	Tiago Gagliano Pinto Alberto (PUCPR)
	Toni Reis (UP)
	Valdomiro de Oliveira (UFPR)
SUPERVISORA EDITORIAL	Renata C. Lopes
PRODUÇÃO EDITORIAL	Sabrina Costa
REVISÃO	J. Vanderlei
DIAGRAMAÇÃO	Danielle Paulino
CAPA	Kananda Ferreira
ILUSTRAÇÃO DA CAPA	Audrey Natielli Bottega de Andrade
REVISÃO DE PROVA	Lavínia Albuquerque

COMITÊ CIENTÍFICO DA COLEÇÃO CIÊNCIAS SOCIAIS

DIREÇÃO CIENTÍFICA	Fabiano Santos (UERJ-IESP)
CONSULTORES	Alícia Ferreira Gonçalves (UFPB)
	Artur Perrusi (UFPB)
	Carlos Xavier de Azevedo Netto (UFPB)
	Charles Pessanha (UFRJ)
	Flávio Munhoz Sofiati (UFG)
	Elisandro Pires Frigo (UFPR-Palotina)
	Gabriel Augusto Miranda Setti (UnB)
	Helcimara de Souza Telles (UFMG)
	Iraneide Soares da Silva (UFC-UFPI)
	João Feres Junior (Uerj)
	Jordão Horta Nunes (UFG)
	José Henrique Artigas de Godoy (UFPB)
	Josilene Pinheiro Mariz (UFCG)
	Leticia Andrade (UEMS)
	Luiz Gonzaga Teixeira (USP)
	Marcelo Almeida Peloggio (UFC)
	Maurício Novaes Souza (IF Sudeste-MG)
	Michelle Sato Frigo (UFPR-Palotina)
	Revalino Freitas (UFG)
	Simone Wolff (UEL)

Nulla dies sine linea.
Plinius

AGRADECIMENTOS

Agradeço à Substância, pois nela estão contidos todos os atributos e modos aos quais presto minha gratidão. Com um carinho particular individualizo os modos de minha gratidão à Helena, Karla, Dora, Augusto, Marcelo, Fabi, Ester, Gonzalo, Marciano, Paulo e Rosalvo.

PREFÁCIO

No já distante dezembro de 2019 está a linha inicial deste livro, *Juízo de Deus: uma chama que não se apaga*, que, perturbadoramente, mostra a incidência histórica do Juízo de Deus sobre os humanos e sua insistente e nefasta força contemporânea, sobre tudo e todos, principalmente por meio da religião. Porém, especialmente sobre aquelas e aqueles que combatem contra ele, impelidas e impelidos pelo desejo de afirmarem suas singularidades e escaparem da homogeneização e do apagamento das diferenças que movem suas existências.

Era início do mês no qual viria a desencadear a manifestação do vírus que alterou as vidas dos viventes humanos da Terra, nos anos seguintes, e, com ele, uma insidiosa proliferação de juízos morais que também nos asfixiaram. Eu e um grupo de estudantes da Unioeste de Toledo rumamos para Dois Vizinhos, a fim de apresentar a última parte da trilogia de Ésquilo, *Orestéia*, a tragédia *Eumênides*, e lançar o livro, por mim organizado e editado também pela Appris, *Contra o juízo: Deleuze e os herdeiros de Spinoza* (2019). A atividade aconteceu na livraria-bar *Poiesis*, da qual um dos coautores do livro era sócio. Na plateia, em meio a professores, professoras e estudantes de Filosofia, estava o Douglas Meneghatti. Lembro que ele ficou até o fim, participou do debate filosófico acerca dos problemas do Juízo de Deus, em suas diferentes manifestações, e estava na fila de autógrafos.

No papel de Sacerdotisa do templo de Delfos, frente ao espetáculo terrível que seus olhos viam, anunciei o horrendo crime de matricídio cometido por Orestes. A partir do qual foi instituído, por Atenas, o primeiro tribunal, cuja base se perpetua até hoje nos tribunais que conhecemos: com o júri escolhido via sorteio, constituído por idôneos cidadãos capazes de julgar, reta e fielmente aos mandamentos da justiça, a causa em questão; com acusação e defesa; testemunhas, provas, indícios e o veredito. Porém, Ésquilo, em torno de 485 a.C., deu a ver que desde o seu surgimento, a propalada "neutralidade" da justiça não estava ali presente, que ela sempre teve um de seus pratos pendendo para o lado masculino. Cuja escolha é apresentada em "alto e bom (*sic*) tom" por Atena: "Serei a última a pronunciar o voto e o somarei aos favoráveis a Orestes. Nasci sem ter passado por ventre materno; *meu ânimo sempre foi a favor dos homens*. Para que Orestes vença, basta que os votos se dividam igualmente".

Durante o debate sobre a peça e a apresentação do livro – que, com Spinoza e seus herdeiros, se volta contra a acusação e a condenação da existência, em nome de valores transcendentes à Vida, resistindo "ao julgamento, às tentativas de estratificações totalizadoras que promovem microfascismos em nós e macrofascismos na sociedade" (Heuser, 2019, p. 14) – o fácil e "natural" juízo sobre o feminino foi amplamente tematizado, assim como o seu combate, em diversas formas de ações feministas, de mulheres e homens, as quais vinham, até então, alcançando resultados positivos no sentido da igualdade entre os sexos. Mas o inquieto Douglas pôs sua cunha no debate e falou sobre a ascensão do neopentecostalismo. Sensível a questões religiosas, desde a sua formação de seminarista e ao posterior estudo da filosofia de Nietzsche, e na condição de professor no Instituto Federal do Paraná, ele relatou sobre a incidência de juízos morais-religiosos operando na capilaridade das relações e sobre o predomínio do Antigo testamento.

Pronto, sem sabermos, ali estava a linha-mestra de sua tese de doutorado, criada entre 2020 e 2023, que agora se faz livro. Com uma pesquisa filosófica-histórica-religiosa-literária, muitas vezes avessa ao meu desejo de orientadora, Meneghatti mostrou, desde um ponto de vista cosmológico, que, ao menos, do lado de cá, no Ocidente, na 'peça homem' sobram juízos, isto porque eles são o seu principal produto, sobretudo quando entra em ação o *homo religiosus*, o que não significa que os juízos lhes constituam. Portanto, em diferentes configurações, com variações em sua composição, a peça homem é capaz de outros tipos de produção, dentre eles de modos de existência heterogêneos e que deixam viver a diferença e afirmar a imanência da vida.

Por uma profusão de personagens, crítica e criativamente, Douglas Meneghatti mostra inúmeras formas de emaranhamento de corpos e de pensamentos que inibem sua potência de ação, mas também dá a ver desmaranhadas maneiras de sentir, de agir e de pensar, por meio da contravenção ao juízo. Tudo depende de quais linhas seguir e de quais criar. Trata-se de uma disputa entre linhas de Vida e de Morte, da qual leitoras e leitores estão convidados a estabelecer seu próprio combate entre elas.

Ester Maria Dreher Heuser
Toledo (PR), Inverno de 2024

NOTAÇÃO BIBLIOGRÁFICA

Adotamos, para a citação das obras de Nietzsche, a convenção proposta pelos *Cadernos Nietzsche*: as siglas em alemão da edição Colli/Montinari das obras completas do filósofo, acompanhadas de siglas em português para facilitar a leitura das referências. Com a inclusão de uma sigla, por nós criada, referente à obra *Introdução à tragédia de Sófocles*. Elas são as seguintes:

I. Textos editados pelo próprio Nietzsche:

GT/NT – *Die Geburt der Tragödie (O nascimento da tragédia)* – 1871

MAI/HHI – *Menschliches Allzumenschliches* (vol. 1) *(Humano, demasiado humano* (vol. 1)) – 1878

MAII/HHII – *Menschliches Allzumenschliches* (vol. 2) *(Humano, demasiado humano* (vol. 2)) – 1879

VM/OS – *Menschliches Allzumenschliches* (vol. 2): *Vermischet Meinungen (Humano, demasiado humano* (vol. 2): *Miscelânea de opiniões e sentenças)* – 1879

WS/AS – *Menschliches Allzumenschliches* (vol. 2): *Der Wanderer und sein Schatten (Humano, demasiado humano* (vol. 2): *O andarilho e sua sombra)* – 1879

M/A – *Morgenröte (Aurora)* – 1880/81

FW/GC – *Die fröhliche Wissenschaft (A Gaia Ciência)* – 1881/82 e 86

Za/ZA – *Also sprach Zarathustra (Assim falou Zaratustra)* – 1883/85

JGB/BM – *Jenseits von Gut und Böse (Além do bem e do mal)* – 1885/86

GM/GM – *Zur Genealogie der Moral (Genealogia da moral)* – 1887

GD/CI – *Götzen-Dämmerung (Crepúsculo dos ídolos)* – 1888

II. Textos preparados por Nietzsche para edição:

AC/AC – *Der Antichrist (O Anticristo)* – 1888

EH/EH – *Ecce homo* – 1888

DD/DD – *Dyonysos-Dithyramben (Ditirambos de Dioniso)* – 1888

III. Siglas dos escritos inéditos inacabados:

ETS/ITS – Einleitung in die *Tragödie dês Sophocles* (*Introdução à tragédia de Sófocles*) – 1870
GDM/DM – *Das griechische Musikdrama* (*O drama musical grego*) – 1870
ST/ST – *Socrates und die Tragödie* (*Sócrates e a tragédia*) – 1870
DW/VD – *Die dionysische Weltanschauung* (*A visão dionisíaca do mundo*) – 1870
GG/NP – *Die Geburt des tragischen Gedankens* (*O nascimento do pensamento trágico*) – 1870
PHG/FT – *Die Philosophie im tragischen Zeitalter der Griechen* (*A filosofia na era trágica dos gregos*) – 1873

Forma de citação

Para os textos publicados por Nietzsche, o algarismo arábico sem negrito indica o aforismo; no caso de GM/GM, o algarismo romano anterior ao arábico remete à parte do livro; em GD/CI e EH/EH, o algarismo arábico, que se segue ao título do capítulo, indicará a seção. Para os escritos inéditos inacabados, o algarismo arábico ou romano indica a parte do texto; em seguida, é citada a numeração, conforme a tradução portuguesa presente na bibliografia. Para as anotações póstumas, os algarismos arábicos seguidos da data indicam o fragmento póstumo e a época em que foi redigido.

Quanto às citações da Ética de Spinoza, mencionamos o ano da edição, seguido da parte em numeral romano, da indicação de Prefácio, Definição, Postulado, Proposição, Demonstração da Proposição, Escólio da Proposição, Corolário da Proposição entre vírgulas e, ainda, indicamos a página de nossa edição.

Referente às citações da Bíblia, utilizamos a organização canônica, indicamos os livros de forma abreviada, o número do capítulo, seguida de ":" e dos versículos.

Quanto aos textos de Platão, seguem a organização clássica, com as colunas em algarismos arábicos e as seções com letras que vão de "a" a "e".

No que concerne às obras citadas, utilizamos a forma de citação autor-data, conforme a ABNT.

SUMÁRIO

INTRODUÇÃO 15

1
DAS RAÍZES OCIDENTAIS DO JUÍZO 27
   1.1 Ambientação inicial acerca do juízo e suas relações a partir de Nietzsche 32
      1.1.1 Fundamentação do juízo a partir de Kant 35
      1.1.2 Algumas implicações do juízo 39
   1.2 Elementos judicativos nas origens do homem grego 48
      1.2.1 A expressão do juízo nos tragediógrafos clássicos 58
         1.2.1.1 A sina de Édipo 63
         1.2.1.2 A sina de Héracles 65
         1.2.1.3 A sina de Medéia 68
      1.2.2 Elementos introdutórios da tragédia e do juízo que marcaram a filosofia grega 70
   1.3 As origens judaicas do juízo 72
      1.3.1 O suplício judicativo no Gênesis bíblico 79
      1.3.2 Aspectos normativos e elementos apocalípticos do judaísmo 85
   1.4 A ascensão do cristianismo no judaísmo ou para dar continuidade ao juízo 89
      1.4.1 Aspectos paulinos da imersão do cristianismo na cruz 95
      1.4.2 Breve exposição do Evangelho e da I Epístola de São João 98
      1.4.3 O Apocalipse 102

2
DAS CRÍTICAS AO JUÍZO 107
   2.1 A crítica spinozista ao juízo 108
      2.1.1 A necessidade da substância como negação dos polos metafísicos de bem e mal ... 108
      2.1.2 Da falta de sentido do juízo moral 111
      2.1.3 Uma ética sem livre-arbítrio 113
   2.2 A crítica nietzschiana ao juízo 117
      2.2.1 Juízo e mundo aparente 120
      2.2.2 Deus: fonte primeira do juízo 124
   2.3 A crítica deleuziana ao juízo 127
      2.3.1 O fio moral de Ariadne e a sina de Minotauro 128
      2.3.2 Das muitas linhas que atravessam os corpos 132
   2.4 A crítica lawrenciana ao juízo 139
      2.4.1 A libertação do galo ou do desprendimento do juízo 140
      2.4.2 Leitura do Apocalipse a partir de Lawrence 145

3
DA SOBREVIVÊNCIA DO JUÍZO À CRÍTICA 151
3.1 Alguns aspectos do cristianismo recente que servem de preâmbulo
para o surgimento do neopentecostalismo 154
3.2 O crescente caso do neopentecostalismo e da IURD..........................160
    3.2.1 A demonização das diferenças como exaltação da própria identidade na IURD ..164
    3.2.2 Teologia da Prosperidade: o casamento entre a fé e o dinheiro..................168
    3.2.3 As novas faces do juízo frente ao neopentecostalismo 175

4
DAS RELAÇÕES CRUZADAS ENTRE JUÍZO E AFETOS 181
4.1 Jogo de afetos..183
    4.1.1 O fetiche do Deus que convém 185
4.2 Potência do juízo 188
    4.2.1 A sina de alguns contraventores do juízo......................................190

CONCLUSÃO 195

REFERÊNCIAS 205

INTRODUÇÃO

A lógica do juízo incide sobre o mundo, cria estratos que vão preenchendo a terra por camadas que se sobrepõem umas às outras. É difícil localizar com precisão a gênese e o limite de cada camada, embora, tal qual em geologia, a territorialização de cada estrato deixa marcas passíveis de serem vislumbradas e que denunciam os grandes conjuntos molares que marcam o caminhar da terra e da humanidade junto dela. Para Deleuze e Guattari (2011a, p. 70), tais estratos "Consistiam em formar matérias, aprisionar intensidades ou fixar singularidades em sistemas de ressonância e redundância". Aprisionar! Eis a pertinente formulação da dupla francesa: os estratos aprisionam intensidades, tentando impedir ou dificultando a passagem de novos fluxos e novas formas de existência. E mais: estabelecem cifras para o caos e, com isso, limitam camadas inteiras que ganham forma e se tornam arquétipos que regulamentam e, consequentemente, moralizam o mundo. Tais estratos não passam de "juízos de Deus" – é o que assegura a dupla francesa e que serve de ponto de partida para a nossa investigação.

O conjunto de engrenagens que compõem a terra, no entanto, não pode ser subsumido, exclusivamente, sob a ótica do juízo. Não há rigidez ontológica ou divina capaz de impedir totalmente a passagem de fluxos própria ao funcionamento do cosmos. Portanto, o juízo não pode ser tomado como primeiro na compreensão da mecanosfera[1]. Heráclito já preambulava: "A ordem, a mesma para todos, nenhum deus ou homem a fez, mas ela sempre foi, é e será: fogo eterno, aceso com medida e com medida apagado" (HERÁCLITO, 2009, p. 73). Fogo é inconstância e, portanto, mudança: essa mudança é o próprio devir que, na ótica deleuziana, é aceso e apagado com

---

[1] Em sua tese doutoral, Guerrezi mostrou a possibilidade de uma leitura cosmológica do *Mil Platôs* de Deleuze/Guattari, revelando que toda a cosmologia se efetiva em processos de constituição e desconstituição, de forma que o *cosmos* é uma "grande máquina", ou uma mecanosfera que engloba o conjunto de máquinas e processos: "*Mil Platôs* concebe o mundo como uma grande máquina, uma Mecanosfera. Tudo é compreendido em termos de máquinas, peças que integram máquinas e processos de conexão e desconexão dessas peças e máquinas. A grande protagonista da trama, a Terra, se mostra como o solo onde esses processos e produções de máquinas e peças se efetuam sendo, ela mesmo, uma máquina: uma Mecanosfera, a grande máquina, o conjunto de todas as máquinas e de todos os processos. Uma Cosmologia maquínica, uma Cosmologia dos processos efetuados nas e por máquinas. Essa Cosmologia não evoca uma concepção estática, hierárquica e finalista. Ao propor o mundo como máquina, a dupla francesa está suprimindo qualquer distinção de nível entre as peças que compõem esse mundo. Não existe algo com menos 'ser' do que outro. O homem ou a ideia de Deus não possuem mais ser do que uma bactéria. E as próprias peças que compõem o homem, seus órgãos, suas células, seus pensamentos, não possuem menos razão de ser do que o homem como máquina" (GUERREZI, 2020, p. 19-20).

o renascimento de ciclos que se alimentam da diferença, um constante retorno da diferença: "Revir é o devir-idêntico do próprio devir. Revir é, pois, a única identidade, mas a identidade como potência segunda, a identidade da diferença, o idêntico que se diz do diferente, que gira em torno do diferente" (DELEUZE, 2021, p. 68). Nesse viés, a ordem – ou a unidade de tudo o que existe – não pode ser separada da multiplicidade e do caos de toda a existência. A mudança simboliza processos que extrapolam a teleologia metafísica, pois se sustenta em efeitos imanentes de maquinações que operam em interconexão com a totalidade, produzindo consistências sem deixar de lado o acontecer de intensidades.

A questão que nos inquieta é o aparecimento da "peça" humana em meio às grandes engrenagens da mecanosfera, "peça" recente, relativamente à idade da Terra, mas que tem-se mostrado altamente nociva às muitas outras formas de vida. Claude Lévi-Strauss, ao receber o 17º Prêmio Internacional Catalunha, em 2005, disse, em poucas palavras, aquilo que deveria estar sempre explícito na relação homem-cosmos: "Meu único desejo é um pouco mais de respeito para o mundo, que começou sem o ser humano e vai terminar sem ele – isso é algo que sempre deveríamos ter presente"[2]. Falta respeito, porque sobra juízo; sobra juízo, porque essa pequena "peça homem", acrescida à engrenagem da grande máquina-mundo, parece atuar sempre como os olhos da roda de Ezequiel[3], constituindo um organismo que tudo vê e, para piorar, tudo controla. Para Lins (2004, p. 19), "o juízo repousa, de fato, numa espécie de agenciamento maquínico que visa a uma totalidade significante, a um organismo".

A partir da leitura deleuze-guattariana, podemos associar o mundo a uma grande máquina, cujo sistema é composto por engrenagens que vão incorporando a si todo e qualquer *subestrato*. Desse modo, estratificando e formando camadas, a grande máquina vai constituindo conjuntos molares que dão forma ao velho mundo. Nesse processo de estratificação, intensidades são aprisionadas e singularidades fixadas num plano de consistência que visa a codificar e a territorializar toda a vasta mecanosfera (cf. DELEUZE; GUATTARI, 2011a, p. 70). Por meio dessa densa estratificação, a dupla francesa destaca os desvios e fugas de intensidades, que buscam desestratificar as densas camadas já edificadas. À semelhança de *A construção* de Kafka, cujo construtor vive atormentado com a possibilidade iminente de um

---

[2] Disponível em: https://www.lavanguardia.com/cultura/20050330/51262806768/el-antropologo-levi-strauss-s-gana-el-premi-internacional-catalunya.html Acesso em: 15 mar. 2022.

[3] Referência ao livro bíblico de Ezequiel, que será explorado no item 1.3.2.

"[...] flanco totalmente inesperado" (KAFKA, 1998, p. 64), capaz de assolar a paz no recôndito de sua laboriosa toca/casa, a segmentaridade dura está constantemente "ameaçada" por novas singularidades que podem pôr à prova toda a estrutura que rege a grande máquina com suas engrenagens. No fundo, as forças estranhas e invisíveis que atormentam o construtor de Kafka são as intensidades que buscam romper a segmentaridade dura por ele construída em sua toca.

De acordo com Deleuze e Guattari (2011a, p. 70), "os estratos eram juízos de Deus, a estratificação geral era todo o sistema do juízo de Deus". Dito em outras palavras, a velha engrenagem da grande máquina, que incorpora e produz *subestratos*, já dispunha de uma *geologia da moral*[4]. Obviamente que, nesse processo de estratificação, como dito acima, nem tudo se constituía como juízo de Deus, haja vista que as fugas de intensidades e singularidades faziam parte da própria constituição da mecanosfera. A partir disso, sustentamos que, com a inserção da peça homem nas engrenagens da grande máquina, gradativamente, as rotas de fuga foram se tornando cada vez mais escassas, de forma que nossa problemática gira em torno da tendência humana de produção e difusão do juízo, principalmente, por sua capacidade de se colocar como *homo religiosus*, ou, em outras palavras, mas com o mesmo sentido, homem difusor de juízo.

Que o surgimento da espécie humana seja um marco para o cosmos não há dúvida; no entanto, algumas questões nos parecem pertinentes. A saber, por que razão a "peça homem" busca sempre se desprender das engrenagens da mecanosfera para constituir um sistema judicativo contra o cosmos, o outro e a si próprio? Ou ainda: o que teria levado os humanos a moralizarem o mundo, hierarquizando-o por meio de valores que ascendem até o transcendente? São perguntas inquietantes, na medida em que revelam a operacionalidade do juízo e sua interlocução direta na relação entre homem e natureza. São ainda inquietantes porque nos remetem à relação entre a finitude humana e a infinitude do cosmos, de forma que esse atravessamento entre a força finita e a infinita abre margem para uma representação infinita que se formaliza em Deus: "[...] as forças no homem entram em relação com forças de fora, de tal modo que o composto é a forma-Deus, nunca uma forma-Homem. Esse é o mundo da representação infinita" (DELEUZE, 2019, p. 126).

---

[4] Referência ao título do capítulo 3, de *Mil platôs*, vol.1, (2011a).

Para Deleuze, Deus, então, aparece como o "desdobramento supremo" (2019, p. 127), ou melhor, como enunciação de uma força externa, infinita e universal que é justaposta à finitude humana. O juízo, assim, se alimenta da infinitude divina, pois frente a ela o homem sequer existe, não passa de um capacho: "Enquanto Deus existe, isto é, enquanto funciona a forma-Deus, o homem ainda não existe" (DELEUZE, 2019, p. 131). Essa forma divinizada do homem o eleva à incessante condição de juiz, carrasco, verdugo, inquiridor e, em última instância, até de Deus. Não há limites para o humano divino que faz de sua vontade sempre uma vontade de verdade e de sua verdade um ponto indivisível. Que é necessário superar essa figura mitológica do homem/Deus, Nietzsche e o próprio Foucault já preambularam, todavia, Deleuze orienta acerca da possibilidade de tal superação virar "história em quadrinhos" (2019, p. 132), ou, ainda, do risco do surgimento de uma nova forma que seja nem homem nem Deus e, em contrapartida, "poderia ser pior que as duas precedentes" (2019, p. 132).

Para lidar com a temática do juízo, elegemos como linha de partida o texto *Para dar um fim ao juízo*, presente na obra *Crítica e Clínica* (2011) de Deleuze. Nele encontramos o arsenal introdutório para enfrentar as diversas nuanças e intersecções que perfazem o juízo em seus elementos filosóficos, culturais e históricos. A conceituação que acompanha toda a investigação está alicerçada na definição de juízo como "dívida infinita", uma dívida oriunda da forma-Deus e universalizada nos primórdios do judaísmo e das religiões micênicas. Uma existência marcada por uma "dívida infinita" é uma vida originada numa gaiola e adestrada para repetir os velhos bordões da moral, enclausurando o humano ao juízo. Ademais, não basta nascer aprisionado, é preciso perpetuar a prisão e ansiar por uma imortalidade que impele a uma vida outra; por isso "é preciso que o devedor sobreviva se sua dívida é infinita" (DELEUZE, 2011, p. 163). Como sugere Deleuze (2011, p. 165), os deuses concedem "[...] *lotes* aos homens" e, com isso, fazem deles seus inquilinos. Arar e cultivar terras divinas numa relação de subserviência e gratidão ao donatário, assim se faz a história do juízo e, assim, se aprisionam novos corpos que passam a ser prisioneiros de ideais estranhos, mas que, por serem herdados de gerações passadas, se tornam infinitos.

Aprisionar corpos é o mesmo que constituir organismos, delegando funções e causalidade para cada membro e órgão de que um corpo dispõe. Na busca pelo desprendimento do juízo, Artaud (2019)[5] se inscreve na

---

[5] Com uma vida marcada pelos desafios da escrita, Antonin Artaud se dedicou, sobretudo, ao teatro. Foi ele quem primeiro se ocupou com a questão de "acabar com o julgamento de Deus". Tal empreendimento aparece

tradição da imanência filosófica e lança o despertar de um novo corpo, em que o OSSO assume maior vitalidade que o "velho" ser[6]. O faz a partir de uma ótica em que é preciso romper com a lógica de funcionamento dos órgãos, para que a vida possa se constituir em seus múltiplos encontros:

> Se quiserem podem meter-me numa camisa de força
> mas não existe coisa mais inútil que um órgão.
>
> Quando tiverem conseguido um corpo sem órgãos,
> Então o terão libertado dos seus automatismos
> E devolvido sua verdadeira liberdade.
>
> Então poderão ensiná-lo a dançar às avessas
> como no delírio dos bailes populares
> e avesso será
> seu verdadeiro lugar (ARTAUD, 2019, p. 196).

Tal qual Deleuze e Artaud, partimos da premissa de que seria preciso superar o conceito de organismo para desprender o humano do juízo. Importante pôr em relevo que esse "corpo afetivo, intensivo, anarquista, que só comporta polos, zonas limiares e gradientes" (DELEUZE, 2011, p. 168), nos lembra o além-do-homem (Übermensch) nietzschiano e a tentativa de superar a figura mitológica homem/Deus que, para o próprio Deleuze, conforme mencionado de início, incorre no perigo de se transformar em "história de quadrinhos". Não estamos diminuindo ou desmerecendo a crítica ao organismo e seu papel preponderante para escapar do juízo. Nem estamos subestimando a belicosidade do juízo, que tem-se revelado como um adversário implacável e, ao que tudo indica, ainda não dispersara seus pelotões em batalha. Aqui, novamente, insurge nossa problemática movida pela difusão do juízo: seria possível uma vida para além do juízo ou seria o juízo o motor colérico que move as massas e acaba por suprimir

---

ao final de 1947, quando o texto *Para acabar com o juízo de deus*, é gravado para o programa radiofônico francês *La Voix des Poètes*. Para melhor investigação e compreensão da temática, recomendamos a leitura do texto *O caso Artaud: o corpo sem órgãos para acabar com o julgamento de Deus*, de Guerrezi, presente na obra *Contra o juízo: Deleuze e os herdeiros de Spinoza*, organizada por Heuser (2019).

[6] "Para existir basta abandonar-se ao ser
mas para viver
é preciso ser alguém
e para ser alguém
é preciso ter um OSSO,
é preciso não ter medo de mostrar o osso
e arriscar-se a perder a carne" (ARTAUD, 2019, p. 185).

as intensidades e forças moleculares? Obviamente que não queremos dar ao juízo a infalibilidade papal ou, menos ainda, a tirania de um déspota. Entrementes, precisamos reconhecer o valor de nosso oponente, uma vez que subestimá-lo não parece ser uma forma prudente de combatê-lo.

Para a tarefa de perscrutar até as mais longínquas terras em que o juízo estabeleceu suas raízes, empreendemos um estudo genealógico das civilizações helênica e judaica – tendo em vista que, a partir delas, a ação do juízo se intensificou. A fim de realizar tal empreendimento, é mister salientar que, embora tenhamos citado a busca pelas raízes, fizemos isso de forma mais rizomática do que radicular[7]. Afinal, não pretendemos reconstituir quaisquer essência ou verdade subjacente ao passado. Partilhamos da lendária e emblemática frase de Pompeu Magno: *"Navigare necesse"* (Navegar é preciso). Indo despretensiosamente ao encontro de águas e terras desconhecidas, acreditamos ser possível novos encontros e novos devires, capazes de reviver e atualizar a tênue linha do tempo. Como sugeria Nietzsche: "Dir-se-á talvez um dia que nós também, rumando para o Ocidente, esperávamos alcançar as Índias – mas que nosso destino era naufragar no infinito?" (M/A § 575). É preferível naufragar um novo infinito a apenas alcançar qualquer trajeto almejado: assim a velha Europa conheceu a América e, também assim, esperamos perscrutar um pouco de nossos antepassados.

Foucault, alicerçado no conceito nietzschiano de genealogia, nos convida a uma nova narrativa sobre a origem histórica dos ditos "fatos", salientando que "a história ensina também a rir das solenidades da origem" (1979, p. 18) e, ademais, "o que se encontra no começo histórico das coisas não é a identidade ainda preservada da origem – é a discórdia entre as coisas, é o disparate" (1979, p. 18). Encontrar disparates e não identidades, esta é a tarefa frente à qual empreendemos nosso labor de perscrutar os longos caminhos percorridos pelo juízo junto aos nossos predecessores. Em contrapartida, temos consciência de que, enquanto formos apresentando traços históricos dos povos helênico e judaico, corremos o risco de uma leitura epistêmica e, muitas vezes, estigmatizada pelo peso dos anos da historiografia. Desse modo, esperamos, parafraseando Foucault (1979, p. 19), nos demorar mais nas "meticulosidades e nos acasos dos começos" do que naquilo que fora tomado como essencial e verdadeiro.

---

[7] Para Deleuze e Guattari (2011a, p. 28), "o rizoma é uma antigenealogia". A raiz se fixa num ponto e, portanto, dispõe de uma ordem e sequência retilínea, ao passo que o rizoma se ramifica em diversas e variadas conexões não sequenciais. Assim, enquanto o pensamento rizomático se abre para diversas direções, a forma radicular representa a unidade e homogeneidade de sentido.

Para tentar vencer os perigos de uma leitura e escrita epistêmica, operamos pelo que podemos chamar de teoria do funcionamento: se funciona, uso; se não funciona, descarto. Deleuze não poderia ser mais direto: "Se não funciona, se nada se passa, pegue outro livro" (2013, p. 16-17). Para melhor esclarecimento, voltemos à grande engrenagem da mecanosfera, cujos fluxos não seguem o princípio de causalidade, a razão suficiente e, menos ainda, o desígnio de qualquer autoridade literária, filosófica ou religiosa: "Escrever é um fluxo entre outros, sem nenhum privilégio em relação aos demais e que entra em relações de corrente, contracorrente, de redemoinho com outros fluxos" (DELEUZE, 2013, p. 17). Nesse jogo de fluxos, não interessa tanto se escolhemos a tragédia *As Traquínias*, *Filoctetes*, ou nenhuma delas, se usamos a filosofia de Spinoza, Marx, ou de ambos, ou, ainda, de nenhum deles, pois o que importa é o funcionamento da grande engrenagem que aqui se materializa no conjunto desse livro. Portanto, cada peça cumpre sua função e ajuda no funcionamento da grande máquina; no entanto, outros operadores utilizariam outras peças, podendo ou não corromper a operacionalidade da maquinaria.

É certo que a história tem produzido demasiados cortes e recortes, numa ótica em que, ao mesmo tempo, podemos falar de uma história do juízo e de um juízo da história. Este demarca fronteiras do conhecimento e constrói significantes que acabam dando o tom das leituras comuns que conjuram e petrificam os acontecimentos do passado. À memória histórica, Nietzsche opõe o esquecimento (GM/GM II § 3) como forma de banir o "egipcianismo" que subjaz às visões metafísicas com tendência a transformar os acontecimentos em ciência objetiva[8]. Encontrar o ponto de equilíbrio entre o excesso e a carência de memória é um desafio, frente ao qual é necessária uma fuga da identidade e do formalismo que subjazem o saudosismo morto do passado: "Por isso o homem, para Nietzsche, cambaleia entre o excesso e a falta de história. Sem história, ele seria um animal como outro; com história demais, ele viveria engasgado com o passado e se tornaria incapaz de projetar-se no futuro" (OLIVEIRA; GUIMARÃES, 2015, p. 89). Sendo assim, ciente dos afetos e paixões que perscrutam os agentes históricos, nos lançaremos ao juízo, numa jornada filosófica que seria improdutiva tanto com o excesso quanto com a ausência da história.

---

[8] "Essa história dos historiadores constrói um ponto de apoio fora do tempo; ela pretende tudo julgar segundo uma objetividade apocalíptica; mas é que ela supôs uma verdade eterna, uma alma que não morre, uma consciência sempre idêntica a si mesma. Se o sentido histórico se deixa envolver pelo ponto de vista supra-histórico, a metafísica pode retomá-lo por sua conta e, fixando-o sob as espécies de uma ciência objetiva, impor-lhe seu próprio 'egipcianismo'" (FOUCAULT, 1979, p. 26-27).

Com uma mitologia fortemente marcada por crueldade, traição, vingança, amor e ódio entre as entidades divinas e os primeiros humanos, os helênicos cultivaram o juízo desde seus escritos mais antigos. Por outro lado, os judeus não deixaram a desejar e apresentaram histórias muito semelhantes, as quais ligam seu monoteísmo a sentimentos antagônicos entre Deus e homens e, acima de tudo, constituem, entremeio a leis, castigos e recompensas, um terreno fértil para o florescimento do juízo. Desse modo, as linhas molares, estratificadas sobre muita crueldade e sangue, já estavam presentes no berço da civilização ocidental que se, por um lado, indispõe de uma lei severa como o Código de Hamurabi dos mesopotâmios[9], por outro, institui costumes e normativas capazes de tolher quaisquer manifestações individuais e anárquicas em meio ao poder que fora sendo constituído. Sendo assim, antes mesmo do aparecimento da justiça e do Estado, o juízo já imperava sobre os costumes, marginalizando "minorias"[10] e estabelecendo relações de poder que, como veremos, estavam estritamente ligadas ao poder divino sobre o qual o juízo fixou suas bases, estabeleceu hierarquias e instituiu tabus e padrões comportamentais que marcam o folclórico início da moral.

Para dar conta de uma abordagem do juízo e suas atrocidades, elencamos cinco faces e características que parecem formar seus diversos estratos:

1ª Superioridade moral e anulação das diferenças.

2ª Fanatismo religioso e conservadorismo dos costumes.

3ª Tonalidade legalista e incapacidade de aceitar nuanças culturais.

4ª Superioridade étnica, de gênero e racial, e exclusão das minorias.

5ª Tendência teleológica com fins apocalípticos.

---

[9] Com o objetivo de unificar as leis e fortalecer o Império Babilônio, o rei Hamurabi, que reinou de 1792 a.C. até sua morte, em 1750 a.C., criou um conjunto de severas leis – institucionalizando a "justiça" em terras mesopotâmias: "Hamurabi, conquistador ilustre, é principalmente um legislador. Fez gravar o seu Código em um betilo de diorito com os seus 282 artigos, 'decretos de equidade', que o deus solar Shamash lhe ditou, do seu celestial trono, ao mesmo tempo que lhe entregava o cetro e o anel –símbolos do poder. Assim, a lei real é também uma lei divina, é a própria palavra de Deus" (SIMÕES DE PAULA, 1963, p. 260). Conhecido como o primeiro conjunto de regras documentado na história, é marcado pela proporcionalidade direta entre crime e punição – de tal sorte que boa parte das sanções prescritas termina em morte do réu.

[10] Convém, desde já, mencionar que "as minorias e as maiorias não se distinguem pelo número. Uma minoria pode ser mais numerosa que uma maioria. O que define a maioria é o modelo ao qual é preciso estar conforme: por exemplo o europeu médio adulto macho habitante das cidades... Ao passo que uma minoria não tem modelo, é um devir, um processo" (DELEUZE, 2013, p. 218).

Separadas, cada uma das faces já caracteriza o juízo; afinal, há muitas formas de aprisionar corpos e inibir sua potência de ação. Com tal esquematismo, não queremos exaurir ou delimitar um significado definitivo para o juízo, outrossim, tentar dar visibilidade às suas principais máscaras ou faces, sem as quais é difícil demarcar com quem estamos lidando. Quanto ao seu *modus operandi* é mister, desde já, pontuar que o juízo se inscreve diretamente nos corpos, selando sua conduta e o vinculando a uma "dívida infinita" da qual passa a fazer parte. Em outras palavras, por meio do juízo, corpos são marcados, ganham individuação e passam a ser uma espécie de vitrine a olhares que não cessam de prestar vigilância. Quanto aos seus remetentes e destinatários, o juízo é geralmente difundido pelo meio familiar e pelas instituições que costumam compor o Estado: religião, aparato jurídico, sistema político, econômico e educacional. Por essa razão, entendemos que, acerca do indivíduo, não há juízo, pois é preciso estar em relação, seja com um rei, um pai, um pastor, um Deus ou com quem for; ademais, o indivíduo é resultado ou efeito e, na nossa interpretação, produto do juízo[11].

Conforme mencionado, o juízo se difunde heterogeneamente nos mais diversos meios que compõem as relações humanas. No entanto, é, excepcionalmente, por meio da religião que ele tem constituído sua história e se mantido firme, razão pela qual nosso livro assume o viés religioso como espinha dorsal que concatena todo o estudo empreendido. Para tanto, consideramos imprescindível uma análise dos primórdios da religiosidade helênica e judaica, tendo em vista que a formação do indivíduo ocidental é atravessada pela herança cultural, fundamentalmente religiosa, desses povos. Somos diretamente herdeiros do "espírito" helênico e judaico que permanece vivo no seio dos mais diversos credos religiosos da atualidade. Com isso, não estamos negando a influência de outras vertentes culturais e religiosas, como o hinduísmo, o islamismo, religiões afro, ameríndias e tantas outras; estamos, porém, assinalando a predominância cultural desses povos na formação da "consciência americana" e, sobremaneira, brasileira.

Embora as raízes do povo brasileiro não devam ser remetidas ao helenismo ou ao judaísmo, haja vista que esse vasto território já dispunha de suas próprias crenças e cultura muito antes da chegada dos europeus, é inegável que o processo de usurpação e colonialismo pelo qual os nativos

---

[11] Acerca do indivíduo não há juízo porque toda singularidade é afetada de fora: "Existem singularidades de todos os tipos, sempre vindas de fora: singularidades de poder, apanhadas em relações de forças, singularidades de resistência, que preparam as mutações; e mesmo singularidades *selvagens*, que ficam suspensas no lado de fora sem entrar em relações nem se deixar integrar" (DELEUZE, 2019, p. 117).

foram submetidos fez do Brasil um país com traços europeus de "identidade" cristã e, por isso, alicerçada no velho helenismo e judaísmo. Desde então, quando, em 1549, o primeiro governador-geral português se estabeleceu em terras brasileiras, acompanhado por vários jesuítas liderados por Manuel da Nóbrega, a heterogeneidade cultural que permeava os costumes e crenças indígenas foi, lentamente, dilacerado pelo "novo" catolicismo aqui implantado. Para Aranha, "o catolicismo foi *'o cimento de nossa unidade'*, neutralizando os efeitos dessas culturas tão heterogêneas" (1989, p. 123).

Com a chegada dos jesuítas, o Brasil, assim como o mundo ocidental, viu o catolicismo romano sofrer diversos cismas e rupturas, que vão desde o evangelismo histórico, derivado das Reformas Protestantes do século XVI, até o advento dos evangélicos pentecostais no início do século XX[12]. Desde então, fica difícil enumerar o número de novas igrejas e seitas que anualmente expandem o quantitativo e fazem do Brasil um país *multicristão*. Para nossa tarefa de acompanhar as diversas sinas do juízo em meio à credulidade religiosa, optamos por uma análise do neopentecostalismo, mais especificamente, da Igreja Universal do Reino de Deus: surgida no próprio Brasil e, sem sombra de dúvida, um fenômeno em termos de proporção de fiéis, expansão intercontinental, polêmicas, influência midiática, econômica e política.

Alimentados pela hipótese de que o juízo limita e até inibe a ação dos corpos, iniciamos a exposição com um primeiro capítulo dedicado às origens helênicas e judaicas do juízo – com um passeio pelo cristianismo derivado do judaísmo histórico. Para essa finalidade, elegemos uma seleção de tragédias gregas e, também, selecionamos alguns textos da Bíblia judaico-cristã. Convém, desde já, mencionar que o critério usado na seleção teve por base os textos que dispõem, na nossa ótica, de maior relação com o juízo e suas faces já elencadas. Ainda acerca do primeiro capítulo, utilizamos do item 1.1 e seus dois subitens para estender as análises preliminares e introdutórias do livro, de tal sorte que o desenvolvimento propriamente dito inicia no item 1.2.

---

[12] As Igrejas Protestantes históricas são a Luterana, Presbiteriana, Congregacional, Anglicana, Metodista e Batista, enquanto as pentecostais têm início no Brasil com a Congregação Cristã do Brasil e a Assembleia de Deus e se multiplicam ao longo das últimas décadas. Quanto à singularidade dos evangélicos pentecostais, "para simplificar, os pentecostais, diferentemente dos protestantes históricos, acreditam que Deus, por intermédio do Espírito Santo e em nome de Cristo, continua a agir hoje e da mesma forma que no cristianismo primitivo, curando enfermos, expulsando demônios, distribuindo bênçãos e dons espirituais, realizando milagres, dialogando com seus servos, concedendo infinitas amostras concretas do Seu supremo poder e inigualável bondade" (MARIANO, 2005, p. 10).

No segundo capítulo, analisamos a resistência filosófica empreendida contra o juízo. Para tanto, abordamos aqueles que consideramos os principais pensadores que lhe empreenderam resistência e combate. Partindo de Spinoza, passamos por Nietzsche, Deleuze e Lawrence – herdeiros do spinozismo. Como se trata de um capítulo direcionado para a crítica ao juízo, não temos por pretensão operar uma análise geral da filosofia dos pensadores indicados. Interessa-nos, sobretudo, os elementos que os ligam à resistência e à possibilidade de uma vida desprendida das amarras do juízo.

No terceiro capítulo, mostramos a insistência do juízo em aprisionar corpos e manipular coletivos, sobretudo no cenário religioso. Sobrevivendo à crítica, o juízo reascendeu, no século XX, com o pentecostalismo e alcançou proporções ainda mais fortes com o neopentecostalismo, a partir da década de 70. É certo que outros setores, como a economia e a política, também constituem a atualidade do juízo; no entanto, nossa investigação se restringe à religião, na medida em que sustentamos que é por meio dela que nosso oponente se insere e se sustenta na sociedade – instituindo costumes e, principalmente, dando poder a seus idealizadores e operadores, que fazem da religião uma verdadeira máquina social, psíquica e econômica, com o intuito de ditar as regras de convivência e instituir os padrões que "devem" reger o *corpus* coletivo.

Por fim, redigimos o quarto e último capítulo com o objetivo de apontar as relações cruzadas entre juízos e afetos. Revelando a força de nosso oponente, buscamos traçar um caminho de encontros e disputas entre ambos, de tal sorte que, na dinâmica relação que os corpos exercem entre si, há sempre produções judicativas e, também, afetos de alegria e crescimento de potência. Assim, encerramos a análise com a sina de nossos mestres que, na ânsia do ataque contra o inimigo que lhes cercava, também sofreram duros golpes e tiveram de carregar cicatrizes que marcaram seus corpos e selaram seus destinos.

1

DAS RAÍZES OCIDENTAIS DO JUÍZO

Encontrar as origens e, excepcionalmente, os disparates históricos do juízo é uma tarefa complexa e inexaurível. Ora enraizado nas religiões, ora na filosofia e na própria ciência, o juízo está presente nas mais remotas e distantes civilizações, transitando pela história através da tradição, que encontra nele uma forma de salvaguardar costumes sagrados ou valores transcendentes. Pensar uma realidade aquém do juízo chega a ser ilusório, pois o dever impera tiranicamente hierarquizando os humanos e deixando todos à mercê de um sistema de julgamento. Imaginamos o mundo como um grande batalhão de exército com suas insígnias, que vão desde o general até o soldado que aspira a ser cabo para, quiçá, um dia, se tornar general. Estamos todos sob a égide do juízo e ele costuma aparecer hierarquizado. É como um jogador de futebol que se torna técnico, de executor do "sistema" se transforma em coordenador do mesmo, mas o "sistema" continua ali e, agora, mais do que antes, é seu dever ainda maior zelar por ele.

Há pelo menos dois milênios os filósofos têm-se perguntado sobre o que é a realidade e qual o papel dos humanos inseridos nela. Muitas têm sido as teorias e inquietações que movimentaram as mais diversas interpretações de cunho cosmológico e ou antropológico acerca de tais questões fundamentais; no entanto, ao tentar explicar e encontrar seu lugar no mundo, o homem foi aos poucos se tornando um grande emissor dos mais variados tipos de juízo que se, por um lado, surgem como meras predicações das coisas e sentimentos, por outro, aprisionam costumes e povos inteiros na ótica da moral, ou melhor, dos juízos morais: que em muitos casos se originam de uma moralização dos costumes em benefício de um *status quo* coletivo. Tal *status* se beneficia do juízo prático (moral) como mantenedor da ordem – ou, para usar uma linguagem do senso comum, da moral e dos bons costumes.

Nietzsche inicia o texto *Sobre verdade e mentira no sentido extramoral* (2008) falando da invenção do conhecimento. Pedimos licença poética para transcrever, salvaguardando o estilo, as primeiras linhas de Nietzsche:

- Em ALGUM REMOTO rincão do universo, que se deságua fulgurantemente em inumeráveis sistemas transcendentes, havia uma vez uma instância superior, na qual animais astuciosos inventaram o conhecimento e o juízo. Foi o minuto mais audacioso e hipócrita da "história universal": mas, no fim das contas, foi tão incisivo e marcante que esse momento "heurístico" perpassou a tradição como o mais sagaz de todos os momentos. Acontecimento ímpar da história que, por carecer de ilustração, foi tomado como ilustrado a priori, a partir dele todo o universo passou a cintilar com o brilho do juízo que se apresenta como a Estrela d'Alva para as intempéries do desconhecido (WL/VM § 1, grifo nosso com adaptação).

Embora nesse trecho Nietzsche se refira tão somente à questão do conhecimento e não do juízo em específico, consideramos pertinente esse acréscimo, pois é difícil separar a *gênesis* do conhecimento da *gênesis* do juízo. Nesse viés, conhecimento, linguagem e juízo estão tão próximos que é difícil pensá-los isoladamente. Onde há linguagem existe acúmulo de conhecimento e, costumeiramente, emissão de juízos, que vão desde os gêneros masculino e feminino dos substantivos na linguagem[13] até a construção de significantes morais como a ideia de bem e mal.

Tendo em vista o poder que a linguagem exerce sobre as relações humanas, é pertinente a questão: "seria possível o uso da linguagem desvinculada dos mecanismos de efetivação do juízo?". A resposta se revela emblemática na medida em que esses "animais astuciosos" que inventaram o conhecimento o fizeram em paralelo com a linguagem e o juízo. Ademais, conforme Deleuze e Guattari (2011b, p. 104-105), com a primazia do significante sobre o significado a linguagem ganhou uma conotação abstrata e, de certo modo, houve uma fausta aliança entre o abstrato e o transcendente (Deus) com a linguagem que, a partir de então, transcorre como efusão do juízo que, mesmo sem ser concreto, versa diretamente sobre a *práxis* humana, exatamente como a fulgurante Estrela d'Alva para os cristãos, mostrando o caminho em meio à "escuridão".

A busca por uma explicação do juízo nos remete ao célebre livro *Vulgo Grace*, de Margaret Atwood, que em 2017 se popularizou por meio de uma minissérie dirigida por Mary Harron. No que tange ao livro de Atwood,

---

[13] Na linguagem se encontra o berço dos preconceitos morais: "Seccionamos as coisas de acordo com gêneros, designamos a árvore como feminina e o vegetal como masculino: mas que transposições arbitrárias" (WL/VM § 1). Nietzsche alerta para a arbitrariedade dos gêneros linguísticos, que, no fundo, não passam de casualidades que ganham conotação de verdade e passam a denotar poder entre os homens: a linguagem se torna transcendente na medida em que petrifica significantes que não passam de nomes, tornando-os realidades em si mesmas. Foucault também explora essa temática no texto *A ordem do discurso* (2004).

interessa-nos, sobretudo, a situação de Grace: acusada e condenada por participar do crime de assassinato da governanta Nancy Montgomery e de seu patrão Thomas Kinnear, quando tinha apenas 16 anos de idade. Baseada em elementos reais da vida de Grace Marks, que foi condenada à prisão perpétua por assassinato, a obra narra elementos intrigantes de sessões terapêuticas entre Marks e o médico psiquiatra Simon Jordan. Transcrevemos abaixo um dos momentos mais extasiantes da terapia:

– Pode ser absolutamente franca comigo, Grace – ele disse.
– Não esconda nada.

– Não tenho nenhuma razão para não ser franca com o senhor – ela disse. – Uma dama poderia esconder coisas, já que tem uma reputação a zelar; mas eu já estou além disto.

– O que quer dizer com isso, Grace? – ele perguntou.

– Apenas que nunca fui uma dama, senhor, e já perdi qualquer reputação que pudesse ter tido. Posso dizer o que bem quiser ou, se não quiser, não preciso dizer absolutamente nada.

– Não se importa que eu tenha uma boa opinião sobre você, Grace?

Ela lançou-lhe um olhar rápido e penetrante, depois continuou a costurar.

– Já fui julgada, senhor. O que quer que pense de mim não faz a menor diferença.

– Julgada justamente, Grace? – Não pôde deixar de perguntar.

– Justa ou injustamente, não importa – ela disse. – As pessoas querem um culpado. Se houve um crime, querem saber quem o cometeu. Não gostam de não saber.

– Então, você perdeu a esperança?

– Esperança de quê, senhor? – ela perguntou suavemente.

Simon sentiu-se embaraçado, como se tivesse cometido uma gafe.

– Bem... esperança de ser libertada.

– Por que haveriam de querer fazer isso, senhor? – ela disse.

– Uma assassina não é uma pessoa comum. Quanto às minhas esperanças, eu as reservo para as pequenas coisas. Vivo na esperança de ter amanhã um desjejum melhor do que tive hoje. – Esboçou um sorriso. – Disseram na época que estavam fazendo de mim um exemplo. Por isso me sentenciaram à morte e depois à prisão perpétua (ATWOOD, 1991, p. 64).

É impossível não perceber o peso do juízo que perpassa todo o diálogo mencionado. Simon busca sensibilizar a paciente pelo resgate dos valores de que o juízo dispõe, ao passo que Grace o deixa estupefato com sua dose dupla de indiferença e simplicidade. Não que Grace esteja isenta do juízo, porém não lhe dá o poder que 'o mesmo' costuma possuir como contrapartida – é como se o afastasse de si. "Já fui julgada", diz a paciente; e, depois do julgamento, quaisquer juízos não mais importam e, por mais que Simon insista, Grace transparece a sobriedade de não mais se sensibilizar com o que pensam dela. Simon tenta gradativamente sobrepor outros juízos, como quem diz: "a tirania do juízo tem que continuar", o que reforça a tese de Deleuze, alimentada pela saga de Édipo: "Há somente juízo, e todo juízo incide sobre um juízo" (2011, p. 166). A tirania do juízo visa impor uma segunda prisão para a paciente, como se não bastasse a prisão do corpo. São estratos se sobrepondo a outros estratos, fazendo com que a vida, mesmo em condições extremas, ainda padeça do juízo. Por meio do trecho destacado, cujo clímax parece ser "as pessoas querem um culpado", salientamos a questão central que atravessa esse livro: "Até aonde pode chegar o juízo e qual seu poder de afecção nos corpos?".[14]

"Os estratos são liames, pinças" (DELEUZE; GUATTARI, 2012a, p. 24). Essas pinças e liames, além de manterem Grace presa, parecem

---

[14] Afecção (*affectio*) aqui tomada no sentido spinozista de mistura dos corpos, diferente de afeto (*affectus*), que, segundo Spinoza, são "as afecções do corpo, pelas quais sua potência de agir é aumentada ou diminuída, estimulada ou refreada, e, ao mesmo tempo, as ideias dessas afecções" (2019, III, definição 3). Deleuze define e exemplifica assim: "Nós determinamos o *affectus* (afeto) como a variação da potência de agir. E uma afecção (*affectio*), o que é? Numa primeira determinação, uma afecção é: o estado de um corpo enquanto sofre a ação de um outro corpo. O que significa isto? 'Eu sinto o sol sobre mim', ou então, 'um raio de sol pousou sobre você'; é uma afecção de seu corpo. O que é uma afecção de seu corpo? Não o sol, mas a ação do sol ou o efeito do sol sobre você. Em outros termos, é um efeito, ou a ação que um corpo produz sobre um outro; uma vez dito que Spinoza, por razões de sua física, não crê em uma ação à distância, a ação implicará sempre em um contato, a afecção será uma mistura de corpos. A *affectio* é uma mistura de dois corpos, um corpo que é dito agir sobre o outro, e o outro que vai acolher a marca do primeiro. Toda mistura de corpos será chamada afecção". Tendo em vista que "[...] a afecção indica a natureza do corpo afetado muito mais do que a natureza do corpo afetante" (DELEUZE, 2019, p. 44), partimos da premissa de que o juízo afeta drasticamente os corpos, em proporção muito maior do que é afetado. Dito em outras palavras, aquele que emite o juízo é menos afetado do que o receptor.

visar à destituição de sua imanência: a jovem Marks encontra-se vigiada e encurralada por valores transcendentes que a mantêm sob domínio do Estado. Individualizar e responsabilizar para sujeitar e aprisionar, eis o *modus operandi* do juízo sobre a personagem, a qual percebeu a necessidade latente que o 'mundo' possui de encontrar culpados. O desconhecido é inaceitável, por isso é conveniente a figura do "bode expiatório"; afinal, alguém tem que ser responsabilizado. Se, por um lado, não adianta chorar o leite derramado; por outro, o responsável deve ser encontrado, quando não indiciado e/ou punido. Afinal, o exemplo fará com que outro leite não venha a dispor da mesma sina. Em Deleuze e Guattari (2011b, p. 69), "o supliciado é, antes de tudo, aquele que perde seu rosto e que entra em um devir-animal, em um devir-molecular cujas cinzas espalhamos ao vento". Como no caso de Édipo, que, após perceber tamanho infortúnio em que havia se posto, "[...] se suplicia, fura seus olhos, depois vai embora" (2011b, p. 70).

O principal alimento do juízo é manter vivo o *status* de culpado no indivíduo, o famoso *mea culpa* cristão, selado com a maldição de Adão e Eva. Nascer selado com o pecado originário de Adão, ou com o destino selado por profecias como Édipo, ou ainda estar na condição de *"shudra"* ou *"pária"* no hinduísmo[15]. Tantas são as sinas que acompanham a credulidade humana nas mais diversas épocas e culturas que não vem sequer ao caso enumerá-las. Parece que a marca indelével do juízo que fere até as mais profundas entranhas do humano está na culpa, ou melhor, na aceitação da culpa originária que cada indivíduo deve carregar. Não há mudança capaz de alterar o *status quo* que se mistura à "natureza humana" sacralizada pelas mais diversas tradições. Nesse sentido, a perspicácia de Ulisses ou mesmo a coragem de Héracles, presentes em suas lutas contra o destino, parecem ter desaparecido, em meio ao estarrecimento que acompanha a vulnerabilidade de um "mundo" em que o niilismo se torna expressão da debilidade e/ou da *décadence*. Assim, se propagam jargões como "sempre haverá pobres na terra", "não lute contra o destino", "a vida é assim mesmo" e tantas outras reproduções nefastas à vida, que permitem que a supremacia e o poder do juízo persistam.

---

[15] Nas crenças originárias do hinduísmo, *shudra* é a casta mais baixa, constituída sobretudo pelos servos e os encarregados dos trabalhos mais humildes no sistema de castas. Já os *párias*, dignos de desprezo, não pertencem a nenhuma casta e, por isso, estão à margem de qualquer processo civilizatório. Oficialmente, a Constituição indiana de 1950 aboliu o sistema de castas; no entanto, por estar impregnado nas práticas socioculturais daquele povo, o sistema ainda segue vivo (RAMPAZZO, 2000, p. 72-73).

1.1 Ambientação inicial acerca do juízo e suas relações a partir de Nietzsche

Logo no início do texto "Para dar um fim ao juízo", presente em *Crítica e Clínica*, Deleuze reconhece que, ao definir o juízo como "consciência de ter uma dívida para com a divindade", Nietzsche estabeleceu a condição do juízo (2011, p. 162). Associar o juízo a uma dívida com a divindade implica uma situação de estabilidade do devedor. Isso mesmo, o juízo estabelece uma dívida que não pode ser paga e, portanto, aquele que é julgado ou que julga se encontra numa condição de intransigência. Uma vez estabelecida a dívida, a mesma é sacralizada *ad infinitum*, fazendo com que o juízo se transforme em "juízo de Deus". Para Deleuze (2011, p. 168), "[...] o juízo implica uma verdadeira organização dos corpos, através da qual ele age: os órgãos são juízes e julgados, e o juízo de deus é precisamente o poder de *organizar* ao infinito". Assim, o juízo se apresenta de forma incondicionada, como cânone dos modos de conduta – sempre dirigidos a uma finalidade judicativa que, em última instância, se apoia na ideia de Deus.

A questão que nos surge é: "de onde vem esta dívida infinita para com a divindade?". Para respondê-la, Nietzsche recorre à relação entre credor e devedor exposta na II dissertação da *Genealogia da moral*[16], mediante a qual se perpetua uma dívida que perpassa gerações e coloca as "civilizações atuais" sempre em débito com seus antepassados: "Na originária comunidade tribal – falo dos primórdios – a geração que vive sempre reconhece para com a anterior, e em especial para com a primeira, fundadora da estirpe, uma obrigação jurídica" (GM/GM II § 19). Essa obrigação, que na maioria dos casos se torna veneração, historicamente é marcada por oferendas e sacrifícios para os antepassados, de tal sorte que muitos rituais e costumes são atualizados a cada nova geração devido a um saudosismo hereditário que reina nos mais diversos povos primitivos: "A convicção prevalece de que a comunidade subsiste apenas graças aos sacrifícios e às realizações dos antepassados" (GM/GM II § 19). Desse modo, os costumes seguidos e sacralizados pela veneração aos ancestrais comuns possibilitam uma vida ordeira em comunidade.

---

[16] Para Nietzsche, a relação credor-devedor surgiu da capacidade humana de fazer promessas, capacidade que requer responsabilidade e confiabilidade diante do estabelecimento de uma dívida (GM/GM II § 2). O próprio conceito moral de "culpa" teve sua origem no conceito material de "dívida" (GM/GM II § 4). Em alemão, culpa e dívida são uma única palavra: *schuld* [nota do tradutor], de tal sorte que o endividado é também culpado e deve padecer a culpa que lhe é diretamente proporcional à sua dívida.

Essa dívida, contraída dos antepassados e atualizada pelas gerações vindouras, supostamente encontraria seu ponto alfa numa divindade: "[...] o ancestral termina necessariamente transfigurado em *deus*" (GM/GM II § 19). Nessa sentença, obtemos a resposta para a pergunta formulada no parágrafo precedente, ou seja, a dívida contraída de povos passados assegura a segurança jurídica de uma comunidade, uma vez que é selada numa entidade sagrada e, portanto, o juízo se torna uma "dívida infinita para com a divindade". Tudo isso pode ser resumido na seguinte equação: Deus (antepassados) = dívida = juízo. O juízo impera porque há uma dívida infinita que o sustenta; logo, qualquer desobediência moral acaba sendo uma desobediência contra os costumes sagrados: assim se estabelecem padrões e se constitui boa parte das morais e religiões[17].

Para Nietzsche, o máximo da culpa se dá com a interiorização da dívida, uma espécie de consciência pecaminosa prévia que inibe o agente da ação. Tal ponto teria sido alcançado pelo cristianismo: "[...] o próprio Deus se sacrificando pela culpa dos homens, o próprio Deus pagando a si mesmo [...], o credor se sacrificando por seu devedor" (GM/GM II § 21). Através da expiação divina, o homem se colocaria na condição contínua de devedor. Assim, o juízo se interiorizaria em sua consciência, circunscrevendo e limitando seu raio de ação: "Uma dívida para com Deus: este pensamento tornou-se para ele um instrumento de suplício". Essa dívida redimensionaria o próprio sentimento de culpa, que, para Nietsche, se tornou a "mais terrível doença": um patamar de culpa que não pode jamais ser expiado (GM/GM II § 22); em outras palavras, o juízo foi interiorizado, se tornando uma força abstrata frente à qual os homens passam a temer aquilo que desconhecem.

Se tomarmos Deus como força motriz pela qual o juízo é posto em funcionamento, não podemos deixar de mencionar que há algo de "ideal" por traz de todo traço judicativo. No fundo, não são as forças psicofísicas que regem

---

[17] Essa equação versa sobre a lógica de sobrevivência, sobretudo, dos povos de origem micênica e judaica. Se tomarmos, por exemplo, a diáspora forçada dos africanos que culminou na escravidão em muitos países ocidentais, veremos que os mesmos foram afastados drasticamente de suas relações com os antepassados/ancestrais. Aliás, nesse caso, a lógica do juízo rompeu com a ancestralidade dos africanos, para impor-lhes a sua própria visão cristã de mundo. Por meio deste exemplo, fica visível o processo de identidade e anulação das diferenças que alimenta a dívida para como os antepassados na nefasta lógica do juízo de Deus. De acordo com Dumas: "Para a fixação da colonização europeia nas Américas, os corpos escravizados eram forçados a não expor seu passado cultural e existencial. Sendo considerados coisas e não pessoas não precisavam ou não poderiam expressar seu passado nem as memórias de suas vidas. Dessa forma, várias estratégias de dominação foram aplicadas. Dentre elas o esquecimento forçado ou a proibição da prática de ritos ou demais formas de reviver suas ancestralidades" (2019, p. 04). Nesse caso, foi necessário abolir os antepassados do "povo subjugado", para marcá-los com a imagem de um passado forjado e estranho – construído coercitivamente com o intuito de torná-los devedores do velho Deus cristão.

os valores e, sim, os valores que regem as forças psicofísicas. Nietzsche usa da terminologia de "ideal ascético" para descrever "[...] um artifício de *conservação* da vida" (GM/GM III § 13). Uma vida que busca conservar-se em sua própria decadência; em outras palavras, o desejo de suportar a morbidez de uma consciência que já não é capaz de superar o fardo de sua própria existência, num cenário em que a culpa já é marca registrada de um sujeito que carrega sobre os ombros o peso dos juízos de seus antepassados, que precisam ser seguidos haja o que houver. Para Azeredo (2003), "o ideal ascético manifesta-se, para Nietzsche, como um instinto não satisfeito, um instinto que vem em contradição à vontade de vida, já que tem sua origem numa vida que se degenera". Desse modo, tendo em vista que o ideal ascético surge como um meio mórbido de conservação da vida e que, em última instância, o próprio juízo se alimenta de Deus (ideal ascético), é inevitável concluirmos que julgar também é um meio de autoconservação, ou, ainda, ansiar por um porto seguro mesmo estando em um navio naufragando.

Ao retratar o juízo de Deus e sua ligação com um passado longínquo e imemorável, surge a necessidade de mencionarmos o conceito nietzschiano de moralidade do costume[18], que caminha de braços dados com o conceito de tradição. Na realidade, a força do juízo se encontra justamente em sua vinculação com a tradição, haja vista que o mesmo ultrapassa o tempo, selado por um "poder oculto" que o revigora a cada nova geração. Nesse ínterim, Nietzsche se pergunta e responde: "O que é a tradição? Uma autoridade superior, a que se obedece não porque ordena o que nos é útil, mas porque ordena" (M/A § 9). Uma autoridade capaz de replicar os costumes para as gerações vindouras, pois, certamente, a humanidade encontrou na tradição uma força de sobrevivência. Por meio dela, os costumes e as leis foram se consolidando e ganhando *status* atemporal nos povos primitivos, cruzando o tempo para se estabelecer nas mais diversas religiões e comunidades espalhadas ao redor do mundo: "[...] em coisas nas quais nenhuma tradição manda, não existe moralidade" (M/A § 9). Poderíamos ainda nos perguntar como uma tradição sobrevive ao tempo, porém a resposta é demasiada simples e já foi brevemente mencionada: com culpa (*schuld*) e castigo.

Ao interpretar Nietzsche, Deleuze (2011, p. 164) enfatiza que a grandeza do filósofo alemão consistiu em ter percebido que a relação credor-devedor e a dívida que se segue é anterior ao juízo de Deus, de modo que se trata de uma produção de "afectos": "[...] os corpos marcam-

---

[18] A moralidade do costume é a obediência irrestrita às leis, cujo fundamento último se encontra em uma entidade divina.

-se uns aos outros, a dívida se escreve diretamente no corpo". Primeiramente, então, existia uma relação de afetos em que afetar e ser afetado se constituía num sistema de crueldade, por meio do qual cada dano era imediatamente reparado proporcionalmente à lesão causada: "O sistema de crueldade enuncia as relações finitas do corpo existente com as forças que o afetam, ao passo que a doutrina da dívida infinita determina as relações da alma imortal com os juízos" (DELEUZE, 2011, p. 165). Nesse sentido, teria havido uma ruptura, a partir da qual a dívida passou a ser inscrita em solos sagrados – daí o juízo de Deus[19]. Segundo a interpretação de Nietzsche, corroborada por Deleuze (2011, p. 165-166), a ruptura teria começado com o teatro de Sófocles no mundo grego e, mais tarde, com a ascensão do cristianismo por vias paulinas em todo o velho mundo. No entanto, posteriormente, como sustentaremos com Deleuze, o juízo de Deus (dívida infinita) já estava presente em *Eumênides* de Ésquilo e, ainda outrora, nas origens do judaísmo.

1.1.1 Fundamentação do juízo a partir de Kant

Na I Parte da "Doutrina Transcendental dos Elementos" da *Crítica da razão pura*, Kant (1724-1804) apresenta a "Estética Transcendental". Nela é esboçada a doutrina da sensibilidade, segundo a qual os "objetos são-nos dados" (KANT, 1987, p. 36), isto é, a sensibilidade é o modo receptivo pelo qual somos afetados diretamente pelos objetos. Na II Parte, intitulada "Analítica dos Conceitos", o Filósofo de Königsberg expõe a doutrina do entendimento, pela qual os objetos "são pensados" (1987, p. 36), ou seja, pela faculdade do entendimento o sujeito forma os conceitos – que são as categorias responsáveis pela receptividade das impressões. Sem a pretensão de esboçar a Teoria do Conhecimento de Kant, interessa-nos a apropriação do conceito de juízo, por ele formulada, na explicação sobre o uso lógico do entendimento: "Podemos, porém, reduzir todas as ações do entendimento a juízos, de modo que o entendimento em geral pode ser representado como uma *faculdade de julgar*" (1987, p. 64). Kant, assim, associa diretamente o juízo ao entendimento, que só é possível enquanto representação; com isso, ele inaugura uma filosofia transcendental em detrimento do empirismo ou mesmo do racionalismo.

---

[19] Para Spinoza (2019), a ética deve substituir os valores transcendentes por valores imanentes – que surgem dos afetos. Interpretando o spinozismo, Deleuze sintetizou: "Eis, pois, o que é Ética, isto é, uma tipologia dos modos de existência imanentes, substitui a Moral, a qual relaciona sempre a existência a valores transcendentes. **A moral é o julgamento de Deus**, o *sistema de julgamento*" (2002, p. 29, itálico do autor, negrito nosso).

De um lado, tem-se a sensibilidade, por intermédio da qual o sujeito intui a diversidade dos objetos; de outro, o entendimento, que opera a síntese das representações por meio da espontaneidade do pensamento (KANT, 1987, p. 64). No nível do entendimento, os conceitos são constituídos mediatamente a partir dos dados recebidos da sensibilidade, sendo que, por meio da representação, o sujeito passa a emitir juízos, que é também outra representação mediata. Conforme Kant, "o juízo é o conhecimento mediato de um objeto, por conseguinte a representação de uma representação do mesmo" (1987, p. 64). Assim, o entendimento operacionaliza juízos por meio de conceitos, na medida em que predica o mundo, dando-lhe representatividade: "O entendimento não pode fazer outro uso desses conceitos a não ser julgar através deles" (1987, p. 64). Enquanto o conceito é espontâneo e, portanto, se constitui como atividade, o juízo é o resultado da atividade do pensamento de forma mediata e consciente, ou seja, o sujeito cognoscente opera por intermédio dos conceitos, construindo juízos analíticos e sintéticos, que podem ser a *priori* ou a *posteriori*.

Por meio da faculdade de julgar, o sujeito operacionaliza o conhecimento, que só é possível mediante o uso das categorias. Nesse viés, embora haja uma sensibilidade intuitiva que recebe as impressões, é o entendimento que torna o mundo representável por meio das representações da sensibilidade. A conclusão inevitável é que a essência do conhecimento é o próprio juízo – enquanto meio pelo qual os objetos são predicáveis. Assim, o mundo é condicionado pelo sujeito e não mais pelo objeto[20], vinculando as experiências possíveis aos limites espaciotemporais do sujeito cognoscente. Possíveis na medida em que o *númeno* (coisa em si) está fora dos limites do conhecimento e, portanto, não é passível de qualquer julgamento cognitivo, isto é, não é representável.

O juízo subjaz à representação e, portanto, é coextensivo ao sujeito. No entanto, ao indagar sobre a possibilidade de juízos sintéticos *a priori* na

---

[20] Essa asserção de Kant é chamada de revolução copernicana do conhecimento; na íntegra: "Até agora se supôs que todo nosso conhecimento tinha que se regular pelos objetos; porém, todas as tentativas de mediante conceitos estabelecer algo *a priori* sobre os mesmos, através do que nosso conhecimento seria ampliado, fracassaram sob esta pressuposição. Por isso, tente-se ver uma vez se não progredimos melhor nas tarefas da Metafísica admitindo que os objetos têm que se regular pelo nosso conhecimento, o que assim já concorda melhor com a requerida possibilidade de um conhecimento *a priori* dos mesmos que deve estabelecer algo sobre os objetos antes de nos serem dados. O mesmo aconteceu com os pensamentos de Copérnico que, depois das coisas não quererem andar muito bem com a explicação dos movimentos celestes admitindo-se que todo exército de astros girava em torno do espectador, tentou ver se não seria mais bem-sucedido se deixasse o espectador mover-se e, em contrapartida, os astros em repouso" (1987, p. 14).

metafísica e postular a necessidade de uma razão prática[21] que escapa os domínios do entendimento, Kant deu um passo decisivo na consolidação do juízo de Deus, naquilo que Nietzsche chamou, em *O anticristo*, de "teologia disfarçada". No nível da razão prática, o juízo extrapola a representação e tem a pretensão de se referir (dizer) às coisas em si mesmas, de forma incondicionada. A partir de então, a razão se torna "ilimitada", servindo como parâmetro definitivo para as ditas "verdades" morais[22]. Tem-se, assim, o juízo teórico do entendimento, mais voltado para a efetividade dos fatos; e o juízo prático da razão, mais voltado para o dever.

Com a razão prática e o pressuposto da "coisa em si", Kant deu um passo definitivo para a moral: agora, os juízos deixam de ser do entendimento e passam a ser juízos morais (práticos). Desse modo, enquanto o juízo teórico é "representação da representação" e, portanto, está sujeito a erros oriundos das limitações do material dado pela sensibilidade, o juízo prático opera uma correção moral das máximas (princípios subjetivos do desejar), que conduzem a atos "errôneos" por meio de um apelo ao incondicionado enquanto fundamento do imperativo categórico. Segundo Vollet (2011, p. 56):

> Justamente porque é um ato teórico primitivo, que não se reduz a outro mais elementar, o juízo não pode ser corrigido teoricamente. A sua correção é sempre um apelo à dimensão prática, regulativa, que explora as possibilidades de globalização da perspectiva de julgar, dando um ideal comparativo que corresponde à ambição da razão pura ao incondicionado. Porém, apenas praticamente, essa ambição é inofensiva; não provoca dialetizações.

Kant, assim, institui a ética com base nos juízos práticos: não se trata mais da receptividade constante da sensibilidade – afetada por objetos cujo *modus operandi* era o mundo representativo dos fenômenos. Se, por um lado, Vollet tem razão em afirmar que esse passo kantiano em direção à razão prática não provoca dialetizações; por outro, ressaltamos que tal sintetização se sustenta no postulado do sujeito livre, que se torna

---

[21] Através da razão prática, enquanto efetivação da liberdade numa esfera que ultrapassa os limites do cognoscível, Kant postula "a liberdade da vontade, a imortalidade da alma e a existência de Deus" (1987, p. 220). Por meio desse postulado, o mundo, antes descrito por via teórica especulativa, agora é passível de correção, isto é, pelo postulado da razão prática o sujeito livre passa a operar ativamente sobre o mundo, moralizando-o.

[22] "Em CRP, a faculdade do juízo sintetiza os conceitos do entendimento com o múltiplo em intuição, com toda a 'Analítica dos princípios' dedicada a uma 'doutrina do juízo' que fornece 'um cânone somente para o *juízo*, que lhe ensina como aplicar às aparências os conceitos do entendimento' (A 132/B 171). Por sua vez, a CRPr está dedicada ao desenvolvimento de um cânone para o juízo moral mediante a avaliação de máximas em função de sua concordância com o imperativo categórico" (CAYGILL, 2000, p. 207).

responsável pela humanidade na sua pessoa, devido à sua capacidade racional de tomar decisões (Imperativo categórico), de tal sorte que tal postulado requer a crença no sujeito e no dever que dele decorre. Nesse viés, é ao juízo prático e, portanto, moral que empreenderemos nossa análise histórica e crítica.

Ao empreender críticas a Kant, Nietzsche se voltará contra a ética do dever, tendo em vista que a razão prática se orienta pelo finalismo da razão soberana, sustentado pelos universais Deus, alma e mundo. Frente à moralidade do juízo impera o dever, a inocência da ação se esfacela e uma causalidade mendaz passa a estar intimamente ligada à responsabilidade do sujeito livre. Para Nietzsche, o moralismo kantiano é o mais sórdido golpe contra a vida e, por isso, é expressão de *décadence* e tirania contra os instintos: "O espírito equivocado em tudo e por tudo, a antinatureza como instinto, a *décadence* alemã como filosofia – isso é Kant! –" (AC/AC § 11).

O dever é consequência de um mundo estratificado, de uma realidade além da razão pura, dado como certo mediante um salto metafísico. A partir do estabelecimento do incondicionado e do dever dele decorrente, o juízo passa a ser uma busca pela perfeição moral, pelos valores que ultrapassam o próprio mundo fenomênico. Ou seja: onde impera o dever prospera o juízo, uma vez que eles são faces da mesma moeda. Um escambo realizado à custa de uma interiorização da culpa e da possibilidade incessante de cair em tentação e não realizar a "vontade divina"; em outras palavras, de contrair uma dívida infinita para com a divindade. Essa lógica nefasta do juízo impele para uma existência subterrânea, na qual a moralidade dos costumes implode qualquer manifestação de audácia, coragem ou perspicácia. Assim, a morbidez e o ressentimento soam como valores, numa lógica de humildade e aversão à grandeza: "O verme se encolhe ao ser pisado. Com isso mostra inteligência. Diminui a probabilidade de ser novamente pisado. Na linguagem da moral: *humildade*" (GD/CI "Máximas e flechas" § 31). Seguindo os passos de Nietzsche, Deleuze denuncia a perversidade de uma psicologia hostil à vida: "[...] a lógica do juízo se confunde com a psicologia do sacerdote como inventor da mais sombria organização: quero julgar, preciso julgar" (2011, p. 163). Obviamente, não se trata do juízo representativo do entendimento, que Kant formulou no início da *Crítica da razão pura* – estamos agora frente à moralidade –, ao juízo de valor que fulgura no postulado de Deus. Já na *Gaia ciência*, Nietzsche se inquietava frente ao advento do Imperativo categórico:

> E agora não me venha falar do imperativo categórico, meu amigo! – essa expressão me faz cócegas no ouvido e eu tenho que rir, mesmo em sua tão séria presença: lembra-me o velho Kant, que, como punição por ter obtido furtivamente a 'coisa em si' – também algo ridículo! –, foi furtivamente tomado pelo 'imperativo categórico', e com ele no coração extraviou-se de volta para 'Deus', 'alma', 'liberdade' e 'imortalidade', semelhante a uma raposa que se extravia de volta para a jaula: – e a sua força e esperteza é que havia arrombado a jaula! (FW/GC § 335).

O juízo é, *par excellence*, a propagação de um ideal que impera sobre a natureza, em vista dele toda ação é apequenada frente a ideais ascéticos. O indivíduo é esfacelado, sua vida deve seguir um roteiro preestabelecido; trata-se de uma negação do particular frente a um domínio do universal que se expressa em conceitos absolutos como "Deus", "alma", "liberdade" e "imortalidade" já mencionados acima. Kant, ao propor o juízo prático, fundamentou a filosofia moral em suas próprias convicções. No fundo, o que Kant fez foi se juntar a uma tradição metafísica incapaz de abrir margem para qualquer diferença, numa lógica em que a identidade é o carro-chefe de toda formação conceitual e vital, situação capaz de tolher a dinâmica humana dos afetos, como veremos, posteriormente, em Spinoza. Um salto quantitativo em direção à razão, de forma a tornar a consciência racional indefectível: eis o grande passo do filósofo prussiano, que, no fundo, não passa de uma fé cega em um sujeito capaz de regular a si mesmo e à humanidade inteira em seu próprio *senso racional*. Assumir a razão como parâmetro para a moral, tomando o incompreensível como *a priori*, foi o grande salto de Kant em direção à fundamentação de uma metafísica dos costumes. Em síntese, com Kant, o juízo encontrou um território pétreo – afinal, passou a ser, ao mesmo tempo, universal e prático.

1.1.2 Algumas implicações do juízo

O problema dos universais, que transforma significados em significantes e, desde Platão, se absolutizou como *in se* (em si) através das Ideias, transformando coisas empíricas em cópias de coisas ideais, perdurou por longos séculos até a construção de uma ética deontológica e está estritamente relacionado ao juízo. Após o predomínio socrático-platônico na filosofia helenística, os medievais passaram a vincular teleologia com teologia, acarretando num casamento duradouro que só viria a ser questionado séculos mais tarde com a "navalha" de Ockham[23]. O problema, incitado por Platão e "resolvido" por meio de sua *Teoria das Ideias*, se tornou uma das principais discussões filosóficas da Idade Média, ao ser tratado como a *Querela dos universais*. Aliás, um dos grandes problemas filosóficos da filosofia medieval era justamente sobre a natureza dos universais, discussão que envolveu alguns dos maiores pensadores da cristandade, tais como Tomás de Aquino (1225-1274), Duns Scoto (1266-1308) e Guilherme de Ockham (1287-1347). Basicamente, a questão se volta para a natureza da abstração cognitiva, que transforma coletivos em gêneros e espécies. O filósofo neoplatônico Porfírio estabeleceu as premissas básicas do problema:

> [...] no que se refere aos gêneros e às espécies, a questão de saber se elas são [1] realidades em si mesmas, ou apenas simples concepções do intelecto e, admitindo que sejam realidades substanciais, [2] se são corpóreas ou incorpóreas se, enfim, [3] são separadas ou se apenas subsistem nos sensíveis e segundo estes, é assunto que evitarei falar: é um problema muito complexo, que requer uma indagação em tudo diferente e mais extensa (PORFÍRIO, 1994, p. 50-51).

Embora não tenhamos a pretensão de adentrar numa análise da temática dos universais, assumimos sua vinculação ao juízo por meio das características acima denotadas por Porfírio, a saber: [1] os universais como realidades em si mesmas; [2] incorpóreos; [3] separados do mundo sensível. Nesse quesito, o juízo caminha de mãos dadas ao universalismo de cunho platônico-cristão, uma vez que transcorre por uma via abstrata, cujo fundamento se encontra num ideal intangível à sensibilidade[24]. Essa configuração levou Nietzsche à afirmação de que o "cristianismo é platonismo para o povo" (JGB/BM "Prólogo"). Tal aliança, entre o cristianismo e o universalismo de cunho platônico, selou o juízo enquanto dívida infinita que paira *a priori* nas consciências – na tradição judaico-cristã a dobradinha Cristiano/universalismo se expressa por meio do pecado de Adão. Em outras palavras, o juízo se imortalizou na consciência, fazendo com que cada indivíduo conviva com a constelação de um Apocalipse (Juízo Final) que torna a vida presente mera preparação para o momento derradeiro – conforme veremos no final do capítulo.

---

[23] A formulação utilizada por Ockham que deu origem à conhecida "navalha" foi: "inutilmente se faz por mais o que se pode fazer por menos" (OCKHAM, Summa Logicae, I, 12, p. 361). Tornada clássica na História da Filosofia, a "navalha de Ockham" é comumente assim apresentada *"essentia non sunt multiplicanda praeter necessitatem"*, uma tradução seria: "não devemos multiplicar os entes se não for necessário".

[24] Não mencionamos o realismo de Aristóteles e seus desdobramentos no tomismo (realismo moderado) medieval, porque consideramos que o juízo de Deus, cunhado pelo neoplatonismo, pela tradição cristã e assumido como postulado em Kant, tem sua origem e propagação no socratismo-platônico.

Guilherme de Ockham (1285-1347) foi um dos primeiros pensadores a reescrever a lógica e a teoria do conhecimento e, por isso, é essencial para o rompimento do universalismo platônico medieval[25] e sua vinculação ao cristianismo; para ele, os conceitos e as coisas só são possíveis em sua singularidade. Assim, o conceito aparece como signo e mantém grau indissociável de dependência com a realidade que representa. Em sua obra sobre Ockham, Guisalberti sintetiza: "[...] o universal é um conceito, um signo mental ou ente da razão, enquanto o individual é um ente real, uma coisa existente por si no plano natural" (1997, p. 94). A grande relevância de Ockham foi ter dissociado os universais da natureza das coisas, de forma que o frade franciscano aplicou um duro golpe na ontologia medieval ao negar qualquer existência em si das formas ou conceitos que, para Ockham, "[...] tem apenas ser objetivo na alma e é certa coisa fictícia". Ademais, na sequência, o filósofo ainda acrescentou: "E, assim, o que é universal não é por geração, mas por abstração a qual é somente certa criação mental" (OCKHAM, 1970, p. 364).

Certamente, ao travar uma batalha contra a desnecessária universalização dos entes e sua conceituação abstrata, Ockham deu um grande passo na batalha contra o juízo. Sem uma boa dose de abstração e ficção universalista, o juízo prático é incapaz de alçar voos longínquos, uma vez que deixa de se alimentar da dívida infinita que paira em suas origens. Assim, partimos da constatação de que o primeira condição para a superação do juízo se dá através da "navalha de Ockham", que ao simplificar, ou melhor, singularizar os entes, impediu a constituição de formas ou arquétipos ideais – que, em teoria, subjazem os entes. Com Ockham, os universais perdem seu caráter metafísico, pois deixam de existir fora da alma humana. Desde então, a questão ainda é posta na lógica e na epistemologia – podendo ser reduzida a caracteres linguísticos –; análise desenvolvida por Foucault (2004), por exemplo.

A negação filosófica dos universais, já preambulada com Ockham, levaria ainda alguns séculos para ganhar notória repercussão com a fenomenologia e com o perspectivismo de Nietzsche. A derrocada crise dos universais é o mais contundente golpe ao juízo, Deleuze e Guattari bem o souberam: "O

---

[25] Segundo Guisalberti "Antes de Ockham partia-se da convicção de que não há ciência senão do universal e que, por conseguinte, o conhecimento humano tem um valor objetivo somente sob a condição de que o universal tenha algum fundamento na realidade". Rompendo com esta lógica, Ockham reverte as bases do universalismo: "Ockham, ao contrário, está convencido de que só o indivíduo existe e de que a realidade é por si mesma singular e como tal é inteligível, ou seja, é inteligível na sua singularidade" (GUISALBERTI, 1997, p. 74).

primeiro princípio da filosofia é que os Universais não explicam nada, eles próprios devem ser explicados" (1992, p. 13). Carecem de explicação e assim mesmo cintilam como indubitáveis: a história dos universais coincide com a própria história da filosofia com e pós Sócrates. E quanto ao juízo? Embora cindido com a filosofia moral ao longo do platonismo cristão, suas raízes soam ainda mais remotas e serão elucidadas ao longo deste capítulo.

A partir de Nietzsche e dos posteriores filósofos da imanência, o conceito deixa de remeter a qualquer essência, os universais não ecoam como outrora e o juízo é desnudado, conjuntamente com o conceito de organismo e todas as suas instâncias metafísicas: "O conceito diz o acontecimento, não a essência ou a coisa. É um acontecimento puro, uma *hecceidade*, uma entidade" (DELEUZE; GUATTARI, 1992, p. 29). Uma filosofia do acontecimento é a própria afirmação do vir-a-ser, da *hecceidade* enquanto negação dos ontologismos[26] ou como "individuações sem sujeito" (DELEUZE, GUATTARI, 2011a, p. 10). Há todo um esforço para esvaziar o sujeito de sua segmentaridade dura, de seu núcleo estável capaz de universalizar e moralizar o mundo. É aqui, justamente, que entra o conceito de *hecceidade*, como um sonoro grito de alerta do devir contra o juízo e suas universalizações morais. Para Monteiro, a "[...] *hecceidade* trata da noção pura do movimento, do devir. Heráclito levado ao extremo! Tudo está em relação de movimento e de repouso: tudo pode afetar e ser afetado. E esse tudo sem rosto, sem subjetividade, anuncia a *hecceidade*" (2019, p. 527). O sujeito é indispensável ao juízo e a *hecceidade* uma ameaça constante ao sujeito. A questão é: "como seriam possíveis modos de individuação sem sujeito?". Deleuze e Guattari respondem:

> Há um modo de individuação muito diferente daquele de uma pessoa, um sujeito, uma coisa ou uma substância. Nós lhe reservamos o nome de *hecceidade*. Uma estação, um inverno, um verão, uma hora, uma data têm uma individualidade perfeita, à qual não falta nada, embora ela não se confunda com a individualidade de uma coisa ou de um sujeito. São *hecceidades*, no sentido de que tudo aí é relação de movimento e de repouso entre moléculas ou partículas, poder de afetar e ser afetado (DELEUZE; GUATTARI, 2012b, p. 49).

---

[26] Para Zourabichvili, a filosofia do acontecimento de Deleuze não abre margem para uma ontologia: "Ora, se a filosofia de Deleuze tem uma orientação, ela só pode ser esta: *extinção do nome "ser" e, portanto, da ontologia*. [...] Deleuze disse e redisse seu programa com todas as letras – literalmente: substituição do É pelo E; ou, o que dá na mesma, substituição do ser pelo devir" (2016, p. 27). Essa, no entanto, é uma perspectiva, pois, como é o caso de Eládio Craia (2002), há a compreensão de que, sim, a filosofia de Deleuze implica uma ontologia.

Entendemos que, em "uma individualidade perfeita", está implicado um mundo sem juízo. A dupla francesa dispõe de uma visão filosófica de mundo em que a multiplicidade de circunstâncias restringe os espaços da "dívida infinita" instaurada no *modus operandi* do juízo. Acontece que a "inocência pueril" do devir e da *hecceidade* vive em estado de tensão com o mundo representativo, capaz de engendrar significantes e aprisionar os corpos. Para Lins, "o que é insuportável para Deleuze não é o real, mas o que a representação faz dele, isto é, algo exterior e separado do pensamento" (2004, p. 38)[27].

A robustez e a eficácia da representação foram brilhantemente narradas por Pierrette Fleautiaux (2014) na *História do abismo e da luneta*. O mundo sob a representação de uma luneta, de um observador que pôde prestigiar a ótica da "visão longa" e, também, da "visão curta". Tudo se passa numa plataforma, onde os acontecimentos não passam de sequências que se repetem numa causalidade frívola que não requer nada além do cumprimento de funções preestabelecidas. No entanto, quando a ordem é transgredida ou qualquer sinal de "turbulência" ou insubordinação é detectado, aparece em cena a temível "luneta de raio", diferente das outras lunetas: "[...] ela não serve para ver. Ela serve para cortar. Digo certo: para cortar. *Para cortar*" (FLEAUTIAUX, 2014, p. 113)[28]. Tal qual a personagem grega Procusto, cortando os pés dos demasiado grandes e esticando os dos pequenos, a luneta de raio também corta. Corta as rebeldias, os inquietamentos, as individualidades e, mais do que tudo, as diferenças. Como revela o narrador: "Desse raio eu tenho medo. A obscuridade deposita em meu coração um terror que nada pode apaziguar, e é com angústia que observo o raio recortar nossos desejos" (FLEAUTIAUX, 2014, p. 116). Frente à possibilidade do raio, impera o pudor e uma internalização do medo; afinal, ninguém sabe em

---

[27] Embora nossa crítica tenha se endereçado, sobretudo, para o juízo prático, a própria representação já dispõe de contundente relação com o juízo, na medida em que está sempre ocupada com uma mera imagem do pensamento e, portanto, impede uma experimentação viva da realidade, que é sempre tomada a partir de abstrações (juízos prévios que tornam a sensibilidade apenas simulacro). Para Machado, "subverter a filosofia da representação significa afirmar os direitos dos simulacros reconhecendo neles uma potência positiva, dionisíaca, capaz de destruir as categorias de original e cópia" (2010, p. 48). Sendo assim, o representado pressupõe, de algum modo, o verdadeiramente dado, que não passa de algo tomado em si mesmo e avesso a uma experimentação desprovida do crivo judicativo.

[28] A luneta de raio é objeto de análise de Deleuze e Guattari no *platô* 8 do livro *Mil platôs* vol. 3: "Esta não serve para ver, mas para cortar, para recortar. É ela, o instrumento geométrico, que emite um raio laser e faz reinar por toda parte o grande corte significante, restaura a ordem molar por um instante ameaçada. A luneta para recortar sobrecodifica todas as coisas; trabalha na carne e no sangue, mas é apenas geometria pura, a geometria como questão de Estado, e a física dos de vista curta está a serviço dessa máquina. O que é a geometria, o que é o Estado, o que são os de vista curta? Eis aí perguntas que não têm sentido ('falo literalmente'), já que se trata, não mesmo de definir, mas de traçar efetivamente uma linha que não é mais de escritura, uma linha de segmentaridade dura em que todo mundo será julgado e retificado segundo seus contornos, indivíduos ou coletividade" (2012a, p. 80-81).

que momento e de qual lugar provêm os cortes: seu poder de ação é tanto físico como virtual. O raio, seus cortes, ferimentos e tantas usurpações – é o próprio juízo em sua mais tenaz forma dramática.

Ao escrever "Para dar um fim ao juízo", Deleuze (2011) tem plena ciência do poder avassalador do juízo na história do Ocidente. Ademais, sua visão não deixa dúvida sobre os perigos que o mesmo acarreta à existência e ao próprio filosofar. O julgamento incide sobre a consciência, aprisiona indivíduos "livres" a grades que vão além de qualquer estrutura física, pois profere golpes sobre a sagacidade e a exuberância vital. Através dele ocorre uma inversão de valores, por meio da qual as virtudes aristocráticas passam a ser repudiadas pela fraqueza e ressentimento dos escravos da moral, ou das forças reativas em detrimento das forças ativas[29]. Além disso, para Nietzsche, o juízo é ainda implacável contra a própria filosofia: "Em todos os tempos, os homens sábios fizeram o mesmo julgamento da vida: *ela não vale nada*" (GD/CI "O problema de Sócrates" § 1). No fundo, essa implacável disputa contra a vida, que se alastrou até os momentos finais da vida de Sócrates, que morreu em dívida com Asclépio[30], é uma das forças motrizes da própria filosofia que, por longos séculos, atuou como juíza contra a vida. Talvez não seja exagero afirmar que todo o socratismo/platonismo cristão que povoou a filosofia europeia até Hegel não passa de uma longa história marcada pelos mais contundentes vieses do juízo.

Embora possamos falar em desnudamento do juízo com o trabalho da dupla francesa Deleuze e Guattari e dos próprios "cavaleiros do Apocalipse ao revés", assim denominados por Heuser (2019)[31], sabemos que suas manifestações continuam profundas em muitas designações religiosas que passaram a proliferar a partir do final do século XIX. Aliás, não seria exagero afirmar que a religiosidade cristã tem-se mantido operante e dominante, desde seu surgimento. Se, por um lado, a Igreja Católica Apostólica Romana enfraqueceu com as reformas protestantes do século XVI; por outro, novas

---

[29] Alusão à obra *Genealogia da Moral* de Nietzsche.

[30] Asclépio está presente na mitologia Greco-romana como figura mitológica que desenvolveu a habilidade de curar doenças. Gratos à divindade, os helenos curados sacrificavam um galo como expiação a Asclépio. Sócrates, ao encarar a vida como doença, pediu o sacrifício pela "cura" da própria vida: "Sócrates já se tinha tornado rijo e frio em quase toda a região inferior do ventre, quando descobriu sua face, que havia velado, e disse essas palavras, as derradeiras que pronunciou: – Críton; devemos um galo a Asclépio; não te esqueças de pagar essa dívida" (PLATÃO, 1972, 118).

[31] Na obra *Contra o Juízo*: Deleuze e os herdeiros de Spinoza, Ester Heuser (Org.) *et alii* (2019) apresentam os herdeiros de Spinoza: Nietzsche, D. H. Lawrence, Kafka e Artaud como exímios contraventores – cavaleiros ao revés – do juízo. Cujo empreendimento é vencer uma batalha libertadora para reestabelecer o devir criativo da existência.

denominações cristãs brotaram e o próprio catolicismo se fortaleceu com a Contrarreforma, que viria a calhar na paulatina cristianização da América. Desde 1054, com o Cisma do Oriente, o cristianismo tem vivido diversas ramificações que desembocam no pentecostalismo e no neopentecostalismo dos séculos XX e XXI. Talvez a resposta mais eficaz do catolicismo brasileiro contra as outras religiões insurgentes foi o movimento da Teologia da Libertação, surgido em 1960[32]. Em meio a tantas metamorfoses, uma coisa parece certa: o fenômeno cristão se mantém em alta no Ocidente, seja ele revestido da ortodoxia romana dos primórdios ou de tantas outras formas que multiplicam o número de denominações religiosas na atualidade.

Em meio a tantas efervescências, ainda no século XXI, o juízo segue firme, agora aliado com o neopentecostalismo, que lhe serve de húmus fertilizante – mediante o qual delinearemos o desfecho de nosso livro. Por meio dele, o juízo encontrou uma proliferação em escalas jamais vistas. Para termos uma ideia, a partir da década de 70 surgiram dezenas de novas denominações religiosas, dentre elas: Comunidade Evangélica Sara Nossa Terra (1976), Igreja Universal do Reino de Deus (1977), Igreja Internacional da Graça de Deus (1980), Renascer em Cristo (1986), Igreja Mundial do Poder de Deus (1998) e Bola de Neve Church (1999). Com a crescente do fenômeno evangelismo, alguns países, como o Brasil, têm revivido uma espécie de neocristianização do Estado e do direito[33]. Nesse ínterim, se considerarmos que o Brasil é um país predominantemente católico ($\cong$ 50% da população) e que o evangelismo é um fenômeno ascendente em terras tupiniquins, chegaremos à conclusão de que "a morte de Deus", prefigurada por Nietzsche há pelo menos dois séculos, não se aplica diretamente a nossas terras e, sem dúvida, à maioria do mundo circundante.

---

[32] Trata-se de um amplo movimento social e religioso que surge numa relação prática entre a fé e a materialidade social e econômica das pessoas. Também versa sobre um corpo de textos produzidos por figuras latino-americanas como Gustavo Gutiérrez (Peru), Leonardo Boff, Frei Betto (Brasil), Rubem Dri (Argentina) e muitos outros, citados por Löwy (2000, p. 56-134). Voltaremos a explorar esta questão no capítulo três.

[33] Em 2019, por exemplo, com a posse dos novos membros do legislativo eleitos em 2018, 195 dos 513 deputados compunham a bancada evangélica, equivalendo a um total de 38% dos parlamentares. De acordo com matéria de 24/01/2020, escrita por Balloussier, da Folha de São Paulo: 38% da população brasileira, 21% dos deputados federais e 18,5% dos senadores são evangélicos, isso sem contar os deputados apoiadores que formam a frente parlamentar que depende de um mínimo de 171 assinaturas (Cf. https://www1.folha.uol.com.br/poder/2020/01/subrepresentados-evangelicos-veem-espaco-para-crescimento-no-congresso.shtml Acesso em: 21 ago. 2020). Na eleição de 2022, pelo menos 115 dos deputados eleitos professam fé evangélica, sendo que, destes, 28 usaram identificação nas urnas e 16 são pastores, além do evangélico bolsonarista Nikolas Ferreira ter sido o deputado federal mais votado, com quase 1,5 milhões de votos. Desse modo, se considerarmos os deputados que não professam o evangelismo, mas que compõem a bancada evangélica na câmara, temos números muito semelhantes aos de 2018 (Cf. https://oglobo.globo.com/politica/eleicoes-2022/noticia/2022/10/camara-e-assembleias-legislativas-tem-recorde-de-pastores-evangelicos-eleitos.ghtml Acesso em: 21 mar. 2023).

Uma característica a ser mencionada é que, enquanto a primeira e a segunda ondas do pentecostalismo dispunham de contundente conservadorismo dos costumes, sem diferenças teológicas significativas entre elas, a terceira onda trouxe consigo certo abrandamento dos costumes e a propagação da Teologia da Prosperidade, frente à qual se efetiva um estrito casamento entre o capitalismo e a fé cristã[34]. Partindo do pressuposto de que as bênçãos divinas já recaem para o mundo material, a Teologia da Prosperidade, que tem como pioneiro o pastor estadunidense Essek M. Kenyon (1867-1948), encontrou diversas igrejas simpatizantes no Brasil, dentre elas a Internacional da Graça de Deus, a Universal do Reino de Deus, a Renascer em Cristo e a Igreja Mundial do Poder de Deus. Prosperidade, vida em abundância e acumulação de riquezas costumam estar associadas à nova concepção do evangelismo aliado à Teologia da Prosperidade. Deus passa a ser visto como um credor que deve suprir as necessidades humanas, inclusive financeiras, como afirma o pastor Edir Macedo, da Igreja Universal do Reino de Deus: "[...] o que nos pertence (nossa vida, nossa força, nosso dinheiro) passa a pertencer a Deus; e o que é d'Ele (as bênçãos, a paz, a felicidade, a alegria, e tudo de bom) passa a nos pertencer" (MACEDO, 2000, p. 59). Ademais, "[...] se você deseja viver a verdadeira vida que Deus tem preparado, comece hoje, agora mesmo, a cobrar dele tudo aquilo que Ele tem prometido [...]. O dito popular de que 'promessa é dívida' se aplica também para Deus" (MACEDO, 2000, p. 26,38).

Enquanto igrejas deuteropentecostais, como a Deus é Amor (1962), mantêm certa rigidez medieval nos costumes – por meio das mais variadas proibições e punições –[35], a Igreja Universal do Reino de Deus (IURD), por

---

[34] É de Freston a classificação do pentecostalismo em três ondas. A primeira onda ascendeu no Brasil em 1910 com a Congregação Cristã no Brasil e, em 1911, com a Assembleia de Deus. Sua principal característica é a rigidez dos costumes e o abandono do mundo secular (inclusive político). A segunda onda em terras brasileiras, entre 1950 e 1970, gira em torno das igrejas Brasil para Cristo (1955), Deus é Amor (1962) e Evangelho Quadrangular (1951). Sua principal mudança em relação à primeira onda está na expansão da mensagem por meio do uso dos meios de comunicação como o rádio e a TV, além de uma ênfase em milagres propiciados pela cura divina. Por fim, a terceira onda, iniciada a partir de 1970, surge com o ímpeto de alavancar a fé cristã por meio da prosperidade, fator que acaba aproximando as práticas "sagradas" aos moldes capitalistas, numa aliança que vincula o bem-estar social e financeiro à boa prática religiosa. Suas principais representantes são a Igreja Universal do Reino de Deus (1977) e a Igreja Internacional da Graça de Deus (1980) (FRESTON, 1994). Em seu estudo sobre o fenômeno pentecostal no Brasil, Mariano nominou a primeira onda como pentecostalismo clássico, a segunda como deuteropentecostalismo e a terceira como neopentecostalismo (MARIANO, 2005, p. 23).

[35] Segundo Gwercman (2004), dentre o tradicionalismo evangélico da igreja Deus é amor, pode-se destacar: "Ela proíbe frequentar praias, praticar esportes ou participar de festas. Às mulheres, é vetado cortar o cabelo e depilar. Crianças com mais de 7 anos não podem jogar bola, graças a um versículo bíblico que diz, 'desde que me tornei homem, eliminei as coisas de criança'. Tantas regras têm compensação: para os pentecostais, o melhor da vida está reservado aos fiéis para depois da morte". Convém ainda ressaltar que, nos últimos anos, após a morte do fundador David Miranda (2015), a igreja tem-se "reinventado" devido à repentina perda de fiéis.

exemplo, inaugura uma nova concepção de doutrina que servirá de base para o "liberalismo" neopentecostal[36]. Desse modo, diante da crescente do neopentecostalismo, muitos "fiéis" têm abandonado religiões tradicionais, demonizado ritos e celebrações afro-brasileiras e aderido ao "novo fenômeno". Essa migração revela certa necessidade humana de proteção e, o que é pior, de emitir juízos contra outrem (demonizar outras denominações religiosas). Por meio de uma busca por caminhos mais brandos, como a satisfação momentânea das dificuldades que acompanham o dia a dia e o prestígio social e financeiro, a "psicologia do sacerdote", que sobrevive às custas do juízo, segue novos rumos à esteira de pastores e missionários de diversas orientações evangélicas. Aliada a uma concepção religiosa que prega pelo bem-estar social e financeiro, esse novo formato religioso acaba exercendo a tarefa de uma espécie de "mercador das consciências". Em suma, se o fiel está bem financeiramente e colabora piamente com o dízimo, ao final, "todos prosperam"[37].

Para os sociólogos Pierucci e Prandi (1996), abandonar a religião oficial é o primeiro passo de abandono da seara religiosa. Primeiro passo ou não, o juízo, tal qual o capital, ainda "viaja leve"[38] nos mais variados territórios deste planeta, seja por meio de religiões milenares, como o hinduísmo ou

---

[36] Fundada por Edir Macedo, a Igreja Universal do Reino de Deus tem ganhado cada vez mais popularidade por meio do alcance televiso de sua mensagem, que, além de ser transmitida em canais abertos, conta com a TV Universal, fundada em 2011, pela própria instituição religiosa. Segundo Duarte, "o crescimento da IURD se sustenta numa clara dicotomia: o Reino de Satanás e o Reino de Deus. O universo demoníaco, marcado pelas drogas, pelas enfermidades, pelas desgraças familiares e pela ruína econômica, contribui para a construção do sentimento de pertença que o fiel neopentecostal passa a ter em relação à sua comunidade religiosa - materialização do Reino de Deus -, caracterizada pela benção da cura, pela prosperidade financeira, pela libertação em relação ao mundo das drogas, pela restauração das famílias e por toda sorte de bênçãos. Nessa dicotomia, o universo demoníaco será sempre o lugar do 'outro', ou, para ser mais específico, o espaço das outras crenças. Cumpre dizer que, nessa geografia de poder entre as forças do bem e as forças do mal, o que se verifica é a demonização de outras experiências religiosas que sempre acabam por 'escravizar' aqueles que as praticam. Por conseguinte, será por meio da 'conversão' que o homem poderá usufruir as bênçãos que Deus tem preparado para seus filhos" (2019, p. 96).

[37] O neopentecostalismo aposta numa estreita relação entre o bem-estar financeiro dos seus adeptos e a consequente prosperidade institucional da igreja; para tanto, é imprescindível a valorização do capital financeiro e do trabalho como meio de se obter riquezas. Essa relação entre religião e economia levou ao aparecimento da expressão "Economia Sacrificial", frente ao qual o fiel que alcança a proteção e bênção divina passa a estar em débito com a Igreja que intermediou tal "milagre". Para maior compreensão e esclarecimento da temática, recomendamos o artigo *A Teologia da Prosperidade na Igreja Universal do Reino de Deus e a demonização das religiões afro-brasileiras* (2019), de Marcello Duarte.

[38] Referindo-se à liquidez do capital, Bauman descreve: "Em seu estágio pesado, o capital estava tão fixado ao solo quanto os trabalhadores que empregava. Hoje o capital viaja leve – apenas com a bagagem de mão, que inclui nada mais que pasta, telefone celular e computador portátil" (2001, p. 70). Tal qual o capital, o juízo também encontrou-se na liquidez dos tempos atuais, reforçando nossa tese de que o juízo viaja leve e solto, sem barreiras alfandegárias e praticamente livre de qualquer imposto.

o judaísmo, ou de novas crenças que se disseminam como ervas daninhas. Ademais, se considerarmos que o monoteísmo tem origens judaicas e, desde o judaísmo primitivo, centenas de outras religiões se desmembraram dele e do posterior catolicismo romano, talvez seja impossível concordar com Pierucci e Prandi. Afinal, muitos são os credos e deles emanam muitos abandonos "oficiais" ou "não" que acabam por se reterritorializar em outros territórios da seara religiosa. Nessas tantas metamorfoses, o universalismo conceitual e religioso segue ditando horizontes para o juízo, que parece se alimentar de todas e quaisquer formas de dogmatismo. Assim, a saga "preciso e quero julgar" parece de fato se estender ao infinito; de tal sorte que cada plataforma, para retornarmos a Fleautiaux, parece ser constantemente cerceada pela implacável luneta de raio.

Na sequência, gradativamente, traçaremos uma gênese do juízo, através de um breve estudo das civilizações minoicas e judaicas e seus desdobramentos históricos, que formam os alicerces da cultura ocidental.

1.2 Elementos judicativos nas origens do homem grego

A história dos gregos, com suas raízes remotas em vários povos Indo-Europeus em $\cong$ XX a.C., é marcada por forte sincretismo cultural e religioso[39]. Após a queda da Civilização Minoica e o aparecimento da Civilização Micênica em $\cong$ XV a.C., gradativamente se constitui uma aristocracia militar que culminará no lendário aparecimento de grandes figuras apoteóticas, como Agamêmnon, Aquiles, Ulisses e tantas outras, que lutaram na Guerra de Troia em desfavor do rapto da esposa de Menelau, Helena. Em $\cong$ XII até IX a.C. a Grécia ainda sofreria as invasões dóricas que recuariam em fuga às civilizações aqueias, jônicas e eólicas, em direção à Ásia Menor – onde fundaram colônias que prosperaram pelo comércio. Esse período de invasões dóricas coincide com a lendária história do *Retorno dos Heráclidas*, isto é, dos descendentes do herói Héracles. A partir do século VIII a.C., ocorrem grandes transformações sociais e políticas que se estendem até o famoso Século de Péricles (V a.C.). Esses quase três séculos foram marcados pelo aparecimento das *polis*, da democracia, da tragédia, da comédia, do teatro e da filosofia. Após longos anos de desavença entre as *polis*, cujo expoente máximo foi a Guerra do Peloponeso (431-404 a.C.), o movimento de colonização grega, que pôs fim nos rumos

---

[39] A Civilização Minoica, berço do mundo helênico, se desenvolveu através do comércio, nos arredores da Ilha de Creta. A arqueologia atesta para um período palaciano, cujo palácio mais esplendoroso teria sido o de Cnossos – famoso por seus extensos labirintos, que teriam originado o mito do Minotauro e do fio de Ariadne.

democráticos, alcançou seu auge com Alexandre Magno (356-323 a.C.), que veio a falecer prematuramente, acarretando numa fragmentação definitiva do Império por ele construído⁴⁰.

As lendárias histórias que nos chegaram sobre a mitologia grega acompanham o desenvolvimento da civilização helênica desde os primórdios micênicos acima mencionados. Dotadas de um sincretismo religioso incalculável, a teodiceia por eles construída contém elementos das mais diversas civilizações arcaicas, inclusive orientais. Não é possível remontar linearmente seu passado, pois foi sendo reconstituída por meio de escavações arqueológicas e, principalmente, pelos escritos homéricos. Como o politeísmo desses povos, ao que tudo indica, indispunha de um livro sagrado, os mitos eram repassados de geração em geração pela tradição, que manteve vivas as crenças num período do qual praticamente inexistem registros escritos. O mito, que unifica a identidade do povo heleno (enquanto pátrios, em oposição aos bárbaros), centra-se na figura do filho de Prometeu, Deucalião, que, à semelhança do mito de Noé da tradição judaico-cristã (embora mais antigo), sobreviveu ao grande dilúvio causado pela ira de Zeus e, conjuntamente com sua mulher Pirra, gerou Hélen (Heleno), ancestral comum dos dórios, jônios e eólios.

Uma das características da época micênica, que só viria a ser rompida depois de muitos séculos com o Orfismo⁴¹, eram as maldições familiares. Estas remetem a um período marcado pela dominação da Ilha de Creta pelos aqueus, em $\cong$ XV a.C., que resultou numa fusão cultural chamada creto-micênica⁴². Essas maldições familiares eram fruto de alguma *hamartía* que amaldiçoaria a *génos* (descendência sanguínea) do incauto profanador dos deuses⁴³. Desse modo, o erro ou falta (*hamartía*) cometida pelo herói

---

[40] Aqui se encontra o principal elo histórico entre o helenismo e o judaísmo, tendo em vista que a expansão de Alexandre se estendeu até a conquista de Jerusalém – que seria tomada, posteriormente, pelos romanos. Retomaremos esta questão no item 1.3.

[41] Segundo Brandão (1986, p. 315), "o Orfismo rompeu com a secular tradição da chamada maldição familiar, segundo a qual não havia culpa individual, mas cada membro do *guénos* era corresponsável e herdeiro das faltas de cada um de seus membros, e tudo se quitava por aqui mesmo. Para os Órficos, a culpa é sempre de responsabilidade individual e por ela se paga aqui; e quem não se purgar nesta vida, pagará na outra ou nas outras. Havendo uma retribuição, forçosamente terá que existir, no além, um prêmio para os bons e um castigo para os maus e, em conseqüência, local de prêmio e de punição".

[42] É interessante destacar que a religiosidade cretense estava fundamentalmente voltada para divindades femininas. Para Brandão (1986, p. 59), "a primazia absoluta das divindades femininas na Ilha de Creta atesta a soberania e a amplitude do culto da Grande Mãe". Foram os aqueus, portanto, que trouxeram o predomínio patriarcal para o panteão helênico, fundindo a teogonia religiosa desses povos.

[43] Conforme consta no parágrafo 13 da *Poética* de Aristóteles, a *hamartía* sela justamente a passagem da prosperidade para a adversidade nas tragédias, desolação que acaba envolvendo poucas famílias.

retornava sobre toda sua descendência: "qualquer *hamartía* cometida por um membro do *génos* recai sobre o *génos* inteiro, isto é, sobre todos os parentes e seus descendentes" (BRANDÃO, 1986, p. 77). O exemplo, por excelência, é a maldição dos Atridas, encarnada em Tântalo e seu trágico fim marcado pelo suplício "infindo", que só teria "fim" com o som da cítara de Orfeu no Hades.

O trágico destino dos Atridas se inicia quando o rei Tântalo deixa sua ambição levá-lo para um caminho sem volta. O grande filho de Zeus e rei da Frígia ou da Lídia, tido como o "predileto dos deuses", parece não se contentar com sua natureza materna de mortal e acaba cometendo terríveis erros que provocariam a ira dos deuses e selariam a maldição sobre seus descendentes. De acordo com Paul Diel (1991, p. 63):

> O erro de Tântalo consiste precisamente em alimentar o projeto insensato de abdicar completamente de sua condição 'terrena', de obstinar-se a permanecer constantemente como 'o convidado dos deuses', de recusar como indigno o retorno à terra, de querer ser 'um deus entre os deuses'.

A materialização da *hamartía* de Tântalo se deu através de três ações: a revelação de segredos divinos aos humanos; o roubo dos alimentos divinos, néctar e ambrosia, também dado aos mortais e; o mais execrável de todos, o sacrifício de seu próprio filho Pélops, servido como iguaria aos deuses, para testar a onisciência deles. Acontece que os deuses, com exceção de Deméter, que chegou a prová-lo, reconheceram o humano e, após restituí-lo, fizeram-no voltar à vida (BRANDÃO, 1986, p. 79). Lançado ao Tártaro, Tântalo então conheceu seu suplício, que foi narrado Odisseu/Ulisses, que o avistou ao adentrar no mundo dos mortos para encontrar o caminho de volta para Ítaca:

> Vi Tântalo a sofrer grandes tormentos,
> em pé num lago: a água chegava-lhe ao queixo.
> Estava cheio de sede, mas não tinha maneira de beber:
> cada vez que o ancião se baixava para beber:
> a água desaparecia, sugada, e em volta de seus pés
> aparecia terra negra, pois um deus tudo secava.
> Havia árvores altas e frondosas que deixavam pender seus frutos,
> peras, romãs e macieiras de frutos resplandecentes;
> doces figos e azeitonas luxuriantes.

> Mas quando o ancião estendia as mãos para os frutos,
> Arrebatava-os o vento para as nuvens sombrias.
> (HOMERO, 2011, p. 316-317).

No suplício do Tártaro, Tântalo, mergulhado em água e envolto em saborosas frutas, permanecia sedento e faminto. Assim, os objetos de seu desejo estavam tão próximos e tão distantes, simultaneamente, de tal sorte que tudo o que dispunha em abundância na companhia dos deuses, agora não passava de infortúnio e penúria frente ao seu suplício. A ambição o levou à ruína e o juízo dos deuses ao seu padecimento, porém, o juízo foi além, fazendo com que a *hamartía* de Tântalo pesasse sobre sua *génos*. A maldição dos Atridas, como é conhecida, se estendeu para as grandes personagens trágicas do helenismo, dentre elas: Menelau, Helena, Agamêmnon, Clitemnestra, até chegar ao matricídio de Orestes e, com ele, ao primeiro júri popular convocado por Atena (durante o governo de Péricles), como veremos adiante.

De situação semelhante ao suplício de Tântalo no Tártaro, houve muitas outras maldições que marcaram indelevelmente o suplício do juízo: a maldição das Labdácidas, que recairia sobre o parricídio e o incesto de Édipo; a maldição de Hera, que selaria a morte inglória do grande Héracles; a maldição dos Argonautas, que enlutou Jasão com os terríveis infanticídios de Medeia e tantas outras maldições que seriam apresentadas nas tragédias gregas do século VI a.C. O suplício trágico dos grandes heróis helênicos levaria ao gradual aparecimento do teatro, enquanto encenação dos mitos. Para tanto, os festivais trágicos, que dominaram os festins gregos por quase um século no Período Pré-Socrático, foram fundamentais[44]. O desfecho trágico dos mitos pode ser resumido através da mais hedionda revelação do sábio Sileno ao rei Midas[45], ou, ainda, na voz do coro que encerra a obra Édipo *Rei* de Sófocles: "Atento ao dia final, homem nenhum afirme: *eu sou feliz!*, até transpor – sem nunca ter sofrido – o umbral da morte" (2011, p. 111).

A vida é dor e sofrimento, eis o que revela a sabedoria trágica. Desse sentimento teria surgido o Monte Olimpo, como modo de transfigurar o excruciante destino em fulgurante resplendor e ânsia pela propagação da

---

[44] Foi durante o governo do tirano Psístrato (546-527 a.C.) que se iniciou oficialmente o culto ao deus Dionísio. De forma que em 535 a.C. foi criado o concurso de peças teatrais em homenagem ao deus do vinho (CASTRO NEVES, 2015, p. 53).

[45] Reza a lenda que, após capturar o sábio Sileno na floresta, o rei Midas o obriga a responder qual dentre as coisas é a melhor e a mais preferível para o homem. Nietzsche sintetiza: "– Estirpe miserável e efêmera, filhos do acaso e do tormento! Por que me obrigas a dizer-te o que seria para ti mais salutar não ouvir? O melhor de tudo é para ti inteiramente inatingível: não ter nascido, não *ser*, *nada* ser. Depois disso, porém o melhor para ti é logo morrer" (GT/NT § 3).

vida. É de Nietzsche (GT/NT) a tese de que os gregos criaram o Olimpo como entorpecente, por intermédio dos sonhos. Que o próprio "mundo homérico" não passa de uma justificativa onírica para a existência e, assim, a tragédia é como uma foz onde o impulso dionisíaco deságua sobre o apolíneo. Para Nietzsche, "devemos compreender a tragédia grega como sendo o coro dionisíaco a descarregar-se sempre de novo em um mundo de imagens apolíneo" (GT/NT § 8). No entanto, o estado do sonho é o recipiente perfeito para a gênese e proliferação do juízo, pois através dele Apolo impera como pura representação, como exaltação do *principium individuationis* (princípio de individuação) que, relacionando-se com a luminosidade, através da justa medida e do autoconhecimento, se sustenta como artista plástico da representação/aparência. Tendo em vista essa transformação apolínea da arte tonal dos sons em meras imagens, Deleuze concluirá que Apolo é "ao mesmo tempo o deus do juízo e o deus do sonho":

> O mundo do juízo se instala como num sonho. É o sonho que faz girar os lotes, roda de Ezequiel, e faz desfilar as formas. No sonho, os juízos se arremessam como no vazio, sem enfrentar a resistência de um meio que os submeteria às exigências do conhecimento e da experiência; eis por que a questão do juízo é primeiramente a de saber se estamos sonhando. Por isso Apolo é ao mesmo tempo o deus do juízo e o deus do sonho: é Apolo quem julga, impõe limites e nos encerra na forma orgânica; é o sonho que encerra a vida nessas formas em nome das quais a julgamos. O sonho ergue os muros, nutre-se da morte e suscita as sombras, sombras de todas as coisas e do mundo, sombras de nós mesmos. Mas, tão logo abandonamos as margens do juízo, também é o sonho que repudiamos em favor de uma 'embriaguez', como de uma maré mais cheia. É nos estados de embriaguez, bebidas, drogas, êxtases que se buscará o antídoto, ao mesmo tempo, do sonho e do juízo (2011, p. 166-167).

Os sonhos premonitórios de Ezequiel são o início da saga apocalíptica bíblica[46]. Não há nada mais subjetivo que a clarividência do sonho e seu poder de representação. Por meio do sonho, como afirma Deleuze, são suscitadas as formas do juízo. Seu *modus operandi* pode ser resumido com a fórmula individuar para julgar. Apolo é, assim, o símbolo máximo da individuação e de um mundo supostamente ordenado e hierarquizado, frente

---

[46] As questões que ligam Ezequiel ao Apocalipse de João serão apresentadas no item *1.3.2 Aspectos normativos e elementos apocalípticos do judaísmo*.

ao qual o corpo é organizado, substancializado no conceito de organismo: capaz de gozar e atribuir sentidos para si e para outrem. Em seu estado onírico, o deus das belas formas se torna um incansável defensor da "ordem do mundo": fato narrado por Ésquilo em *Eumênides* (2013), quando Apolo defende implacavelmente Orestes no tribunal estabelecido por Atena. Esse predomínio das formas só pode ser reparado com a embriaguez dionisíaca, razão pela qual Deleuze aponta a divindade báquica como antídoto contra a excrescência do lógico e racional deus das formas.

Nesse viés, é preciso mencionar que, em suas origens, a tragédia grega era uma celebração a Dionísio pela vindima. Uma grande festa onde os sátiros (coro ditirâmbico) atuavam como coro musical voltado para a exaltação do deus do vinho[47]. Aos poucos, com a inserção de atores que dialogam com o coro, foi se formalizando o estilo trágico como fusão de coro e atores. Essa metamorfose levou ao aparecimento de uma nova forma de *agon*[48], agora representando o homem teórico como deformação de uma cultura heroica e estética (ἀρετή), que posteriormente selaria a ópera e outros estilos. A querela é que, com o debate organizado de ideias, propiciado pelo *agon* de cunho socrático, o coro foi aos poucos cedendo espaço para a predominância dos atores e, consequentemente, a arte grega passou a valorizar a consciência intelectual apolínea em detrimento da embriaguez dionisíaca. Assim, aos poucos, a era trágica foi sendo sufocada por aquilo que podemos chamar de idade da razão, alimentada, sobretudo, pelo socratismo já presente nas tragédias de Eurípedes. Tais fatores levaram Nietzsche e, posteriormente, Deleuze,

---

[47] Também chamada de festa do vinho novo, era celebrada anualmente em Atena e por toda a Ática. De acordo com Brandão, "os companheiros de Baco se embriagavam e começavam a cantar freneticamente, à luz dos archotes e ao som dos címbalos, até cair desfalecidos. Ora, ao que parece, esses adeptos do deus do vinho disfarçavam-se em sátiros, que eram concebidos pela imaginação popular como "homens-bodes". Teria nascido assim o vocábulo tragédia ("tragoidía" = *"trágos"*, bode + *"oidé"*, canto + "ia", donde o latim *tragoedia* e o nosso tragédia). Outros acham que *tragédia* é assim denominada, porque se sacrificava um bode a Dioniso, *bode sagrado*, que era o próprio deus, no início de suas festas, pois, consoante uma lenda muito difundida, uma das últimas metamorfoses de Baco, para fugir dos titãs, teria sido em bode, que acabou também devorado pelos filhos de Úrano e Géia. Devorado pelos Titãs, o deus ressuscita na figura de 'trágos theios', de um bode divino: é o bode paciente, o *pharmakós*, que é imolado para purificação da *pólis*" (1985, p. 10).

[48] Na dramaturgia grega clássica, o *Agon* ou Ágon se refere à convenção formal, de acordo com a qual o combate verbal das personagens deve ser organizado de forma a fornecer a base para a ação. Daí *proto agonístes*, protagonista, ou o primeiro a falar; *deutero agonístes*, o segundo a falar; *trito agonístes*, o terceiro a falar, e assim sucessivamente. Em GD/CI "O problema de Sócrates" § 8, Nietzsche explica como Sócrates ressignificou o conceito grego de ágon: "Uma razão é que ele descobriu uma nova espécie de ágon, da qual foi o primeiro mestre de esgrima nos círculos aristocráticos de Atenas. Ele fascinou ao mexer com o instinto agonal dos gregos – trouxe uma variante para a luta entre homens jovens e adolescentes. Sócrates foi também um grande *erótico*". Alcebíades e Agatão são exemplos de jovens seduzidos pela "esgrima" de Sócrates. A nova espécie, à qual o filósofo alemão se refere, é o debate organizado de ideias, comum nas tragédias de Eurípedes.

a uma contundente crítica ao socratismo estético que foi se configurando nas tragédias gregas. Não à toa, Deleuze menciona que o sonho "nutre-se da morte e suscita as sombras", sombras que não passam de representações de formas de uma realidade forjada; afinal, o apolíneo cristalizou um estilo em que a arte dissonante já não suscita mais a serenojovialidade (*Heiterkeit*) dionisíaca. Em decorrência, a intuição que emerge para a arte a heurística do "eterno retorno" da criação se desfigura, num cenário onde a justificação e o pensamento consciente passam a esfacelar o efeito ditirâmbico, abrindo margem para a tirania do juízo – que se mostrará forte na tragédia *Eumênides* de Ésquilo –, com o julgamento de Orestes.

Na virada do século VI para o V a.C., os festivais trágicos passaram a englobar as festas dionisíacas. Eram celebrações abertas ao público, nas quais os grandes dramaturgos se apresentavam e concorriam a prêmios. O conteúdo mítico/religioso das tragédias permeava a religião e a cultura dos helenos, que viam no mito uma maneira de presentear o intelecto com uma explicação cosmogônica ou teogônica sobre as coisas e/ou entidades existentes[49]. Diante da complexidade e fúria implacável da natureza, os deuses olímpicos reluziam como um sentido para um cosmos sensivelmente implacável e injustificável à *psique* humana. Desse modo, os mitos de origem creto-micênica constituíram as primeiras tentativas de se relacionar artisticamente com o universo e com os deuses que, hipoteticamente, coexistiam. Fator que levou os gregos a formularem uma teodiceia antropomórfica e uma cosmogonia que resistiu ao tempo e serviu de conteúdo para os festins dionisíacos.

Não é mera coincidência que o discurso cosmológico dos primeiros filósofos tenha surgido num contexto mítico; aliás, o mito trágico dos helenos serviu de húmus fertilizante para as grandes descobertas que eles nos legaram. A esse respeito, Nietzsche descreve: "A vida dos gregos brilha somente onde cai o raio do mito; fora disso ela é sombria" (MA I/HH I § 261). A cosmovisão trágica dos gregos faz com que a drasticidade do destino não ecoe como um estremecimento dos heróis que se apresentam

---

[49] "O apogeu do teatro grego pode ser determinado, mais exatamente, entre o fim das guerras médicas (479 a.C.) e a derrota ateniense para Esparta (404 a.C.). Integrando as festas dionisíacas, os festivais trágicos eram representados uma vez por ano, em teatros imensos, ao ar livre, construídos nas encostas de colinas, onde havia arquibancadas de pedra para o público. O palco ficava no plano mais baixo dos morros. No teatro de Epidauro, próximo de Atenas, sentavam-se 14 mil espectadores. Entre os homens mais ricos da cidade, era sorteado o patrocinador da festa. Os espetáculos duravam três dias, da manhã à noite. Três dramaturgos se apresentavam a cada dia, cada qual com quatro peças: três tragédias e uma espécie de comédia, o 'drama satírico'. Os próprios autores dirigiam suas obras e um deles era eleito o vencedor do ano. Apesar de ter havido centenas de escritores de tragédias durante o século V a.C., só nos chegaram exemplares de três deles: Ésquilo, Sófocles e Eurípedes" (GUZIK, 2005, p. 138-139).

como seres capazes de suportar o próprio destino e lutar com duras penas contra o fardo do juízo das maldições que o acompanham. No helenismo mítico, é possível harmonizar a barbárie e a transgressão protagonizadas pela exuberância dionisíaca com a luminosidade e o equilíbrio oriundos da serenidade apolínea. Nesse contexto, diríamos que o juízo é o excesso do apolínio temperado com uma boa pitada de livre-arbítrio, que traz consigo uma clarividência divina cuja fonte se alimenta da necessidade de fazerem-se culpados, sejam eles responsáveis ou não. Isso levou Nietzsche (M/A § 252) à certeza de que o punido nunca é o mesmo que cometeu o ato; afinal, a culpa implode sobre um bode expiatório[50].

Na era trágica dos gregos, isto é, em meados do século VI a.C., predominava um contexto político em que já era possível falar de direito público. Num contexto de surgimento das *polis*, os gregos começaram um processo paulatino de secularização do Estado por meio de uma sobrevalorização da palavra que se elevou a um nível isegórico entre os cidadãos. Isegoria restrita aos semelhantes: "só os semelhantes podem encontrar-se mutuamente unidos pela *Philia*, associados numa mesma comunidade" (VERNANT, 2002, p. 65). Obviamente, esse foi um grande passo em relação ao sistema monárquico e aristocrático que antecedeu ao aparecimento da democracia dentre os gregos. No entanto, uma igualdade humana (independente de idade, sexo, nacionalidade, credo e poder econômico) é uma utopia que permanece, com mais ou menos intensidade, até os dias atuais. A façanha grega, excepcionalmente em Atenas, levando em conta as diferenças entre cada *polis*, foi constituir equidade entre os iguais, de modo que as manifestações individuais de força, poder e *génos* foram sublimadas frente ao corpo social.

Embora seja aos romanos que endereçamos as bases ocidentais do direito, na antiguidade grega já se tinham estabelecidos os *cânones* da justiça. No século VII a.C., houve uma desvinculação da forma autoritária e aristocrática de julgar os danos causados por assassinatos e crimes de outras naturezas[51].

---

[50] A crueldade vem acompanhada da sensação de gozo e deleite (GM/GM II § 6), eis o que acreditava Nietzsche. Nesse cenário, há sempre uma relação de poder em que a relação credor/devedor desemboca nos mais duros castigos contra o devedor. A mácula da culpa não precisa necessariamente recair sobre o culpado, o que é indispensável é alguém pelo qual a vingança se faz – neste caso, denotar culpados é como imputar a sina do juízo àquele que servirá de exemplo para os demais. Presente no livro do Levítico (Lv 16) da *Torah* judaica, a figura do bode expiatório era usada como meio de expiação dos pecados dos israelitas: por meio do sacrifício do animal, a culpa era transferida e o(os) transgressor(es) ficavam purificados. Nesse contexto, mencionamos que o juízo nem sempre recai sobre o "culpado", muitas vezes o julgado não passa de um bode expiatório em prol de uma causa que pode, inclusive, lhe ser desconhecida.

[51] A esse respeito, Cerqueira (2002) sintetiza: "A partir do séc. VII, o chamado Pré-Direito começou a ceder espaço, lentamente, ao Direito. Em meados desse século, numa cidade da ilha de Creta, pela primeira vez fixou-se

Isso só foi possível pela acentuação do ambiente democrático, que deixou de atrelar os delitos a questões sagradas e particulares para enfrentá-los como danos causados a todos os cidadãos. Um exemplo histórico foi a constituição dos tribunais populares *(heliéia)* em Atenas, nos quais se estabeleceu a formação dos heliastas (corpo de jurados), que consistia num sorteio anual de 600 cidadãos dentre cada uma das 10 tribos da Ática organizada por Clístenes, que ficariam responsáveis por questões jurídicas e políticas. O número de heliastas era escolhido pelos tesmótetas[52] de acordo com a gravidade dos delitos. Esse processo de popularização do direito, por meio do que podemos chamar de estabelecimento da primeira assembleia de jurados em Atenas, está imortalizado em viés trágico, na peça Eumênides, de Ésquilo, quando Atena instituiu um corpo civil de cidadãos para julgar Orestes – acusado de matricídio pelas Erínias. Reza a lenda que a *heliéia* foi criada pela própria deusa da justiça, para restabelecer a ordem após o assassinato de Clitemnestra.

Clístenes (565-492 a.C.) é considerado um dos pilares do início da democracia grega. Através dele a aristocracia começou a ser rompida e, no âmbito do direito, foi estabelecido o ostracismo: "[...] a assembleia poderia banir um cidadão, por dez anos, caso entendesse que sua presença era lesiva para a cidade" (CASTRO NEVES, 2015, p. 54). O mundo grego que segue a morte de Clístenes é marcado pela resistência helênica, especialmente espartana e ateniense, contra as invasões persas. Para Castro Neves, "os gregos não lutavam apenas por sua terra. Lutavam pela democracia. Haviam conquistado, antes de qualquer outro povo, o direito de se autogovernar" (2015, p. 57). Desse modo, é mister salientar que o auge da democracia grega foi construído com ferrenhas batalhas e sangue, de tal sorte que somente em 448 a.C. os gregos conseguiram expulsar definitivamente os persas, com o estabelecimento do Tratado de Susa. Nessa época (461-429 a.C.), Péricles era o governante de Atenas, exercendo uma regência de 32 anos. O ilustrado governante, que foi discípulo dos filósofos Anaxágoras e Zenão, marcaria a história, selando o século V a.C. como o Século de Péricles:

---

por escrito uma decisão da comunidade políade. Aos poucos, a lei começará a ser registrada e passará ao domínio comum: escrita sobre uma pedra exposta ao olhar em lugar público, está sob as vistas de todos cidadãos, mesmo que nem todos a possam efetivamente ler. Em 621, são editadas em Atenas as leis de Drácon, que transferem para o Estado o direito de vingança pela morte de um parente, limitando os poderes da aristocracia de fazer a justiça para si e com as próprias mãos. Restringe-se a 'justiça de sangue', fortalece-se a justiça da pólis. Ao longo do séc. VI, serão desenvolvidos procedimentos de democratização, humanização e racionalização do direito. A partir das reformas de Sólon, a lei passa a valer igualmente para todos os cidadãos, independentemente de ser um cidadão nobre ou pobre. Nenhum homem livre, cidadão da mesma Atenas, poderá sofrer a humilhação da escravidão por dívidas. (Aristóteles, A constituição de Atenas, IV; VI; X; XII.4. Plutarco, Sólon, 15. Vernant, 1989a: 34- 47.)".

[52] Os tesmótetas eram responsáveis pela criação e aplicação das leis quotidianas da *polis*.

Ao assumir o poder, tratou de garantir que os cidadãos de Atenas tivessem acesso aos bens públicos. Embelezou a cidade, ao construir o teatro de Dionísio, com capacidade para 30 mil pessoas. Péricles consolida a liderança da assembleia de cidadãos de Atenas, denominada *Ekklesia*. Sob sua direção, em 460 a.C., a assembleia toma o poder do *Aeropagus*, o conselho dos aristocratas, e admite o ingresso de qualquer pessoa aos cargos de governo, independente de sua situação financeira (CASTRO NEVES, 2015, p. 58-59).

Durante o governo de Péricles, Atenas contou também com a sofisticação do tribunal já estabelecido por Clístenes, que passou a ser realizado mediante a escolha, por sorteio, de seis mil cidadãos para participarem dos julgamentos. Dentre os seis mil, eram escolhidos, de acordo com a gravidade dos casos, entre 201 a 501 pessoas para cada escrutínio, garantindo maior lisura às votações[53]. Como podemos ver, a Grécia Clássica dispunha de uma democracia isegórica e isonômica, na qual o direito já estava de algum modo estabelecido. O exemplo mais sofisticado da força do direito em terras gregas é a existência dos sofistas, que deram à palavra/retórica o *status* de atividade filosófica por excelência. Representados por figuras como Górgias (485-380 a.C.), Protágoras (480-411 a.C.) e Hípias (430-343 a.C.), os sofistas reluziam sobre a ágora como representantes legítimos de um mundo onde o uso legítimo da persuasão era o principal pilar político de uma civilização, de tal sorte que para eles as palavras dispunham de significação em si mesmas, sem qualquer conotação divina em seus significantes.

Toda edificação do mundo grego clássico emerge em consonância com a tragédia, que no Século de Péricles passou a compor o *theatron* (literalmente: plateia). É impensável recompor a história helênica sem seus elementos míticos, que nos são cônscios por meio de Hesíodo e Homero e, primorosamente, pelas tragédias que, de meados do século VI até o V a.C., se tornaram a "menina dos olhos" da cultura e da arte gregas.

Nesse contexto, faremos uma breve análise de algumas tragédias gregas, com o objetivo de elencar os elementos imperativos e punitivos que fazem dos textos trágicos verdadeiros tribunais inquisitivos, em que as personagens já se encontram *ad aeternum et ad infinitum* envoltas em situações alhures e abscônditas, que fazem delas, com raras exceções que se acentuam em Eurípedes, apenas agentes dos desígnios divinos. Para tanto,

---

[53] Essas questões, referentes ao governo e tribunais de Atenas, são tratadas por Aristóteles no texto *Constituição de Atenas*. Convém aqui frisar que foi nesse período de aperfeiçoamento e consolidação dos tribunais que *Eumênides* foi representada pela primeira vez em 458 a.C.

como não é nossa intenção realizar um estudo clínico dos tragediógrafos clássicos nem operar um estudo filológico das tragédias conservadas até hoje[54], escolhemos algumas tragédias, representantes de diversas raízes mitológicas do helenismo, que serão laconicamente abordadas: *Eumênides* de Ésquilo, *Édipo rei* e *As traquínias* de Sófocles e *Medéia* de Eurípedes. Por meio delas é possível desvendar um pouco do suplício trágico das personagens Orestes, Édipo, Héracles e Medéia. Como dito, o critério seletivo das peças mencionadas vem ao encontro da diversidade de temas e linhagens genealógicas que marcam diversas linhas de maldições entre as *génos*; ademais, são peças que envolvem diretamente as raízes helênicas do juízo, das maldições que o perfazem e, de certo modo, o antecedem.

1.2.1 A expressão do juízo nos tragediógrafos clássicos

Os mitos gregos são marcados por polos enantiológicos, em que é possível vislumbrar diferentes formas de sensações que vão do cômico ao trágico, num cenário em que é impossível não nos impressionar com a dramaticidade e sagacidade das antigas representações fabulares[55]. Dotados de uma originalidade ímpar e de um vasto número de obras, numa época em que os gregos reconheciam as tragédias como uma das mais significativas expressões da arte, Ésquilo, ao lado de Sófocles e Eurípedes, fizeram com que a arte trágica transpusesse sua época e, aos poucos, ganhasse notoriedade clássica. Utilizando-se dos mitos que povoavam a sabedoria popular de seu tempo, os tragediógrafos elevaram o mito a um patamar mais elevado: "através da tragédia o mito chega ao seu mais profundo conteúdo, à sua forma mais expressiva" (GT/NT § 10). A tragédia transformou o mundo mítico dos gregos em fenômeno estético e, por meio dela, a existência passou a desfrutar de uma justificativa, ao mesmo tempo, onírica e extasiante – fator propiciado pelo efeito apolíneo e dionisíaco que permeava essa nova forma de arte.

Para falarmos de tragédia, é imprescindível acentuar o papel dos mitos como subjacentes às grandes construções empreendidas pelos poetas trágicos. Sem dúvida, o mito grego tinha contundente significado para

---

[54] Juntos, ao longo de cerca de 80 anos, Ésquilo, Sófocles e Eurípedes escreveram centenas de peças trágicas. Não há unanimidade na literatura acerca de quantas peças se perderam na história. Até nós chegaram 7 obras inteiras de Ésquilo, 7 de Sófocles e 17 obras autênticas de Eurípedes (18, se dentre elas se incluir o *Reso* – cuja autenticidade é contestada) (ROMILLY, 1998, p. 9).

[55] Um exemplo dessa transmutação enantiológica pode ser vislumbrado na saga de Ariadne, que padeceu com o infortúnio e abandono de Teseu e foi agraciada com o encontro e deleite com Dioniso. Retornaremos a esse mito no segundo capítulo, a partir do texto *Mistério de Ariadne segundo Nietzsche*, de Deleuze.

a vivência dos helenos, eles dispunham de uma realidade em que mundo e deuses compunham um único cenário. Nesse viés, a tragédia assume o conteúdo mítico como pano de fundo em suas composições, de forma que não se tratavam de histórias banais, mas das vivências religiosas, que compunham a mais ardente cultura daquele povo. Assim, o mito encontrou sua foz na tragédia que, segundo Aristóteles, é "a mimese de uma ação de caráter elevado, completa e de certa extensão, em linguagem ornamentada, com cada uma das espécies de ornamento distintamente distribuídas em suas partes" (2017, 1449b)[56]. Em outras palavras: o mito grego encontrou o esplendor de seu conteúdo junto à tragédia.

Um dos primeiros tragediógrafos a dar o caráter de obra de arte aos mitos populares da antiguidade grega foi Ésquilo. Considerado por Nietzsche, no texto *Sócrates e a tragédia* (1870), como o mais trágico dos tragediógrafos, Ésquilo conservou o coro como elemento essencial de suas peças, além de manter o simbolismo religioso-mítico ligado à intuição artística, que o aproxima do estado de embriaguez dionisíaca, tão essencial à tragédia; afinal, a razão de ser da arte trágica se personifica no próprio Dionísio. Para Jaeger, "a tragédia de Ésquilo é a ressurreição do homem heroico dentro do espírito da liberdade" (1994, p. 286).

A tragédia *Eumênides*, conjuntamente com toda a *Oresteia*, dispõe de uma simbologia muito intrigante, pois transforma Orestes num herói enantiológico – capaz, ao mesmo tempo, de vingar a morte do pai e assassinar a mãe. Essa imbricada condição em que Orestes se encontra na tragédia de Ésquilo só é possível por uma espécie de proteção incondicional que Apolo presta ao jovem Orestes, que desencadeará na absolvição do crime de matricídio. A esse respeito, para Deleuze (2011, p.165), "foi necessário que a dívida fosse contraída com os deuses. Foi indispensável que a dívida fosse referida não mais a forças das quais éramos depositários, mas a deuses que supostamente nos davam essas forças". Em suma, homem e Deus numa relação de tutela em que o humano profere seu crime e é julgado sob a tutela do Deus que o protege. Na sequência, Deleuze dirá que, em *Eumênides*, "os deuses eram testemunhas passivas ou pleiteantes queixosos que não podiam julgar" (2011, p. 165). No entanto, que passividade é essa que faz de Orestes portador de tantos privilégios? Antes de responder a essa questão, vamos tratar sinteticamente da tragédia.

---

[56] De forma complementar, evidenciamos ainda as partes constitutivas de uma tragédia segundo Aristóteles (2017, 1450a): "enredo, caracteres, elocução, pensamento, espetáculo e melopopeia".

Representada pela primeira vez em 458 a.C., *Eumênides* é uma obra fascinante em que Ésquilo narra a implacável disputa entre a acusação das Erínias e a defesa de Apolo frente ao matricídio cometido por Orestes. Reza o antigo mito que Clitemnestra, após ver sua filha Ifigênia entregue por Agamemnom em sacrifício à deusa Ártemis – para que os ventos favoráveis levassem os gregos ao resgate de Helena –, confabulou com seu amante Egisto o assassinato do marido quando este retornava vitorioso da Guerra de Troia, acompanhado de Cassandra[57]; na ocasião, Orestes foi para Fócida onde recebeu os cuidados de seu tio Estrócido. Depois de alcançar a juventude, Orestes retorna a Micenas, planeja e executa a morte de Egisto e Clitemnestra. Nesse contexto, Ésquilo redige *Eumênides*, desenhando uma trama em que Orestes vinga a morte de seu pai e busca justificar seu crime com o auxílio de Apolo, ao mesmo tempo em que é perseguido pelas implacáveis e coléricas Erínias[58], que visam restabelecer a ordem entre os mortais. A perseguição se estende até o templo de Atena, que estabelece um júri de cidadãos atenienses para que o veredito seja feito de modo imparcial. Obviamente que essa imparcialidade não passava de fachada – uma vez que a própria deusa já dispunha de posição prévia ao julgamento. Como o escrutínio termina empatado, Atena absolve o réu através daquilo que ficaria conhecido historicamente como "voto de Minerva[59]". Inconformadas com o resultado, as Erínias se voltam contra Atena, que consegue 'barganhar' o desconforto das deusas furiosas com a promessa de inúmeros júbilos terrenos que coroariam o poder e

---

[57] O assassinato marca a consumação da maldição de Apolo, que conjurou indiretamente o fim de quem desposasse a jovem Cassandra, filha de Príamo, por quem o deus foi apaixonado. Indiretamente porque fez com que ninguém acreditasse nas profecias de Cassandra, após esta ter recusado a sedução do deus dos sonhos que lhe havia prometido justamente o dom da profecia. Nesse ínterim, Agamemnom não ouviu a profecia de Cassandra, que exortava para não retornar a Micenas e, assim, foi morto pela própria esposa Clitemnestra. Segundo Schapira (2018, p. 23), "quando Cassandra se negou a consumar a união com Apolo, este a amaldiçoou, no sentido de que suas profecias jamais seriam ouvidas", fato gerador do que a psicanálise costuma tratar como "o complexo de Cassandra", título do livro de Schapira (2018).

[58] "As Erínias eram deusas violentas, com as quais os romanos identificavam as Fúrias. Titulares muito antigas do panteão helênico, encarnam forças primitivas, que não reconhecem nem tampouco obedecem aos deuses da nova geração, como se observa na trilogia de Ésquilo, *Oréstia* e, particularmente nas duas últimas tragédias, *Coéforas* e *Eumênides*. [...] Apresentam-se como verdadeiros monstros alados, com os cabelos entremeados de serpentes, com chicotes e tochas acesas nas mãos. De início eram as guardiãs das leis da natureza e da ordem das coisas, no sentido físico e moral, o que as levava a punir todos os que ultrapassavam seus direitos em prejuízo dos outros, tanto entre os deuses quanto entre os homens. Só mais tarde é que elas se tornaram especificamente as vingadoras do crime, particularmente do *sangue parental* derramado" (BRANDÃO, 1986, p. 207). Acrescentamos, ainda, que viviam às margens do Olimpo, rejeitadas pelos deuses e motivo de pânico dentre os humanos. Em *Eumênides* (2013), após aceitarem o veredito de Atenas, passam a ser consideradas "atalaia do país", consolidando uma era de paz e aliança com os mortais.

[59] Na mitologia romana, Atena é referida como Minerva.

o prestígio delas entre os mortais. Finalmente, as Erínias se tornam as venerandas Eumênides, ou, conforme a própria Atena, "atalaia do país" (ÉSQUILO, 2013, p. 143).

A tragédia de Ésquilo é expressão da instauração viva da doutrina do juízo, que se institucionaliza em *Eumênides*, com direito a todas as peças essenciais que compõem um julgamento até os dias atuais (Vítima = Clitemnestra; Réu = Orestes; Juíza = Atena; Advogado de defesa = Apolo; Advogado de acusação = Eríneas; Júri popular = cidadãos atenienses). Assim, o tragediógrafo, por meio da personagem Atena, teria lançado mão do primeiro tribunal: "Escutai o que instituo, povo da Ática, quando primeiro julgais sangue vertido. O povo de Egeu terá no porvir doravante e ainda sempre este conselho de juízes" (ÉSQUILO, 2013, p. 123). Segundo a tradição mítica dos gregos, Atena não somente institucionalizou a justiça, como também fez parte do júri em prol do desempate que inocentou Orestes: "Eis a minha função, decidir por último. Depositarei este voto a favor de Orestes" (2013, p. 125). O voto de Atena teria desencadeado o que comumente se chama, no direito, *in dubio pro reo*. Acontece que esse voto, usado como critério para o desempate, contém traços intrigantes de parcialidade. Após depositar seu voto em Orestes, Atena complementa: "Não há mãe nenhuma que me gerou. Em tudo, fora núpcias, apoio o macho com todo ardor, e sou muito do pai. Assim não honro o lote de mulher que mata homem guardião da casa" (2013, p. 125). Talvez fosse mais interessante reconhecer um *in dubio pro homini*? Ou ainda: *In dubio pro reo, etsi sit hominem?* Em todo caso, a própria dúvida parece sequer ter sentido, uma vez que a paladina da justiça já havia se manifestado pró *hominem* mesmo antes do escrutínio.

O veredito é dado em razão do que podemos chamar de o estabelecimento de um patriarcalismo[60]. Na realidade, não seria exagero afirmar que o patriarcalismo e o direito nascem juntos, numa era em que o matriarcado perde forças, única razão pela qual faz sentido levar a julgamento o matricídio cometido por Orestes: "[...] segundo a regra da Erínias, do direito antigo, que elas defendiam, o matricida sequer tinha direito a um julgamento: ele deveria morrer sem outras considerações. Sua morte era uma regra certa, que não poderia ser revista em um tribunal" (CASTRO NEVES, 2015, p. 154).

---

[60] Para Torrano, "essa mesma afinidade com a função de *páter*, ao justificar seu voto favorável a Orestes, implica também desprestigiar a sorte da mulher que mata o marido guardião da casa. Em seu sentido originário, a palavra *páter* significa, mais do que a paternidade, a autoridade pater no interior da grande família humana e divina" (2013, p. 53).

Ésquilo é categórico em ressaltar que Atena, por não ter nascido de ventre materno, dispõe de predileção pelo "macho". Se formos à *Teogonia*, encontraremos a genealogia teogônica em que Atena é oriunda da cabeça de Zeus, que teria engolido sua primeira esposa, Metis, para evitar a previsão oracular, segundo a qual a prole de ambos geraria uma deusa com poderes semelhantes ao dele: "igual ao pai no furor e na prudente vontade" (HESÍODO, v. 898). Sendo assim, Atena nega a maternidade da deusa Metis e se coloca como reflexo e guardiã do poderoso pai, que a gerou como superabundância de sua própria mente. A negação da figura materna acabará por abrandar o matricídio, uma vez que a 'vingança ao pai' restabelece o ínfimo papel da mulher na sociedade ateniense. A situação descrita é ainda mais enfática na defesa de Apolo:

> Não é a denominada mãe quem gera o filho, nutriz de recém-semeado feto.
>
> Gera-o quem cobre. Ela hospeda, conserva o gérmen hóspede, se Deus não impede.
>
> Eu te darei uma prova desta palavra: o pai poderia gerar sem mãe, eis por testemunha a filha de Zeus Olímpio, não nutrida nas trevas do ventre, gérmen que nenhuma deusa geraria (ÉSQUILO, 2013, p. 121).

Como verificado, o clímax da defesa de Apolo se encontra numa supervalorização da figura paterna. No final, Atena e Apolo se sustentam num movimento dialético que nega o feminino e a honra de Clitemnestra não é restituída pelas Erínias. A tragédia exibe uma clara disputa entre sexos: de um lado, o forte Zeus e seus combatentes Apolo e Atena – defendendo a negação da figura materna –; de outro, as Erínias – defendendo o feminino e, mais que isso, a manutenção de uma tradição pela qual qualquer crime sanguíneo deve ser punido com a morte[61]. Anteriormente, havíamos questionado aquilo que Deleuze chamou de passividade dos deuses que não podiam julgar; agora, parece plausível afirmar que o julgamento talvez seja uma grande farsa e Orestes (ou a figura masculina por ele representada) já estava absolvido antes mesmo do escrutínio. Convém mencionar, ironicamente, que qualquer semelhança com os tribunais da atualidade não passa

---

[61] Para Castro Neves, "há, como se vê, a instauração de uma nova ordem. A antiga Lei do Talião, a punição familiar (do guénos), defendida pelas Eríneas, perde espaço. A nova lei vem de Apolo, deus das luzes, em prol da cidade e da civilização. As Eríneas vivem no Hades, o inferno dos gregos, enquanto Apolo habita o ensolarado Olimpo" (2005, p. 154).

de mera coincidência e, finalmente, que o juízo é implacável e se alimenta de estereótipos que não passam de outros juízos não mais dubitáveis – ou assumidos como verdade pela tradição.

A imparcialidade de Atena, fruto da escolha de um júri popular dentre os cidadãos para presidir a decisão final do julgamento, revela-se frágil na medida em que a deusa desvela sua predileção pelo lado masculino, ou seja, não se trata mais da questão jurídica – que envolve o crime de Orestes –; outrossim, de sua condição biológica, máscula[62]. Nesse sentido, a pujança da justiça instituída pela deusa, "instituo este conselho intangível ao lucro, venerável, severo, vigilante atalaia dos que dormem na terra" (ÉSQUILO, 2013, p. 125), se revela demasiado frágil. Haja vista que o próprio voto de Minerva talvez não passe de um embuste a serviço do juízo que, embora institucionalizado nesse drama, já dispunha de raízes profundas na velha Grécia, seja no que tange à identidade unitária dos cidadãos atenienses, ou mesmo no desprezo e escárnio contra os *metecos* (estrangeiros), as mulheres e outras minorias esquecidas.

1.2.1.1 A sina de Édipo

Um dos mitos de maior repercussão no cenário trágico dos gregos relata o destino de Édipo. Narrado por vários rapsodos e tragediógrafos, se tornou célebre pela vinculação operada por Freud entre a trama e a psicanálise. Para suprir nossa intenção de encontrar alguns elementos judicativos na tragédia, selecionamos a peça escrita por Sófocles: Édipo *Rei*. Sófocles é responsável pela inserção de certo protagonismo às personagens, que buscam conviver com suas terríveis sinas emplacadas pelo destino. Para Brandão, "os deuses agem, mas sua atuação é à distância, por meio de adivinhos e oráculos" (1985, p. 42), fator que voltará às tragédias para a saga dos protagonistas.

---

[62] Para Brandão, "o voto de Minerva lançou por terra a vetusta instituição do matriarcado. Os 'novos deuses' instituem, em definitivo, o sistema patriarcal" (1985, p. 33). Convém frisar que, embora a mulher cretense dispusesse de certa preponderância social e religiosa, nada nos permite afirmar que tivesse efetivamente papel político relevante. Para Brandão (1985, p. 60-61), "longe de estar enclausurada no gineceu, a mulher participa de todas as atividades da 'pólis': trabalha, caça, é toureira, diverte-se, ocupa o lugar de honra nos espetáculos públicos, aliás maravilhosamente bem vestida, enfim *tem e exerce* direitos iguais aos dos homens... Religiosamente, a supremacia da mulher cretense é inegável e óbvia; *ela é a sacerdotisa*: os sacerdotes surgiram mais tarde e apenas como acólitos. Afinal, a augusta divindade de Creta é a Grande Mãe... Não foi por ironia que Plutarco afirmou que os cretenses chamavam a seu país não de *pátria* (de *patér*, pai), mas de *mátria* (de *máter*, mãe). Na Ilha de Minos a mulher não governava, mas reinava. Os gregos, que tanta influência tiveram da civilização minoica, esqueceram-se de herdar-lhe a dignidade da mulher!"

A história começa depois do "retorno" de Édipo de Corinto para Tebas, num cenário em que a consumação de uma previsão oracular o leva fortuitamente ao parricídio e ao incesto. Após decifrar o enigma da Esfinge, desposar a viúva Jocasta, ter quatro filhos com ela (Etéocles, Polinices, Ismena e Antígona) e se tornar rei de Tebas, Édipo busca desvendar e punir o assassinato de seu antigo rei, Laio. O mito apresenta um processo de esclarecimento do protagonista, que tardiamente perceberá que não é filho de Políbio e Mérope. Tudo começou quando, para fugir da profecia que o levaria ao parricídio e ao incesto, Édipo deixou seus "pais" em Corinto. Triste saga em que não podia prever sua verdadeira paternidade, que o levaria à glória do reinado de Tebas, seguida da descoberta de seus próprios atos vilipendiosos, que acarretaram no suicídio por enforcamento da mãe e esposa Jocasta, na mutilação dos próprios olhos, no afastamento de seus filhos e filhas e na expulsão definitiva de Tebas por Creon – irmão de Jocasta.

Sófocles apresenta três previsões oraculares: aquela endereçada a Laio sobre o destino trágico de Édipo, caso não fosse morto; a consulta do próprio Édipo ao oráculo de Delfos, que lhe revelou a profecia do parricídio e do incesto porvir; e, por fim, a revelação do deus de Delfos a Creon sobre os motivos das desgraças dentre os tebanos. Em todas as profecias, o juízo impera implacável sobre seu descumprimento e, pior que isso, todas elas se cumprem: marcando o fim de Laio e de Jocasta e prefigurando o mais sórdido terror a Édipo. Ao reconhecer sua identidade, Édipo descobre o que seria salutar não ter desvendado, isto é, sua triste sina imputada por Apolo. Tamanho remorso e dor o envolvem! O protagonista então brada: "Que a Moira me encaminhe ao meu destino!" (SÓFOCLES, 2011, p. 108). Seu fim é assim descrito por Sófocles: "E quanto a mim, enquanto eu viva, a pólis pátria jamais me julgue digno dela. Que eu parta para o monte cujo nome se liga a mim: Citero – meu sepulcro! –, como meu pai e minha mãe queriam" (SÓFOCLES, 2011, p. 108).

Uma vida marcada pelo terror de uma profecia que faria de Édipo o mais infortunado dos mortais. Para Daniel Lins, o livre-arbítrio o teria levado à cegueira: "Édipo prefigura o homem que julga a si mesmo, se pune, talvez porque os deuses são mudos, surdos e cegos, mais ainda que os homens. Édipo fura seus olhos para não mais fazer o mal. O livre-arbítrio condena os homens a esta automutilação" (LINS, 2004, p. 14). Assim se consuma o instinto de autopunição como chave de ascensão do juízo que assolou a Édipo e que perscruta a todos os seres humanos em seu constante desejo de reparação, escondido no véu de uma Atena/justiça que, como vimos em *Eumênides*, de cega não tem nada.

1.2.1.2 A sina de Héracles

Outra tragédia a ser elencada é *As traquínias*, na qual Sófocles retrata traços da história de Héracles, uma das figuras mais famosas da mitologia grega. Embora não se trate de uma tragédia tão referenciada pela história e pela crítica, ela contém elementos interessantes para pensarmos o juízo em sua relação direta com aquilo que Deleuze (2011, p. 162) chamou de "dívida infinita". A peça indispõe de uma supremacia moral que costumeiramente entrelaça as personagens, Sófocles procura uma tonalidade mais neutra, desenvolvendo a trama por intermédio de relações afetivas (*eros*)[63] e da realização de profecias que confirmam a saga do destino do semideus Héracles.

A narrativa se passa durante uma longa expedição de Héracles que, ao retornar para sua esposa Dejanira e seu filho Hilo, em Tráquis, acaba matando em batalha o rei Êurito, da Ecália. Após o ocorrido, Héracles segue viagem levando Iole, filha do rei, por quem se apaixonara. Quando Dejanira fica sabendo, envia para o marido uma túnica ensanguentada que recebeu do centauro Nesso, com a falsa convicção de que a mesma reacenderia o amor do semideus. Dejanira havia sido enganada por Nesso quando, outrora, Héracles assassinou o centauro com uma flechada mortal, cumprindo a profecia de Zeus: "Meu pai profetizou que um morto do Hades me mataria, e não um ser pulsante. E o tal centauro, como disse o oráculo, mesmo sem existir, tirou-me a vida! (SÓFOCLES, 2014, p. 113). Ao saber que a túnica continha um veneno mortífero, inebriada de profundo pesar, Dejanira, desconsolada por tamanho infortúnio, tira a própria vida. Quanto a Héracles, com o veemente desejo de não ser visto por seus concidadãos de Tráquis em extrema situação de vulnerabilidade, convence Hilo a queimar seu próprio corpo no monte Eta e a casar-se com Iole depois do gesto fatídico.

Um modo peculiar de ler a tragédia é por meio do cumprimento de uma profecia que deu cabo de Héracles: o herói resistiu a tantas intempéries, mas veio a padecer do plano de um centauro já falecido. Fica nítido que, por mais que suas façanhas sejam altivas e dignas de louvor, no final, o implacável destino atuou de forma definitiva pondo fim ao semideus, que nada pôde fazer para alterar sua sina. Assim, independente de qualquer outro fator, o juízo estava selado e marcaria o fim do filho de Zeus, o que nos leva a assinalar a sua preponderância implacável. Héracles sobreviveu às serpentes enviadas por Hera para dar cabo da traição de Zeus com uma

---

[63] Para referência ao afeto, utilizamos *eros*, em minúsculo e itálico; já para a divindade Eros, usamos maiúsculo e sem itálico.

humana; ele foi capaz de cumprir as tarefas designadas pelo rei de Micenas para expurgar a morte da esposa e dos filhos, oriunda de uma insanidade causada por Hera sobre o herói. No entanto, sua força e sagacidade não foram suficientes para alterar uma profecia que viera a se cumprir. Nesse caso, novamente o juízo aparece como uma espécie de "dívida infinita" que tem de ser paga. É como se a traição de Zeus não pudesse ficar impune; afinal, o juízo se concretizou por meio da maledicência do centauro que, ao vingar-se de seu executor, acabou por matar também Dejanira – que causou indiretamente a morte do próprio marido – numa tentativa desesperada de recuperar seu amor que julgava perdido[64].

Outro elemento que merece destaque é a força de *eros*, que atua sobre as personagens. Essa força atrativa, que incita o desejo dos corpos e os incentiva para ação, extrapola os limites do entendimento humano. O *eros* é, ao mesmo tempo, insaciável e engenhoso, características que dizem muito acerca do comportamento de Dejanira. Na obra *O banquete* (1979, 203a-205a), Platão traz à cena Diotima e uma das mais clássicas teogonias acerca do surgimento do deus Eros. Na narrativa, a sacerdotisa e filósofa relata um grande jantar festivo em homenagem ao nascimento de Afrodite. Quando a festa acabara, a deusa Pênia ou Penúria, sempre miserável e faminta, chegou para mendigar as sobras e, ao saciar-se, deitou-se com o astuto e engenhoso deus Poros, que havia adormecido embriagado com o néctar da festa. Desse encontro, entre o deus do recurso e a deusa da pobreza, teria nascido Eros – uma mistura da infindável insaciedade de Pênia com a astúcia de Poros:

> Primeiramente ele é sempre pobre, e longe está de ser delicado e belo, como a maioria imagina, mas é duro, seco, descalço e sem lar, sempre por terra e sem forro, deitando-se ao desabrigo, às portas e nos caminhos porque tem a natureza da mãe, sempre convivendo com a precisão. Segundo o pai, porém, ele é insidioso com o que é belo e bom, e corajoso, decidido e

---

[64] Segundo Graves (2018, p. 100), "as relações maritais entre Zeus e Hera refletem as da era dórica bárbara, em que as mulheres eram privadas de todo seu poder mágico, exceto a profecia, além de serem vistas como propriedade dos homens". Convém salientar que a relação conjugal entre Hera e Zeus é uma das mais intrigantes histórias *eróticas* da mitologia grega, marcada por infidelidade, desconfiança e muitas brigas entre os irmãos que contraíram um "matrimônio divino". No que tange à relação com Héracles, Hera nunca aceitou a traição de Zeus com a ninfa Alcmena, que resultou no nascimento da lendária figura de Héracles. Para vingar-se, Hera amaldiçoou Héracles que, enlouquecido com o feitiço, confundiu sua esposa Megara e seus filhos com inimigos de batalha, matando-os. O mito relatado por Sófocles em *As traquínias* (2014) é fruto de outra união de Héracles, desta vez com Dejanira, filha do rei Eneu – de Calidon. Nesse mito, novamente Hera empreende vingança a Zeus, ao tentar roubar Dejanira de Héracles em conluio com o centauro Nesso. Nesse caso, Zeus já havia prescrito o fim de Héracles, que padeceu frente a uma dívida advinda de seus pais.

enérgico, caçador terrível sempre a tecer maquinações, ávido de sabedoria e cheio de recursos, a filosofar por toda a vida, terrível, mago, feiticeiro, sofista (PLATÃO, 1979, 203c-e).

Gerado no dia do nascimento de Afrodite, Eros – imortalizado por Diotima no *Banquete* e chamado de Cupido no mundo romano – é comumente representado como um arqueiro que enfeitiça suas "vítimas" com a flecha de uma paixão insaciável e astuta. Desse modo, o deus Eros torna-se produtor de relações afetivas: eróticas, de uma paixão ao mesmo tempo cega/irrefreável e engenhosa/decidida. No fundo, não é nenhum exagero mencionar que suas vítimas se tornam cegas e capazes de qualquer astúcia para alcançar o "amor" desejado. Para Easterling (2014, p. 158), Dejanira e Héracles "são vítimas do *eros*, ambos agem, em ignorância, para sua própria destruição". A autora ainda acrescenta: "A causa de tudo o que acontece é claramente traçada: o sofrimento de Héracles na túnica é mostrado como resultado de seu *eros* por Iole e o *eros* de Dejanira por ele" (2014, p. 159). Diante de nossa análise prévia e da pontual leitura de Easterling, somos levados à pergunta "Poderia o *eros* atuar como juiz na vida dos protagonistas?". Certamente a resposta é positiva. Afinal, essa emoção levou ambos a sonhos que transcendem a realidade e, no fim, causam sua própria destruição, fazendo com que a canalização de toda sua pulsão se depositasse sobre o *eros*, que acabou por se mostrar como o mais implacável de todos os juízos.

A tragédia termina com o coro enfatizando a regência divina sobre a condução da vida humana: "e do que é só há o que seja Zeus" (SÓFOCLES, 2011, p. 127). Desse modo, apesar de Héracles dispor de certo arbítrio e protagonismo ao longo do drama, ao final Sófocles faz questão de destacar o poder incomensurável de Zeus, colocando-se como uma espécie de porta-voz da divindade que levou a cabo sua soberania com relação aos humanos e ao semideus. A questão que vem à tona é "até que ponto se pode imputar a tirania do juízo a Zeus?".[65] Para Deleuze (2011, p. 165), em Sófocles os deuses e os humanos "se elevaram juntos à atividade de julgar, para melhor e para pior". Assim, Zeus aparece, ao final da obra, como juiz, ao mesmo tempo em que, durante a peça, Dejanira julga o ato de traição de Héracles, que é incapaz de perdoá-la, mesmo sabendo de sua real intenção, que nem de longe era matá-lo. Enfim, seja pelas traições de Zeus, pelo ciúme doentio de Hera, ou ainda

---

[65] Para Nietzsche (ETS/ITS, p. 44), "em Sófocles, o mortal cai em desgraça pela vontade dos deuses; mas a desgraça não é punição e sim algo por meio do qual o homem é consagrado como um santo. Idealização da infelicidade". Independente de se tratar de punição ou não, fato é que o juízo já estava prescrito. No fundo, o lendário Héracles, capaz de resistir a e vencer tantos desafios, padeceu frente ao juízo.

pelo amor (*eros*) descontrolado de Dejanira, no final o juízo imperou contra Héracles selando seu destino. Aliás, uma característica contundente dessa tragédia é a relação entre o destino e o juízo. Em outras palavras: uma relação divina entre Zeus e Hera marcou o destino de Héracles, que nasceu com seu julgamento prescrito – no fundo, era só uma questão de tempo para o herói padecer. Assim, o que Nietzsche (ETS/ITS, p. 44) chamou de consagração do herói, para nós não passou de consumação do juízo, ou, novamente, de uma dívida infinita que tinha que ser paga com a morte do protagonista.

1.2.1.3 A sina de Medéia

Outro grande tragediógrafo, mencionado por Diógenes Laércio como poeta do socratismo estético[66], foi Eurípedes. Na tragédia *Medeia*, encenada em março de 431 a.C. pelo próprio autor, no concurso teatral das Grandes Dionísias, transparece uma supervalorização do *agon* e um papel secundário do coro. Toda a saga é apresentada em torno de Medeia, que, por não aceitar a traição de Jasão com a princesa de Corinto, planeja sua vingança. Para o tradutor, Trajano Vieira (2010, p. 157-176), não se trata de uma motivação oriunda do ciúme de Medeia, e sim de um processo de compensação violado por Jasão que, ao desposar a princesa Glauce, revela sua ingratidão: "Medeia, por sua vez, foi responsável pelo sucesso de Jasão na expedição dos argonautas. Foi ela quem instruiu o futuro marido nas três provas a que se submeteu[67]. Se dependesse apenas de seus dotes naturais, Jasão teria sucumbido" (2010, p. 168).

Medeia é incapaz de aceitar tamanha ingratidão de Jasão e usa a mesma sabedoria que outrora propiciou glórias ao marido para causar-lhe a mais fúnebre ruína. A vingança da protagonista levou-a ao assassinato da princesa Glauce, do rei Creon e dos próprios filhos. Esse plano cônscio[68]

---

[66] Para Diógenes Laércio (2008, p. 52), é certo que Sócrates auxiliava Eurípedes na composição das peças deste último.

[67] "As provas impossíveis para qualquer ser humano eram as seguintes: pôr o jugo em dois touros bravios, presentes de Hefesto a Eetes, touros de pés e cornos de bronze, que lançavam chamas pelas narinas e atrelá-los a uma charrua de diamante; lavrar com eles uma vasta área e nela semear os dentes do dragão morto por Cadmo na Beócia, presentes de Atenas ao rei; matar os gigantes que nasceriam desses dentes; eliminar o dragão que montava guarda ao Velocino, no bosque sagrado do deus Ares" (BRANDÃO, 1987, p. 183).

[68] Em *Construção e superação das imagens de Sócrates em Nietzsche*, saliento que "Eurípedes foi o primeiro autor dramático a seguir uma estética consciente. No fragmento póstumo 1 [106] do outono de 1869, Nietzsche o define como poeta do racionalismo ingênuo, que busca o elemento intencional e consciente como ferrenho inimigo de tudo o que há de inconsciente. Não obstante, Nietzsche descreve a mitologia de Eurípedes como proteção idealista de um racionalismo ético que opera o isolamento do indivíduo" (MENEGHATTI, 2016, p. 50).

e, ao mesmo tempo, malévolo de Medeia torna a tragédia ainda mais arrebatadora – afinal, planejar friamente e executar o assassinato dos filhos confunde a orla do destino e faz de Medeia uma mentora de seus atos, que se tornam ainda mais cruéis por serem premeditados. A obstinação em cometer o delito, seguida do remorso pelos filhos, leva Medeia a se justificar ao marido: "Saber que sofres me alivia a agrura" (EURÍPEDES, 2010, p. 147) e, ainda mais ousada, "Os deuses sabem quem errou primeiro" (2010, p. 149). O diálogo culminará numa resposta objetiva de Medeia, que não hesita em ferir ainda mais Jasão com suas palavras: "JASÃO: Por que os matastes então? MEDEIA: Para que sofras" (2010, p. 163). O ato insidioso é novamente procedido pelo juízo lúgubre do desejo de sofrimento, que figura não ter fim. Não se trata do peso do destino ou da *polis* sobre a assassina, mas de um ato subjetivo e obstinado – friamente calculado e executado. Ora, Medeia poderia ter levado seus filhos a Atenas no carro alado enviado pelo deus Hélio. No entanto, ela delibera pela morte dos próprios filhos: com o intuito de causar dor em Jasão; afinal, para Medéia, ele "errou primeiro" e isso justifica o infanticídio.

Nesse acontecimento trágico, transparece aquilo que Deleuze (2005, p. 118) mensurou como restituição do equilíbrio. Independente da dor que teria que passar com a ausência dos filhos, a crueldade de Medeia se sobressai ao sistema de afectos[69]. Eurípedes revela, por meio de Medeia, que é preferível a dor da morte à injustiça da falta de reconhecimento. Eis a face cruel do juízo que torna os corpos dependentes de valores transcendentes, materializados no "compromisso", na "justiça", na "vingança" e/ou na soma de todos os sentimentos que levaram Medeia ao assassinato dos filhos. Tal ato é a mais notável expressão da crueldade humana: matar para reparar, reparar mesmo tendo que sofrer uma dor ultrajante que ultrapasse o próprio reparo. Enfim, parece que o juízo não tem limites e que o ser humano como "guardião" do juízo se torna um animal indescritível: "A doutrina livresca do juízo só é suave na aparência, pois nos condena a uma escravidão sem fim e anula qualquer processo liberatório" (DELEUZE, 2011, p. 164). Nesse viés, em que a existência padece frente à doutrina de julgamento, não encontramos melhores palavras do que Zusak, ao terminar o livro *A menina que roubava livros*: "Os seres humanos me assombram" (2007, p. 478).

---

[69] Para Deleuze, "a doutrina do juízo derrubou e substituiu o sistema de afectos" (2011, p. 166). No capítulo dois, trabalharemos essa temática.

1.2.2 Elementos introdutórios da tragédia e do juízo que marcaram a filosofia grega

O conteúdo trágico que permeia as grandes tragédias é o mito, pois nele encontramos as primeiras explicações genealógicas para o cosmos e os próprios deuses. Numa mistura cosmogônica e teogônica, os helenos construíram uma fantástica cultura em que homens e deuses compunham o mesmo cenário: "Na presença de um cosmos repleto de deuses, o homem grego não distingue o natural e o sobrenatural como dois âmbitos opostos" (VERNANT, 2011, p. 8)[70]. A vida grega de meados do século VII a.C., marcada pelo treinamento militar, pelo desenvolvimento de uma escrita alfabética peculiar, pelas artes e pela prática do comércio, é impensável sem a forte religiosidade que acompanhava cada ato cívico realizado nos limites da Hélade. Vernant (2011, p. 12) dirá que "não há cidade sem os deuses"[71]. O raio do mito brilhava sobre os gregos, na medida em que eles devotavam sua vida às potências sobrenaturais que lhes acompanhavam ocultamente, dando sentido a todas as atividades e práticas que, gradativamente, outorgaram a esse povo o surgimento do pensamento filosófico. Embora tenhamos que admitir as peculiaridades e diferenças entre o conhecimento mítico e o filosófico que viria a se desenvolver na Grécia, é inegável que as raízes da filosofia ocidental já estão impregnadas na sabedoria religiosa e popular dos antigos helenos que, por força de diversos fatores, possibilitaram o aparecimento de Tales, Heráclito, Pitágoras e tantas outras figuras geniais e emblemáticas.

Não queremos com isso afirmar, ingenuamente, que o mito já era filosofia, muito menos diminuir o prestígio e a sagacidade dos primeiros filósofos. Nossa intenção é destacar que o brilhantismo dessas grandes personalidades, cuja gênesis histórica é Tales, tem suas raízes na cultura helênica e em todos os elementos mítico/religiosos que a compreendem. Obviamente que não ter havido uma casta sacerdotal nem um livro sagrado com a palavra última e definitiva sobre a verdade são fundamentais para o desenvolvimento da livre expressão do pensamento, tão cara à filosofia nascente e prefigurada pelo ambiente democrático, ao mesmo tempo isegórico e isonômico. No entanto, essa ligação com a *polis* e o livre exercício do pensamento não eximem a filosofia dos aspectos míticos envolvidos

---

[70] "Em presencia de un cosmos lleno de dioses, el hombre griego no distingue lo natural y lo sobrenatural como dos ámbitos opuestos" (VERNANT, 2011, p. 8).

[71] "No hay ciudad sin dioses" (VERNANT, 2011, p. 12).

nas antigas fábulas; pelo contrário, consideramos que o mito faz parte da espinha dorsal do pensamento filosófico, de tal forma que o juízo presente na tradição popular ganha corpo na história da filosofia e, mais que isso, se solidifica de forma basilar com Sócrates e todo o socratismo disseminado pelo cristianismo[72].

Antes mesmo de Sócrates, a filosofia já havia construído – com os chamados "Sete sábios" da antiga Grécia – um verdadeiro sincretismo de juízos morais, com orientações práticas para uma vida virtuosa. Na tradução de Pinharada Gomes (1994, p. 93-100), destacamos uma sentença de cada um dos sábios que corrobora com a ideia: "Não castigues os servos por estarem ébrios, pois, se o fizeres, serás considerado ébrio também" – Cleóbulo de Lindos –; "Evita a crítica para não seres julgado pelo criticado" – Sólon de Atenas –; "Não julgues um infeliz, porque os deuses vingam-se" – Pítaco de Mitilene –; "Espera receber de teus filhos, quando fores velho, o mesmo tratamento que dispensaste a teus pais" – Tales de Mileto; "Persuade pelo bem, e nunca pela força" – Bias de Priene –; "Põe a razão antes da língua" – Quílon de Lacedémonia –; "Oculta os desgostos, para não dares motivo de gozo aos inimigos" – Periandro de Corinto. Em cada uma das sentenças é perceptível um jogo de ações e consequências, protagonizando um verdadeiro cânon axiológico, que faz dos "grandes sábios" verdadeiros paladinos da moral. Porém, certamente a moralidade não esteve ligada a todos os filósofos pré-socráticos; muito pelo contrário, a preocupação comum que envolveria a Escola Jônica e as outras principais escolas gregas era com a *physis* e a busca pela *arché*. Nossa intenção, no entanto, é mostrar que a reflexão acerca dos juízos morais já estava presente mesmo antes de Sócrates e que, consequentemente, a linha da moralidade não se rompeu com a filosofia nascente.

Essa segmentaridade dura, típica da linha molar, que perpassa pelos "sete sábios", parece trazer como referência um cultivo da tradição e, principalmente, um demasiado apego à transcendência, que se revela, por exemplo, em Periandro de Corinto: "Os prazeres são mortais, as virtudes imortais" (1994, p. 97). É nessa negação imanente do prazer – e de toda a corporeidade que o compõe – que encontramos a base edificante do juízo

---

[72] Embora Sócrates seja um marco do pensamento para a moralização da filosofia, o mesmo não deveria ser visto como único responsável pelo advento da moral e do consequente juízo. Obviamente, sua insistência na direta relação entre virtude e conhecimento fez dele um elo entre Platão e o cristianismo porvir. Desse modo, ainda que Sócrates não seja o pontapé inicial do duradouro percurso do juízo, certamente o socratismo platônico enriqueceu muito os alicerces filosóficos do juízo – vindo a servir de base para longos séculos da história da moral.

e suas ramificações. Dando continuidade e somando esforços com esse segmento, Sócrates fará do filosofar um exercício moral com vistas à felicidade. Ademais, o juízo encontrará em Sócrates seu principal expoente grego, haja vista que o ateniense levará até a morte um sentimento totalmente enantiológico – de amor e ódio – para com a vida, que será apagada pela cicuta em tom de libertação e desprendimento de um corpo que, alheio à alma, não passa de um amontoado de apetites ruins e irascíveis.

Uma filosofia a serviço da purificação da alma, por intermédio da negação das manifestações impulsivas do corpo, foi o resultado da filosofia de Sócrates, que, aliás, transformou a morte em médica, acreditando que a "verdadeira cura" só seria possível com o desprendimento da alma do "invólucro" corporal. Sócrates fez do filosofar um exercício de saber morrer: "em verdade estão se exercitando para morrer todos aqueles que, no bom sentido da palavra, se dedicam à filosofia" (PLATÃO, 1972, 67e). Com Sócrates, o corpo foi julgado e declarado culpado pelo simples fato de existir. No socratismo, a *hamartía* recai diretamente sobre a corporeidade, negando explicitamente a imanência e constituindo uma filosofia em que o papel da *physis* de seus antecessores é esfacelado frente a uma transcendência metafísica. Sua luta contra o corpo não encontrou limites ou qualquer sinal de benevolência[73]. Nesse viés, é impossível alcançar o Hades em estado de pureza (PLATÃO, 1972, 83e), pois o corpo contamina a alma, que é lançada ao Hades com a morte, restando-lhe ocupar outro corpo e reiniciar um ciclo que já é corrompido em suas origens, restando a certeza de que a dívida infinita nunca poderá "ser paga" em sua plenitude. Nesse quesito, resta-nos concordar com Nietzsche: Sócrates sofreu da vida e, mais do que isto: "Ah, meus amigos! Nós temos que superar também os gregos!" (FW/GC § 340)[74].

1.3 As origens judaicas do juízo

Embora seja uma palavra latina, derivada de *iudicium*, o juízo já dispunha de um verbete no hebraico antigo que compunha a Bíblia judaica. Mišpāṭ era compreendido como "juízo", "sentença judicial", "lei" enquanto "direito"

---

[73] No *Fédon*, Sócrates apresenta a tese de que a alma é uma entidade superior ao corpo, de forma que o exercício da filosofia se torna libertação e consequente afastamento do corpo: "nada como o corpo e suas concupiscências para provocar o aparecimento de guerras, dissenções, batalhas; com efeito, na posse de bens é que reside a origem de todas as guerras, e, se somos irresistivelmente impelidos a amontoar bens, fazemo-lo por parte do corpo, de quem somos míseros escravos!" (PLATÃO, 1972, 66c).

[74] Adiante, voltaremos a essa questão.

objetivo, "veredito", "decreto", "ordem"⁷⁵. Para o judaísmo, todo o cosmos está imerso no "juízo" divino. A criatura, feita à imagem e semelhança do Criador, deve viver os desígnios divinos no mundo, para assim se aproximar daquele que é o princípio e o fim (Α e Ω) de todas as coisas. Desse modo, a história é vislumbrada num viés teleológico cujo fundamento axiológico é o Criador, pois, embora o juízo tenha uma natureza transcendente, ele tem uma atuação imanente ao mundo, uma vez que o Criador está presente na criação. Com a ascensão do cristianismo no judaísmo, Deus se personifica em Cristo, podemos então dizer que a humanidade passa, de forma ainda mais acentuada, a dispor do "rosto divino", de tal modo que agora o Mišpāṭ se confunde com a ordem do próprio mundo, na medida em que a criatura se desprende das concupiscências do mundo para ascender à perfeição divina. Para usar uma linguagem proferida por Santo Agostinho na obra Cidade de Deus, é importante acentuar a existência de duas cidades: a terrena, fundada pelo "amor próprio", onde estão contidas as vicissitudes do corpo; e a celeste, fundada no "amor de Deus", que possibilita ao ser humano alcançar a plenitude de sua natureza através do reencontro com o Criador (AGOSTINHO, 2003, p. 169).

A religião de Israel (conhecida como judaísmo) tem como base doutrinária os cinco primeiros livros (Πεντάτευχος)⁷⁶ da Tanakh ou Escritos Sagrados. Chamado de *Torah* pelos judeus, o Pentateuco constitui as doutrinas instrutivas do Criador, ou a própria Lei. Já no *Gênesis* é possível vislumbrar as bases de todo o edifício judaico, que vão desde a criação do mundo até as histórias da descendência de Abraão (Pai de multidão). Em linhas gerais, a lei judaica se ancora na aliança entre Deus e seu povo, selada por intermédio de Abrão que se tornou Abraão e encontra suas origens nos descendentes de Adão e Eva. Marcado por rituais milenares, o judaísmo ortodoxo se caracteriza pelo legalismo, que se efetiva através de práticas como a circuncisão (*milah*) e cerimônias como o *Bar Mitsvah,* na qual o menino, ao completar 13 anos, é admitido oficialmente ao povo judeu, tornando-se responsável pela prática de 613 mandamentos. A partir do século XX, os judeus passaram a realizar uma cerimônia de iniciação para as meninas (*Bat Mitsvah*), que, ao completarem 12 anos, são admitidas na comunidade.

Datada do século ≅ XVIII a.C., a Religião de Israel iniciou na chamada Idade de Bronze na Mesopotâmia, num período conhecido pela figura

---

[75] Verbete extraído do *Diccionario teológico manual del Antiguo Testamento*, II. (apud Armindo dos Santos Vaz. Disponível em: https://journals.openedition.org/cultura/1563. Acesso em: 01 abr. 2021).

[76] O Pentateuco é formado pelos livros de Gênesis, Êxodo, Levítico, Números e Deuteronômio. Além da *Torah*, a Tanakh dispõe de um conjunto de livros proféticos (*Nebiim*) e de um conjunto de livros hagiógrafos (*Ketubim*).

de grandes patriarcas que governavam cidades próximas ao rio Eufrates. O marco inicial do monoteísmo judaico é estabelecido através de uma aliança que o próprio Deus fez com Abrão, originário da cidade de Ur (sul da Mesopotâmia), selando sua posteridade e marcando hereditariamente seus descendentes através da circuncisão[77]:

> Quando Abrão completou noventa e nove anos, Iahweh lhe apareceu e lhe disse: 'Eu sou El Shaddai, anda na minha presença e sê perfeito. Eu instituo minha aliança entre mim e ti, e te multiplicarei extremamente'. E Abrão caiu com a face por terra. Deus lhe falou assim: 'Quanto a mim, eis a minha aliança contigo: serás pai de uma multidão de nações. E não mais te chamarás Abrão, mas teu nome será Abraão, pois eu te faço pai de uma multidão de nações' (Gn 17: 1-6).

A benção divina sobre Abraão fez com que sua mulher Sara, até então estéril, desse à luz Isaac (filho da alegria), selando a promessa de Deus ao patriarca. De Isaac nasceu Jacó, também chamado de Israel, por intermédio do qual se estabeleceram os israelitas. De acordo com a narrativa bíblica, os israelitas se refugiaram no Egito devido a uma grande seca que assolou a terra de Caná. Durante o refúgio, houve um período harmônico, graças ao filho de Israel, José, que havia sido vendido por seus irmãos a mercadores que o levaram até o Egito, onde conquistou importante posição junto ao faraó com sua habilidade de interpretar sonhos. Após a morte de José e com a posse de um novo faraó egípcio, se iniciou um período de opressão que marca o início do Livro do Êxodo, no qual Moisés encaminhará o povo de Israel para a libertação da escravidão em retorno para Caná da Galileia ($\cong$ XIII a.C)[78]. Conforme Dt 34:1-12, Moisés morreu aos 120 anos[79], em Moab, após ter avistado a terra prometida: "Eu a mostrarei aos teus olhos; tu, porém, não atravessarás para lá" (Dt 4).

---

[77] "Eis minha aliança, que será observada entre mim e vós, isto é tua raça depois de ti: todos os vossos machos sejam circuncidados. Farei circuncidar a carne de vosso prepúcio, e este será o sinal de aliança entre mim e vós" (Gn 17: 10-12).

[78] No Livro do Êxodo, é narrada uma das mais memoráveis e cinematográficas histórias do povo de Israel: o milagre do mar. "Iavew disse a Moisés: 'Por que clamas a mim? Dize aos israelitas que marchem. E Tu levanta a tua vara, estende a mão sobre o mar e divide-o, para que os israelitas caminhem em seco pelo meio do mar" (Ex 14: 15-16).

[79] É difícil relacionar a idade da morte dos patriarcas primitivos com a expectativa de vida do antigo povo de Israel a partir da Bíblia Judaica – tendo em vista que não parece muito sóbrio acreditar que alguns homens teriam ultrapassado a casa de 900 anos num período em que não era comum uma pessoa viver mais que 60 anos. No *Gênesis*, por exemplo, são mencionadas sete personagens que superaram os 900 anos de idade: Adão, Sete, Enos, Quenã, Jarede, Matusalém e Noé (Gênesis 5:5-27, 9:29). Além desses, Abraão teria morrido com 165 anos, José com 110 e Moisés com 120 – em geral, as grandes figuras bíblicas ultrapassaram a casa de um século. A razão para a gradual perda da longevidade, segundo o Gênesis, se deve às recorrentes desobediências do homem a

Para Spinoza (2003), o povo de Israel submeteu sua vida a Deus por meio do governo de Moisés, que instituiu uma fausta aliança entre o direito civil e a religião: "Neste Estado, portanto, o direito civil e a religião, que consiste, como já demonstramos, unicamente em obedecer a Deus, eram uma e a mesma coisa" (SPINOZA, 2003, p. 256). Em meio à composição do que podemos chamar de estado teocrático de direito, os israelitas se constituíram como um povo, o povo de Deus, de tal sorte que, após a morte de seu fundador, o estado foi gradativamente se deteriorando. Convém ainda mencionar que, conforme Spinoza, a teocracia "[...] era mais uma suposição do que uma situação de fato" (2003, p. 257), haja vista que, mesmo com toda a conotação divina diretamente envolvida, mantiveram em absoluto o direito estatal.

Depois da morte de Moisés, os israelitas foram conduzidos por Josué com a promessa divina de conquistar a terra prometida: "Moisés, meu servo, morreu; agora, levanta-te! Atravessa este Jordão, tu e todo este povo, para a terra que dou aos israelitas. Todo lugar que a planta dos vossos pés pisar eu vo-lo dou" (Js 1: 2-4). Após grandes conquistas ao longo da atual Cisjordânia, Josué foi sucedido por vários outros reis que se uniriam em torno do rei Saul para enfrentar os filisteus na costa da Palestina. O reinado de Saul foi seguido pelo reinado de Davi, que, enfim, deu cabo à batalha contra os filisteus. Salomão, filho de Davi, foi o responsável pela colossal construção do templo de Jerusalém, que foi destruído e (re) construído três vezes, do qual nos resta somente o famoso muro das lamentações e/ou muro ocidental[80]. Com a morte de Salomão, Israel se divide em dois reinos antagônicos: o Reino de Israel (ou do Norte, cuja capital era Samaria) e o Reino de Judá (ou do Sul, cuja capital era Jerusalém).

A divisão dos reinos acarretou a conquista do Reino do Norte, em 722 a.C., pelos assírios e a consequente queda do Reino do Sul em 587 a.C., com a conquista dos Babilônios. A fase inicial do judaísmo (Reino do Sul),

---

Deus, que se seguem desde o pecado original de Adão e Eva (Gn 1-6). A idade da morte de Moisés, em específico, é carregada de forte simbolismo no antigo "texto sagrado": aparecendo em narrativas como o período de 120 anos que Noé levou para construir a arca (Gn 7), na narrativa dos 120 dias que Moisés permaneceu no topo da montanha do Sinai (Ex 34) e na longevidade de Moisés, que teria vivido por 120 anos (Dt 34). Para Hubner (2017, p. 6), "há uma forte relação, entre o número cento e vinte, limite da vida humana através do decreto divino de Gn 6:3 ('e serão os seus dias cento e vinte anos'), e sua subdivisão em três períodos ou gerações de quarenta anos cada". Para melhor compreensão da temática, recomendamos a leitura do artigo citado: *O número 120 na Bíblia Hebraica como parâmetro para a medida do tempo* de Hubner. Disponível em: http://www.periodicos.letras.ufmg.br/index.php/maaravi/article/view/11759. Acesso em: 02 abr. 2021.

[80] No Brasil, o famoso Templo de Jerusalém, construído por Salomão, foi "reconstruído" pela IURD em 2014 na cidade de São Paulo – temática a que retornaremos no terceiro capítulo.

após a divisão entre os reinos, é marcada por um cativeiro que durou ≅ 70 anos, até a conquista dos medas e persas, que permitiram a volta dos judeus a Jerusalém[81]. Devido à conquista dos persas, por Alexandre Magno, os judeus ficaram submissos ao Macedônio (Alexandre). Com o despontar do vasto império de Alexandre, se inicia um período marcado pela helenização dos povos subjugados e pela consequente fusão da cultura judaica com elementos da cultura helênica, intensificados após a morte prematura de Alexandre, que acarretou a introdução da cultura greco-pagã dentre os judeus por Ptolomeu do Egito[82]. O antigo povo de Israel só obteve independência em 142 a.C., sob a dinastia dos Macabeus. A "autonomia" judaica durou até 63 a.C., quando o General romano Pompeu conquistou a Palestina, estabelecendo governo romano em seus territórios.

Embora o destemível Império Romano dispusesse de total domínio sob Jerusalém, selado com o governo de Herodes, é importante destacar que nesta época Jerusalém se tornou uma cidade ainda mais 'helenizada', sobretudo em termos linguísticos e arquitetônicos. Tese defendida por Hengel (1974, p. 60, tradução nossa) ao se referir à "metrópole judaica" como uma grande incorporadora da língua grega: "A importância de Jerusalém cresceu com o aumento da diáspora ocidental, embora continuou sendo o centro do judaísmo mundial, agora predominantemente de língua grega"[83]. Convém ainda mencionar que durante o governo de Herodes, o "segundo" templo de Jerusalém foi reconstruído e sofisticado[84] a ponto de receber visitantes longínquos: "O templo de Jerusalém reconstruído por Herodes era motivo de orgulho para os judeus residentes no exílio que peregrinavam à cidade santa na época das festas judaicas" (SELVACI, 2006, p. 163)[85]. Assim, Jerusalém se tornou um centro de peregrinações de judeus e outros povos.

---

[81] Segundo Rampazzo (1996, p. 95), "[...] muitos deles voltaram para Jerusalém e reconstruíram a cidade e o Templo – mas continuaram politicamente submetidos aos persas. Começou então a fase do judaísmo".

[82] "Depois da morte de Alexandre, Ptolomeu do Egito, general do grande conquistador, apoderou-se do conquistador e introduziu na Palestina a cultura greco-pagã. Este esforço para difundir o paganismo foi intensificado por volta do ano 200 a.C., por parte dos reis selêucidas da Síria, entre os quais se distinguiu Antíoco IV Epífanes" (RAMPAZZO, 1996, p. 95).

[83] "The significance of Jerusalem grew with the growth of the western Diaspora, though it continued to remain the centre of world Judaism, now predominantly Greek-speaking" (HENGEL, 1974, p. 60)

[84] Tendo em vista que o segundo Templo de Jerusalém fora construído no século VI a.C., alguns historiadores mencionam a reconstrução do templo por Herodes como o advento de um "terceiro templo"; no entanto, os judeus mantêm a terminologia "segundo templo" devido ao "caráter sagrado" que envolveu sua construção.

[85] O caráter cosmopolita de Jerusalém vem ao encontro do "grande" evento do pentecostes narrado pelos *Atos dos Apóstolos*: "Achavam-se em Jerusalém judeus piedosos vindos de todas as nações que há debaixo do céu. Com o ruído que se produziu, a multidão acorreu e ficou perplexa, pois cada qual os ouvia falar em seu próprio

Acontece que, nos anos seguintes, os judeus travariam uma contundente rebelião contra Roma – acarretando uma contra investida que mobilizou 70 mil soldados romanos, liderados pelo general Tito, a mando do Imperador Vespasiano. Ao fim do brutal combate, que teve como consequência o rompimento das três muralhas que protegiam a cidade de Jerusalém, milhares de judeus foram mortos, o templo incendiado e os sobreviventes escravizados.

Adentramos agora na Era Cristã, assim nominada devido ao nascimento de Cristo na Palestina durante o período imperial romano, que tinha como imperador Otávio Augusto. Desde então, os judeus começariam a sofrer uma saga de perseguições, alavancadas, sobretudo, pela culpa de serem o povo que matou Jesus de Nazaré:

> Um dos princípios básicos do cristianismo era que os judeus foram responsáveis pela morte de Jesus e, portanto, eram culpados de deicídio, o maior crime da história. Os cristãos também sustentavam que o cristianismo tinha superado o judaísmo e que todos os judeus deviam se converter. Essas ideias levaram à perseguição dos judeus em todo o mundo cristão. Embora alguns papas condenassem a violência e os libelos de sangue, os ataques a judeus eram frequentemente inspirados por homens da igreja local (MACARDLE, 2021, p. 23).

Com o advento da Era Cristã em solo europeu e, sobretudo, em territórios romanos, os judeus foram sistematicamente oprimidos, escravizados e deixados à margem da vida pública. Destacamos alguns acontecimentos, seguindo a cronologia de Macardle (2021, p. 22-31): no ano 200, o imperador romano Severo proíbe a conversão ao judaísmo; em 306 é proibido o casamento entre cristãos e judeus com o Sínodo de Elvira; em 315 os judeus são proibidos de ficar em Jerusalém; em 395 são proibidos de ocupar cargos oficiais; em 528 o novo código legislativo de Justiniano os proíbe de construir novas sinagogas, reunir-se em público e depor em tribunais contra cristãos; em 612 passam a ser impedidos de possuir e cultivar terras; em 694, com o

---

idioma. Estupefatos e surpresos diziam: 'Não são, acaso, galileus todos esses que falam? Como é, pois, que os ouvimos falar, cada um de nós, no próprio idioma em que nascemos? Partos, medos e elamitas; habitantes da Mesopotâmia, da Judeia e da Capadócia, do Ponto e da Ásia, da Frígia e da Panfília, do Egito e das regiões da Líbia próximas de Cirene, romanos que aqui residem; tanto judeus como prosélitos, cretenses e árabes, nós os ouvimos anunciar em nossas próprias línguas as maravilhas de Deus!' Estavam todos estupefatos. E, atônitos, perguntavam uns aos outros: 'Que vem a ser isto?' Outros, porém, zombavam: 'Estão cheios de vinho doce!'" (At 2: 5-13). Enfatizamos esse elemento de fusão entre helenismo e judaísmo, por se tratarem dos principais povos abordados neste livro, ademais, para Hengel (1974, p. 168), o encontro entre essas duas culturas, em Jerusalém, constitui o pano de fundo para o posterior desenvolvimento do cristianismo.

Concílio Cristão de Toledo, passam a ser considerados escravos em terras espanholas; em 855 são expulsos da Itália; em 1050 o Sínodo de Narbona proíbe cristãos de viverem na mesma casa que judeus; em 1096 e 1146 acontecem a primeira e a segunda cruzada contra judeus – acarretando destruição e mortes dos perseguidos; em 1080/1 o rei francês Felipe confisca todas as casas e terras em ato de expulsão; no ano de 1190 morrem cerca de 150 judeus no massacre de York, na Inglaterra; em 1290 são expulsos da Inglaterra e do sul da Itália; em 1298 são destruídas aproximadamente 146 comunidades e milhares de judeus são mortos em massacres na Alemanha; durante a peste negra (1348-1349) são acusados de envenenar poços e milhares deles são mortos; no ano de 1478, a prática do judaísmo se torna crime julgado pela Inquisição espanhola; durante os séculos XVI e XVII, seguem as perseguições e a segregação de judeus em guetos em vários países da Europa.

A partir do Período Moderno, a situação dos judeus se arrasta em muitos outros acontecimentos fatídicos, que vão de atos discriminatórios até assassinatos. A situação era tamanha que crescia o número de partidos antissemitas na Alemanha e na própria América tornava-se comum o teor discriminatório, dê-se o caso do fabricante de automóveis Henry Ford, que passa a publicar artigos antissemitas em seu jornal semanal (MACARDLE, 2021, p. 23). Quem diria que, após tantos anos de perseguições e infortúnios, a conturbada história do povo de Israel ainda sofreria o massacre dos judeus pelos nazistas ao longo da II Guerra Mundial, vindo a culminar numa independência forjada, que não amenizou os conflitos, em 1948[86].

Somente em 1968, "o Concílio Vaticano Segundo perdoa os judeus pelo crime de deicídio" (MACARDLE, 2021, p. 23). Um "perdão" concedido pelo Catolicismo Romano que, de forma alguma, trouxe paz para o povo judaico. Não é exagero afirmar que a história judaica leva e propaga consigo as marcas indeléveis do juízo em suas entranhas e que o terror continua espalhado na atualidade: "ataques contra judeus têm aumento de 60% na Alemanha"[87]; sinagoga judaica é atacada por jovem antissemita em Halles –

---

[86] Embora não adentremos nas relações cruzadas entre israelenses e palestinos, fizemos questão de utilizar o adjetivo "forjada" para referir a independência de Israel. Haja vista o processo de colonização britânica da Palestina que viria a culminar na tentativa de apropriar os judeus europeus em solos palestinos. Cientes da relevância e da robustez da temática, nos limitamos a assinalar que nosso objetivo é levantar as raízes judaicas que se incorporaram no cristianismo nascente e que se mantém na atualidade e, por isso, neste momento, não mencionaremos as relações com a Palestina, que, segundo Ualid Rabah, vive um dos mais contundentes regimes de *apartheid* já registrados pela história (Cf. https://www.youtube.com/watch?v=NvMS8jCGIBc Acesso em: 22 set. 2023).

[87] Disponível em: https://www.conib.org.br/ataques-contra-judeus-tem-aumento-de-60-na-alemanha/. Acesso em: 21 set. 2021.

sul de Berlim[88]; na França o número de ataques contra judeus cresceu 74% de 2018 para 2019[89]; nos Estados Unidos da América, os fiéis judeus foram surpreendidos com disparos de um terrorista antissemita em plena celebração do último dia da Páscoa numa sinagoga em San Diego – Califórnia[90]. Enfim, paz não parece fazer muito sentido quando se trata da comunidade judaica, que, desde os tempos mais remotos de sua existência, parece lutar pela sobrevivência frente a tantos desatinos que lhes assombram. A partir desses apontamentos iniciais, passaremos a uma análise do *Gênesis*, que em muito se assemelha à manutenção de uma grande dívida contraída por um patriarca e arrastada para todo um povo: "somos em todo nosso ser os devedores infinitos de um deus único" (DELEUZE, 2011, p. 166).

1.3.1 O suplício judicativo no Gênesis bíblico

Presente em todo Livro Sagrado judaico e/ou Antigo Testamento da Bíblia cristã, o juízo já está firmado desde as origens desse povo. A história da criação do mundo e do homem, selada na aliança entre Deus e Abraão, parece um jogo de recompensas e castigos que Deus estabelece com os humanos desde a sua criação. O mesmo Iaweh, que fez o homem à sua imagem e semelhança e lhe outorgou o direito de dominar todas as outras espécies, é uma entidade que não hesita em vingar-se das más escolhas humanas, de seus desatinos e desacatos contra a autoridade divina. Tal como nos berços da Civilização Helênica, a Civilização Judaica também carrega o peso da maldição; neste caso, a de Adão e o selo de uma culpa que parece estar arraigada no DNA humano.

Após a obra de criação ex nihilo, Deus plantou um jardim no Éden e outorgou o seguinte mandamento ao homem: "Podes comer de todas as árvores do jardim. Mas da árvore do conhecimento do bem e do mal não comerás, porque no dia que dela comeres terá de morrer" (Gn 2: 16-17). Logo após, Deus criou a mulher a partir de uma costela de Adão e ambos passaram a viver como uma só carne e em perfeita harmonia com a natureza. No entanto, a serpente impeliu Eva a comer do "fruto proibido", com a promessa de que "no dia em que dele comerdes vossos olhos se abrirão

---

[88] Disponível em: https://veja.abril.com.br/mundo/neonazista-de-27-anos-e-apontado-como-autor-de-ataque-a-sinagoga/. Acesso em: 21 set. 2021.

[89] Disponível em: https://noticias.r7.com/internacional/franca-numero-de-ataques-antissemitas-cresce--74-em-um-ano-05032019. Acesso em: 21 set. 2021.

[90] Disponível em: https://brasil.elpais.com/brasil/2019/04/27/internacional/1556395652_384944.html. Acesso em: 21 set. 2021.

e vós sereis como deuses, versados no bem e no mal" (Gn 3: 5). Eva, então, tomada pela mesma curiosidade que moveu Pandora e pelo desejo do conhecimento, comeu e deu de comer do fruto a Adão: "Então abriram-se os olhos dos dois e perceberam que estavam nus; entrelaçaram folhas de figueira e se cingiram" (Gn 3: 7). O que virá na sequência é uma série de sentenças que sucedem a expulsão do casal do paraíso, selando uma maldição sobre a serpente e o casal, que acompanharia todos os descendentes de Adão[91]: à serpente foi ordenado rastejar sobre o próprio ventre e estar em permanente conflito com os humanos; a mulher teve as dores de gestação e parto multiplicadas e foi estabelecida sua submissão ao marido; quanto ao homem, lhe foi amaldiçoado o solo do qual tiraria seu sustento, com penoso trabalho, além de também ser-lhe imputada a mortalidade (Gn 3: 14-19).

Na sequência do relato, Adão e Eva geram Caim e Abel. Por inveja da predileção de Iavew por Abel, Caim o mata e sofre terrível maldição de Iavew: "Agora, és maldito e expulso do solo fértil que abriu a boca para receber de tua mão o sangue do teu irmão. Ainda que cultives o solo, ele não te dará mais seu produto: serás um fugitivo errante sobre a terra" (Gn 4: 11-12). Caim, então, se retira para viver na terra de Nod, a leste do Éden, onde encontra uma esposa, dando continuidade à grande descendência de Adão. Acontece que Iavew se arrepende de ter criado o homem, que agora se encontrava envolto em violência e pecados de todo gênero, e decide varrer toda a criação da terra com um grande dilúvio. Para dar cabo de seu plano, Iavew ordena que Noé, homem justo, construa uma arca e salve sua família e um casal de animais de cada espécie durante o dilúvio. Novamente aqui impera o julgamento divino, que se volta contra a própria criação a fim de se vingar de seus opróbrios e impiedade. Quando a enchente termina, Noé e os seres vivos de toda espécie deixam a arca e voltam a povoar a terra. Iavew, então, estabelece uma aliança com Noé e seus descendentes: "Sede fecundos, multiplicai-vos, enchei a terra" (Gn 9: 1).

A paz estabelecida entre Iavew e os descendentes de Noé é rompida em vários episódios em que os humanos afrontam a vontade divina. O mais notável deles diz respeito à construção de uma torre, conhecida como Torre de Babel: "Vinde! Construamos uma cidade e uma torre cujo ápice penetre os céus! Façamo-nos um nome e não sejamos dispersos sobre a terra!" (Gn 11: 4). Novamente a cólera divina entra em ação, dispersando os povos e

---

[91] Para o cristianismo primitivo, o pecado de Adão só foi vencido com a morte de Cristo, Cordeiro vivo que expiou todos os pecados da humanidade. O sacramento do batismo, assim, representa vida nova em Cristo, através da purificação dos pecados da 'humanidade'.

confundindo-lhes o próprio entendimento de seu idioma: "Iavew confundiu a linguagem de todos os habitantes da terra e foi aí que ele os dispersou sobre toda a face da terra" (Gn 11: 9). A cólera do velho Deus de Adão se estenderá até que uma aliança nova seja selada, dessa vez definitivamente, e que marcará o início da Religião de Israel.

Após firmar o pacto que transformaria Abrão em Abraão, a esposa de Abraão, Sara, deu à luz Isaac – que selaria a posteridade do nome do patriarca. Não satisfeito com a palavra de Abraão, Iavew decide testá-lo: "Toma teu filho, teu único, que amas, Isaac, e vai à terra de Moriá, e lá oferecerás em holocausto sobre uma montanha que eu te indicarei" (Gn 22: 2). Tamanha era a confiança e a subserviência do patriarca ao Criador que, contrariando qualquer sentimento humano que o faria preservar seu filho e embaralhando a própria lógica da promessa divina que faria de Isaac o sucessor da promessa divina, fez tudo conforme ordenado, revelando uma fé incalculável e que beirava a loucura[92]. O desfecho, como consta no Gênesis, se dá quando, na derradeira hora, ao empunhar o cutelo para imolar sua prole, um anjo de Iavew intervém: "Não estendas a mão contra o menino! Não lhe faças nenhum mal! Agora sei que temes a Deus: tu não me recusaste teu filho, teu único" (Gn 22: 12). Foi então que o anjo divino abençoou Abraão e toda a sua posteridade, dando início à peregrinação do povo de Israel que, ainda hoje, sofre as desventuras da esperança de uma "terra prometida" ou da "Jerusalém Celeste" – tendo como bússola uma fé inabalável que transforma qualquer infiel em incauto transgressor dos desígnios divinos.

Isaac se casa com Rebeca, sua prima de Nacor, que concebe os gêmeos Esaú e Jacó. Após conjurar, conjuntamente com Rebeca contra seu irmão Esaú, "o primogênito", Jacó compra o direito de primogenitura e, ainda, logra a benção de seu pai, fazendo-se passar por Esaú nos momentos finais da vida de Isaac. Para fugir da iminente vingança de seu irmão e arrumar uma esposa, Jacó vai até Padã-Aram onde trabalha durante 14 anos para dispor em matrimônio das duas filhas do irmão de Rebeca – Labão. Daí

---

[92] Para Kierkegaard (1813-1885), o portador da fé é semelhante a um cavaleiro solitário, que deve se lançar ao abismo, independentemente de onde este o levará. Nesse sentido, ao fiel é imputada uma situação de temor e tremor, que não pode ser separada do sofrimento e de uma dor instransponível. Para o filósofo dinamarquês, o cavaleiro da fé "encontra a paz e a consolação no seio da dor" (KIERKEGAARD, 1979, p. 277). Abraão, assim, abre mão de suas predileções e de seu próprio ego para deixar Iavew agir em seu ser. No Novo Testamento cristão, ideia semelhante é registrada no abandono a Cristo até a morte na cruz: "De fato, pela Lei morri pela Lei, a fim de viver para Deus. Fui crucificado junto com o Cristo. *Já não sou eu que vivo, mas é Cristo que vive em mim*" (Gl 2: 19-20, grifo nosso).

decorrem diversos eventos de ciúmes e disputas para conceber mais filhos ao descendente de Abraão que, a contar dentre suas duas esposas (Raquel e Lia) e suas respectivas servas, a Bíblia relata o número de 11 filhos e uma filha. Após trabalhar mais 6 anos para seu sogro, em troca de seu próprio rebanho, Jacó foge em retorno para a terra de seu pai, pois "Iavew disse a Jacó: 'volta à terra de teus pais, em tua pátria, e eu estarei contigo'" (Gn 31: 3), levando sua grande família e parte considerável do rebanho. No retorno, Jacó ainda trava um acordo com Labão, que o perseguiu e o encontrou, e recebe uma benção divina que muda para sempre o rumo de sua vida, mantendo viva a promessa divina feita a Abraão: "'Não te chamarás mais Jacó, mas Israel, porque foste forte contra Deus e contra os homens, e tu prevaleceste'" (Gn 32: 29). Adiante (Gn 35), ainda, Deus lhe prometerá todas as terras dadas a Abraão e a Isaac.

Se levarmos em conta todos os atos ignominiosos de Jacó, alimentados por certo desejo ferrenho de poder e posses, fica difícil entender a predileção divina pelo segundo filho de Isaac (no caso, foi o segundo a sair do útero). No entanto, talvez o Criador não tenha atuado como juiz e vingador do neto de Abraão para manter viva a promessa de antanho. Fato é que, dentre todos os grandes heróis do Gênesis, Jacó parece ter extrapolado os limites da própria sorte. Inclusive quando, ao retornar para a casa paterna, é bem recebido pelo irmão Esaú, outrora traído. A boa recepção do irmão não se estendeu aos siquemitas, pois, ao se estabelecer para passar a noite em Siquém, presenciou o infortúnio de ter sua filha Dina molestada pelo filho de Hemor, Siquém. A violação de sua filha foi seguida por um pacto que selaria o matrimônio de Siquém com Dina e uniria os povos, através da circuncisão de todos os machos. Mas dois filhos de Jacó, Simeão e Levi, não suportam a violação de sua irmã e, para vingarem-se, irrompem contra os siquemitas matando todos os homens e saqueando seus rebanhos e bens.

Após o banho de sangue realizado pelos filhos de Jacó, Deus manda Jacó migrar para Betel e recomeçar nova vida com seu povo, ocasião em que morre Isaac. Na sequência, Jacó herda as terras de seu pai em Canaã da Galileia e a história segue com o protagonismo do filho mais adorado de Israel (Jacó), José.

Tomados por ciúme e rancor contra José, seus irmãos planejam, inicialmente, matá-lo; depois, desistem e decidem lançá-lo numa cisterna do deserto e, por fim, acabam vendendo-o para um grupo de ismaelitas que o revendem a Putifar do Egito, "eunuco do Faraó e comandante dos guardas"

(Gn 37: 36). O que segue depois desse horrendo ato de seus irmãos é a mais cabal prova de caridade, que levará José, décadas mais tarde, a retribuir o mal praticado por seus irmãos, com um bem impagável.

Assim que chegou ao Egito, Putifar incumbiu José do governo de sua casa e de seus campos. No entanto, a mulher do eunuco arma uma cilada contra José – que se recusou a deitar com ela –, e este acaba preso. Na prisão, Iavew assistiu a José que, ao se aproximar e fazer amizade com o carcereiro--chefe, passa a servir os outros detentos e a interpretar sonhos dos demais carcereiros. Passados dois anos, o Faraó tem um sonho que nenhum mago ou sábio pôde interpretar. É, então, que fica sabendo do "talento" de José e o manda chamar para interpretar seu sonho. Na interpretação, José revela ao Faraó que haveria sete anos de abundância e fartas colheitas, seguidas de sete anos de fome, que esgotariam a terra. Em seguida, José recomenda ao Faraó escolher um homem inteligente e sábio para reger e armazenar alimentos durante os sete anos de abundância, para que, nos anos seguintes, os egípcios suportassem a calamidade por vir.

Satisfeito com o conselho de José, o Faraó o institui como seu braço direito: "Visto que Deus te fez saber tudo isso, não há ninguém tão inteligente e sábio como tu. Tu serás o administrador do meu palácio e todo o meu povo se conformará às tuas ordens, só no trono te precederei" (Gn 41: 39-40). Com a confiança e o poder instituído pelo Faraó, José dedicará os próximos sete anos a armazenar grãos: "armazenou o trigo como a areia do mar, em tal quantidade que se renunciou a medi-lo, pois isso ultrapassa toda medida" (Gn 41: 49). Passados os sete anos de fartura, a premonição de José se cumpriu e a fome começou a assolar todos os povos da terra, enquanto José vendia os mantimentos para o povo egípcio. Nesse período, Caná também padece com a fome e Jacó ordena a seus filhos, com exceção do caçula, irem ao Egito comprar mantimentos. Reconhecendo seus irmãos, José ordena sua prisão, acusando-lhes de espionagem. Na sequência, José mantém um dos irmãos na prisão e liberta os outros, dando-lhes mantimentos e devolvendo, em segredo, o dinheiro pago nos sacos de grãos, de tal sorte que o prisioneiro só seria liberto se eles regressassem com o irmão caçula Benjamim (seu único irmão materno, filho de Raquel).

De imediato, Israel se recusa a mandar seu filho ao Egito: "Meu filho não descerá convosco: seu irmão morreu e ele ficou só" (Gn 42: 38). No entanto, quando os grãos acabam e a fome aperta, os filhos de Israel regressam com o caçula, a fim de comprar mais mantimentos. José manda preparar o almoço e os recebe em sua casa, sendo que, após cogitar prendê-los em uma emboscada, revela sua identidade e, com o consentimento e apoio do Faraó, prepara um regresso glorioso para seus irmãos, com carros e mantimentos, a fim de que possam buscar Israel e toda sua posteridade. Com estas palavras o Faraó se dirigiu a José: "Dize a teus irmãos: 'Fazei assim: carregai os vossos animais e ide à terra de Canaã. Tomai vosso pai e vossas famílias e voltai para mim; eu vos darei a melhor terra do Egito e comereis da fartura da terra'" (Gn 45: 17-18). Ao regressarem para o Egito com Israel, José reencontra seu pai e o faraó cumpre com a promessa. Antes de falecer, Israel profere sua benção sobre os filhos de José e, na sequência, sobre seus doze filhos, que, de acordo com a tradição judaica, formam as doze tribos de Israel. O livro termina com a morte de Israel e mais uma mentira dos irmãos de José, que, temendo por sua vingança, inventaram um último desejo de seu pai: "Perdoa a teus irmãos seu crime e seu pecado, todo o mal que te fizeram. Agora, pois, queiras perdoar o crime dos servos do Deus do teu pai" (Gn 50: 17). Por fim, José morre aos 110 anos e é embalsamado e enterrado num sarcófago do Egito.

A partir desse breve resumo do Gênesis, é possível perscrutar um pouco as bases judicativas do judaísmo. Primeiramente a maldição de Adão, que é expulso do paraíso[93]; depois, o crime de Caim e a sequência genealógica do velho Adão, que culminará no dilúvio e na devastação de toda a maldade que os descendentes de Caim haviam estabelecido sobre a terra. Aos poucos, o "texto sagrado" vai construindo uma trama em que Deus se encontra sempre no limite de sua bondade, tendo que encarar as intempéries de sua criação. Tudo isso lembra a inscrição de Deleuze acerca do juízo: "Os elementos da doutrina do juízo supõem que os deuses concedam lotes aos homens, e que os homens, segundo seus lotes, sejam apropriados para tal ou qual forma, para tal ou qual fim orgânico" (2011, p. 165). Estabelecidos os lotes, ou as primícias divinas sobre os humanos, a história segue como uma espécie de jogo de castigos e recompensas – no qual os papéis também se invertem –, como foi o caso de Jacó, que, em determinados momentos, fez prevalecer sua vontade como soberana aos presságios divinos. Para Deleuze, há uma via de mão dupla: "Os homens julgam à medida em que avaliam seu próprio lote e são julgados na medida em que uma forma confirme ou destitua sua pretensão" (2011, p. 165-166). A loucura de Jacó, ao pressentir que poderia perder "seu lote" para Esaú, se assemelha à loucura de Ájax quando se dá

---

[93] Para Nietzsche (GM/GM II § 21), já no início da criação, através do pecado original de Adão, é selada uma maldição contra a natureza humana, que no fundo não passa de uma "demonização da natureza".

conta de que, enganado por Atena, teria matado um rebanho de ovelhas inocentes, ao invés de seus próprios companheiros, contra quem pensava desferir golpes fatais. Guardadas as devidas proporções, Jacó prosperou com certo "acobertamento" divino, ao passo que Ájax suicidou-se, reclinando-se sobre a própria espada.

O Gênesis é um livro de suma importância para a História. Nos revela os primórdios de uma civilização, o início do monoteísmo judaico e, além do mais, é muito usado, contemporaneamente, com a ascensão das igrejas pentecostais. Em meio a tanto temor e promessas seladas com sangue, se fazem notar esplendidamente a fé do patriarca Abraão e um perdão incomensurável que acompanha José no Egito. Aliás, se tivéssemos que contra-atacar o juízo judaico, desferiríamos contra ele um judeu que foi acolhido pelos egípcios, depois do mais sórdido ato de seus irmãos que o venderam, mas que foi incapaz de julgá-los, mesmo frente a várias oportunidades que se lhe apresentaram. Enfim, não poderíamos deixar de mencionar que, se, por um lado, o primeiro livro bíblico já contém toda uma doutrina do julgamento, por outro, apresenta uma grande personagem que parece ser reversa a ele.

1.3.2 Aspectos normativos e elementos apocalípticos do judaísmo

O livro sagrado dos judeus é envolto por incontáveis normas, alianças, pragas e visões proféticas que vão colorindo suas páginas, do Gênesis até Malaquias. O ápice da lei judaica está no decálogo erigido por Moisés após o "milagre do mar", que extirpou os carros e cavaleiros de todo o exército do Faraó, permitindo a fuga do povo israelita. Dessa nova aliança entre Iahweh e Moisés se estabeleceram os alicerces de todo credo judaico, numa celebração que unia os desígnios da vontade divina com a promessa de retidão de um povo que deveria se afastar de toda espécie de pecado para prosperar em Deus. Obviamente que a lei, apresentada no Livro do Êxodo, não se encerra no decálogo, mas se estende a inumeráveis outros mandamentos que, em muitos exemplos, se assemelham à lei do talião: "Quem ferir a outro e causar sua morte, será morto. [...] Se alguém matar outro por astúcia, tu o arrancarás até mesmo do meu altar, para que morra" (Ex 21: 12-14). A pena de morte se estende, ainda, para casos de "crimes" que envolvem consanguinidade: "Quem ferir seu pai ou sua mãe será morto" (Ex 21: 15), ou, ainda, "Quem amaldiçoar seu pai ou sua mãe será morto" (Ex 21: 17); também para "crimes" de feitiçaria: "Não deixeis viver a feiticeira" (Ex 22: 17). No capítulo 21, ao tratar de questões referentes a golpes e ferimentos contra mulheres grávidas, o "autor sagrado" repete o estribilho da própria lei do talião: "Mas, se houver dano grave, então darás vida por vida, olho por olho, dente por dente, pé por pé, queimadura por queimadura, ferida por ferida, golpe por golpe" (Ex 21: 23-24).

O Pentateuco seguirá expondo mandamentos e proibições dos mais variados gêneros. No Levítico 18, por exemplo, são apresentadas 23 proibições sexuais contra a nudez e o ato sexual. No Livro de Números, encontramos o final do êxodo do povo de Israel das terras egípcias. Nele, novamente o juízo cintila em meio a castigos e punições. No capítulo 15, por exemplo, ao tratar sobre "a expiação das faltas cometidas por inadvertência", o Livro de Números é duramente severo àqueles que cometem ultrajes com Iavew: "Este indivíduo deverá ser eliminado, pois sua culpa está nele mesmo" (Nm 15: 30-31). É no Deuteronômio, outrossim, que as leis serão sintetizadas no Código Deuteronômico, revivendo e reafirmando as leis prescritas no Êxodo, de forma a constituir um cânon diretivo que estabelecesse os limites das ações humanas. Neste livro, a pena capital também aparece com frequência, como punição para os "erros" cometidos: "Se um homem for pego em flagrante deitado com uma mulher casada, ambos serão mortos, o homem que se deitou com a mulher e a mulher. Deste modo extirparás o mal de Israel" (Dt 22: 22). Todos esses elementos revelam o caráter judicativo da Torah judaica, de forma que a vida do povo de Israel é totalmente enquadrada em rituais normativos. O rigor e a sacralidade das leis permitem a construção de uma forte identidade, de tal sorte que, comumente, os judeus são lembrados como um povo de índole única, capaz de manter seus costumes mesmo separados de uma terra materna. Condição que explicaria a resistência judaica a tantas perseguições históricas, que vão desde as origens da diáspora até o genocídio nazista.

No que tange aos elementos apocalípticos, muitas são as visões/revelações apresentadas ao longo do Antigo Testamento. No Livro de Jeremias, logo de início o profeta tem a visão de "uma panela fervendo, cuja boca está voltada a partir do norte" (Jr 1: 13) – na interpretação que segue, Iahweh é implacável ao julgar e estender desgraças contra o povo que praticou "maldades" contra seu Deus –, estendendo sua "cólera" a todos que não forem capazes da conversão ao Deus único. Também o Livro de Ezequiel inicia com uma visão que trará, novamente, a história de um povo que se rebelou contra Deus e agora será "punido": trata-se do julgamento da "casa de Israel", que perecerá ante "lamentações, gemidos e prantos" (Ez 2: 10). No início, Ezequiel tem a visão de quatro seres vivos, cada qual com quatro faces divididas entre meio a leão, touro e águia; os seres também dispunham de quatro asas com mãos humanas "voltadas para as quatro direções" e de forma semelhante a um homem. Sob seus pés havia rodas que se moviam para todas as direções, estando elas cheias de reflexos/olhos que as fazia reluzir (Ez 1: 4 – 28). Em nota, a edição teológica de Jerusalém assinala que esses seres vivos lembram os Karibu assírios, "seres com cabeça humana, corpo de leão, patas de touro e asas de águia, cujas estátuas guardavam os palácios da Babilônia" (BÍBLIA, 2002, p. 1483). Destaca, ainda, que se trata de entidades pagãs atreladas ao carro do Deus de Israel, que representa a própria transcendência divina, retomada no Livro do Apocalipse por João de Patmos e que, ademais, a tradição cristã fez deles o símbolo dos quatro evangelistas[94].

O livro de Ezequiel foi escrito durante seu cativeiro na Babilônia ($\cong$ 597 a.C.), num período em que o rei Nabucodonosor mantinha muitos judeus em cativeiro na Babilônia. Nesse contexto, as rodas de Ezequiel trazem à tona o caráter judicativo da visão, uma vez que é dotada de "olhos" que permitem ver as atrocidades cometidas pelo povo de Israel contra seu Deus. Deleuze dirá: "o mundo do juízo se instala como num sonho. É o sonho que faz girar os lotes, roda de Ezequiel, e faz desfilar as formas" (2011, p. 166). Semelhante à luneta de raio de Fleautiaux (2014), o objetivo da roda também parece ser observar para cortar, ou melhor, para tolher as individualidades "rebeladas" contra a "ordem divina" estabelecida na terra. Muitas são as visões, revelações e apocalipses presentes no judaísmo, porém, a mais contundente, e diretamente ligada ao Apocalipse do Novo testamento, está no Livro de Daniel.

O Livro de Daniel também teria sido escrito durante o cativeiro na Babilônia, que marca a fase inicial do judaísmo depois da separação com o Reino do Norte. Envolto em muitos simbolismos e de caráter apocalíptico, o livro relata a trajetória do próprio profeta Daniel, que viveu durante o cativeiro dos judeus na Babilônia, ocorrido em 587 a.C. Devido a seu "dom" de interpretar sonhos, Daniel foi constituído "governador de toda a província da Babilônia, além de chefe supremo de todos os sábios" (Dn 2: 48) – posição que lhe foi dada após não somente interpretar, como também "adivinhar" o sonho do rei Nabucodonosor. A astúcia de Daniel, chamado de Baltassar

---

[94] Na tradição cristã, Mateus é associado ao homem por revelar, de forma singular, a natureza humana de Cristo; Marcos ao leão, por ser símbolo de poder/majestade e do profetismo preambulado por João Batista; Lucas ao touro, devido ao caráter sacrificial da morte de Cristo; e, finalmente, João está relacionado à águia, símbolo daquilo que vem de cima e que será ainda reforçado na "visão" apocalíptica do último livro bíblico (Cf. ESPARZA, Daniel R. Disponível em: https://pt.aleteia.org/2019/08/20/touro-aguia-leao-homem-por-que-os--evangelistas-estao-ssociados-a-essas-criaturas/. Acesso em: 08 set. 2020).

dentre os babilônios, lhe possibilitou sobreviver aos reinos de Nabucodonosor, Baltazar e Dario, protagonizando episódios marcantes que selam a história do judaísmo. O livro relata a relutância do povo judeu em tentar manter sua credulidade no Deus único, num Império que repudiava suas crenças. O ápice da fé judaica, neste livro, que imortaliza um dos mais belos cânticos do judaísmo e está presente no livro *Liturgia das Horas* dos cristãos, se presentifica no *Cântico dos três jovens* (Dn 3: 51-90). A história tem início com a recusa de três jovens judeus a se prostrar diante de uma estátua de ouro. Devido ao infortúnio, foram eles condenados a morrer numa fornalha acesa. O cântico é, então, proclamado pelos jovens na fornalha, bendizendo o milagre que lhes possibilitou sobreviver e testemunhar a benevolência divina aos crédulos.

Durante o reinado de Dario, ao ser visto orando ajoelhado e com o corpo voltado em direção a Jerusalém, o próprio Daniel protagonizou um milagre divino ao ser atirado a uma cova de leões famintos e passar a noite ao lado dos animais ferozes, sem ter sofrido qualquer lesão. Sem dúvida, Daniel representa a continuação da fé do patriarca Abraão, que levou os próprios babilônios a crerem demasiadas vezes em seu Deus. Embora o livro relate o heroísmo e a confiança de Daniel em Deus, seu elemento principal são as visões/revelações que lhe possibilitaram antever o destino do povo judaico e a consumação da história naquele que os cristãos consideram como Jesus, o filho de Deus: "Eu continuava contemplando, nas minhas visões noturnas, quando notei, vindo sobre as nuvens do céu, um como filho do homem" (Dn 7: 13).

As profecias de Daniel fornecem explicações detalhadas acerca de impérios que lhe procederam no tempo. Para os judeus, se trata de previsões que vieram a se concretizar, por meio da revelação divina a Daniel. Alguns críticos dirão, no entanto, que o livro teria sido escrito por volta de 160 a.C., por um autor desconhecido que presenciou os acontecimentos, fator que inibiria o caráter profético da revelação. Independente das interpretações, a fé judaica tem, no testemunho de Daniel, um relato fidedigno da ascensão e queda de grandes impérios, como o Babilônio, o Medo-Persa e o Greco-Macedônio. Acerca de Alexandre Magnus, por exemplo, é notória a visão detalhista de sua morte prematura e a carência de um filho sucessor: "Surgirá então um rei guerreiro, o qual dominará um vasto império e fará o que bem lhe aprouver. Logo, porém, que se tiver estabelecido, seu reino será destroçado e dividido entre os quatro ventos do céu, e não em proveito de sua descendência" (Dn 11: 4). Além das visões e/ou narrativas realistas acerca da própria história, Daniel antecipa uma visão final do "fim dos tempos" e da salvação daqueles que se encontram inscritos no "livro dos predestinados ou livro da vida" (Dn 12: 1), de modo muito semelhante ao texto que João de Patmos viria a escrever no final do Novo Testamento dos cristãos católicos:

> E muitos dos que dormem no solo poeirento acordarão, uns para a vida eterna e outros para o opróbrio, para o horror eterno. Os que são esclarecidos resplandecerão, como o resplendor do firmamento; os que ensinam a muitos a justiça serão como as estrelas, por toda a eternidade. Quanto a ti, Daniel, guarda em segredo estas palavras e mantém lacrado o livro até o tempo do Fim. Muitos andarão errantes, e a iniquidade aumentará (Dn 12: 2-4).

Embora o texto seja reflexo de uma penosa situação de cativeiro e seja visível que se apresenta como um movimento de resistência contra a impiedade dos babilônios, não poderíamos deixar de mencionar que o ressentimento judaico contra seus opressores é o combustível que alimenta todo o livro. Mencionamos o ressentimento, tendo em vista que a "vida eterna" parece acalentar a situação, canalizando todas as esperanças para um "julgamento final" que aplicaria a justiça definitiva contra os perseguidores. O escopo de todas as visões de Daniel se encerra na certeza do fim dos tempos, que trará à tona os "predestinados" à salvação, ou seja, aqueles que resistiram ao pecado e, portanto, estão inscritos no "livro da vida"[95]. O portador da nova aliança e símbolo da eternidade será Jesus Cristo, o qual apresentaremos a seguir.

1.4 A ascensão do cristianismo no judaísmo ou para dar continuidade ao juízo

A Instituição cristã, fundada a duras penas pelos apóstolos e pelas primeiras comunidades pós-Cristo, com toda a sua hierarquia, ascendeu em meio a certo repúdio contra a natureza e o corpo. Tal qual na ascensão

---

[95] Eis uma das grandes sagas do judaísmo que alimenta algumas igrejas evangélicas até os dias atuais: "quem seriam os 'escolhidos' para participar do reino dos céus e gozar da plenitude em Deus?". As respostas variam de credo para credo e parecem possuir divergências internas dentro de cada instituição em singular. O mais bizarro é perceber que, para algumas denominações religiosas, nem o céu é para todos. Nesse caso, o elitismo e a meritocracia parecem ter alcançado o próprio céu! A visão teológica, sustentada a partir dos textos de João Calvino (1509-1564), abre margem para a teoria chamada de "expiação limitada", segundo a qual somente os "eleitos" possuirão o reino dos céus. A chave de tal teoria é sintetizada pelo Pastor Marcos Granconato: "Assim, quando a boa teologia afirma que Cristo se entregou pelo mundo, isso significa que ele morreu por homens que vivem no mundo todo e não por todos os homens que vivem no mundo". Disponível em: http://www.igrejaredencao.org.br/ibr/index.php?option=com_content&view=article&id=2161:as-tocantes-verdades-da-flor-parte1&catid=25:artigos&Itemid=123#.YijsknrMLIW. Acesso em: 09 mar. 2022.

do neopentecostalismo atual, foi necessário o estabelecimento de inimigos imaginários, como o "demônio", para que os fiéis convivessem em estado de tensão frente às concupiscências. Numa realidade mundana forjada[96], em que a vontade divina não permite manifestações de afetos ou instintos individuais que contrariem a ordem estabelecida pelo clero ascendente, a cristandade ascendeu. Nesse meio, guiada por um poder sobrenatural regido pelo clero, a Igreja imperou como dominante durante todo o Período Medieval, mantendo sua estrutura e seus fiéis até os dias de hoje. Apesar de todo o aparato material constituído durante o feudalismo medieval, cuja estrutura ainda hoje é sólida, é inegável que os pilares de todo esse grande edifício são imateriais e que, ademais, a espiritualidade é condição *sine qua non* para sua existência. É justamente nesse aparato transcendente que o juízo cintila, imperando sobre os humanos a subserviência que lhes cabe frente a uma estrutura hierárquica. Para Nietzsche, "os conceitos de 'além', 'Juízo Final', 'imortalidade da alma', a própria 'alma' são instrumentos de tortura, são sistemas de crueldade, mediante os quais o sacerdote se tornou senhor, ficou senhor..." (AC/AC § 38).

No que tange aos primórdios de sua história, o cristianismo nascente passou os três primeiros séculos de sua existência convivendo com o Império Romano. Foi um período de crescimento da cristandade e, também, de relativa perseguição romana aos cristãos, com o objetivo de manter viva as crenças tradicionais que vigoravam no Império, sobretudo o politeísmo de origem etrusca, helênica e oriental. Segundo Croix, é mister distinguir três fases distintas que emergem da relação entre o Império e a cristandade:

> É conveniente dividir as perseguições em três fases distintas. A primeira termina pouco antes do grande incêndio de Roma em 64; a segunda começa com a perseguição que seguiu o incêndio e continua até 250; e a terceira abre com a perseguição sob Décio em 250-1 e vai até 313 – ou, se levarmos em conta as atividades anticristãs de Licínio em seus últimos anos, até a derrota de Licínio por Constantino em 324 (CROIX, 2006, p. 106, tradução nossa)[97].

---

[96] Para Nietzsche, o cristianismo artificializou a natureza, sacralizando as ocorrências naturais como o nascimento, o casamento, a enfermidade e a morte (AC/AC § 26). Para o pensador alemão, todo o aparato institucionalizado pela Igreja fortalece a ordem moral estabelecida, tornando os fiéis subservientes a um modelo que requer submissão e constante consciência de culpa, isto é, pecado.

[97] "It is convenient to divide the persecutions into three distinct phases. The first ends just before the great fire at Rome in 64; the second begins with the persecution which followed the fire and continues until 250; and the third opens with the persecution under Decius in 250–1 and lasts until 313 – or, if we take account of the anti-Christian activities of Licinius in his later years, until the defeat of Licinius by Constantine in 324" (CROIX, 2006, p. 106).

Nas duas primeiras fases, não há documento algum que comprove uma perseguição imperial contra cristãos. Havia, sim, movimentos de insatisfação de alguns governantes locais e, também, conflitos inter-religiosos entre a própria população, que deram cabo de constituir centenas de mártires na gênesis da cristandade[98]. Fato é que, a partir de 250, sobretudo, durante os reinados dos imperadores Décio, Valeriano e Diocleciano, as perseguições adquiriram conotações maiores – partindo de ordens do próprio imperador. Após esse longo período de tensão e perseguição aos cristãos, os imperadores Constantino e Licínio (imperadores do Ocidente e do Oriente) promulgaram, em 313, o Édito de Milão, mediante o qual os cristãos passaram a "desfrutar" de legitimidade religiosa[99]. No término do século, em 380, o cristianismo ainda passaria a ser a religião oficial do Império Romano, por meio do Édito da Tessalônica, promulgado pelo imperador Teodósio. Assim, o paganismo, e não mais o cristianismo, começou a ser condenado e perseguido; ademais, o próprio clero cristão passou a usufruir dos antigos templos pagãos[100]. Com a queda do Império Romano e a ascensão do Feudalismo, a Europa se tornaria um grande centro cristão que, mais tarde, levaria sua doutrina para o novo mundo com a recém-fundada ordem dos jesuítas no século XVI; no entanto, essa história não nos compete neste momento[101].

Os ≅ 50% de população cristã em terras brasileiras e os ≅ 18% de população batizada no mundo dispensam maiores apresentações da Religião Católica Apostólica Romana. Oriundo da fé na divindade de Jesus, o catolicismo surge como consumação do Antigo Testamento judaico, que falava da vinda de um messias: "Pois sabeis que o Senhor mesmo vos

---

[98] Tertuliano, na obra *Apologia*, escrita em 197, dirá que o sangue dos mártires é semente de novos cristãos. Na inscrição original: "Semen est sanguis christianorum". Na tradução por nós utilizada: "[...] la sangre de los cristianos es semill" (TERTULIANO, 50, 13).

[99] "Reunidos com júbilo em Milão, tanto eu, Constantino Augusto, como eu, Licínio Augusto, e havendo tratado sobre tudo que diz respeito ao bem-estar e à segurança pública, julgamos oportuno regular, em primeiro lugar, entre os demais assuntos que, segundo nós, beneficiarão a maioria, o relativo à reverência devida à divindade; a saber, conceder aos cristãos e a todos os demais a faculdade de praticar livremente a religião que cada um desejar, com a finalidade de que tudo que há de divino no céu se mostre favorável e propício tanto a nós como a todos os que estão sob nossa autoridade" (Lactâncio apud SILVA, 2021, p. 16).
Disponível em: https://www.revista.ueg.br/index.php/revista_geth/article/view/11804. Acesso em: 27 jun. 2022.

[100] "Ordenamos que todas as igrejas sejam entregues imediatamente aos bispos (católicos). E todos os que não aceitarem esta fé sejam expulsos de suas igrejas como hereges e daqui em diante não tenham mais o direito e a capacidade de adquirir igrejas" (Teodósio apud GUERRAS, 1992, p. 157).
Disponível em: https://www.revista.classica.org.br/classica/article/view/826. Acesso em: 27 jun. 2022.

[101] Interessa-nos, sobretudo, os elementos que marcaram as gênesis do movimento cristão, tendo em vista que o Novo Testamento da Bíblia foi escrito durante esse conturbado período de disputas entre romanos, judeus e cristãos.

dará um sinal: eis que a jovem (*almah*) está grávida e dará à luz um filho e dar-lhe-á o nome de Emanuel (Deus conosco)" (Is 7: 14). Ou ainda: "E tu, Belém-Éfrata, pequena entre os clãs de Judá, de ti sairá para mim aquele que governará Israel" (Mq 5: 1). Diversas são as passagens do Livro Sagrado judaico que falam na vinda de um Messias, que seria a presença do próprio Deus na terra. Fato é que, para os cristãos católicos, Jesus de Nazaré é a consumação da promessa divina, por meio da qual a humanidade teria sido salva do velho pecado de Adão – que foi expiado em Jesus Cristo. Assim, de acordo com o credo católico, Jesus representa o Cordeiro imolado, ou o novo homem, que foi capaz de vencer a morte e, com ela, o próprio pecado. Pelo sacramento do batismo, os cristãos católicos recebem vida nova em Cristo, como se fossem purificados da maldição de Adão, que acompanha a humanidade desde o momento em que o primeiro casal foi expulso do paraíso (Jardim do Éden).

De família humilde, o homem que mudaria os rumos da história ocidental nasceu em Belém da Galileia. Segundo a tradição cristã, Maria gerou Jesus virgem, sem nunca ter-se deitado com seu noivo José: "Maria, sua mãe, comprometida em casamento com José, antes que coabitassem, achou-se grávida pelo Espírito Santo" (Mt 1: 18). Seu "pai" José foi avisado, por um anjo em sonho, que Jesus seria concebido em ventre "sem pecado", de tal sorte que o humilde marceneiro José acolheu a Jesus como seu próprio filho. A vida de Jesus de Nazaré é narrada no Novo Testamento do livro sagrado dos cristãos, de modo mais específico nos quatro evangelhos – de Mateus, Marcos, Lucas e João. O Novo Testamento representa a consumação do Antigo Testamento, de tal maneira que Jesus Cristo é a "boa nova" que ocasionou, por intermédio de sua ressurreição, toda a saga dos textos neotestamentários. Dividido em 27 livros, o texto tem início com o evangelho de São Mateus e termina com o Apocalipse de São João. Merecem destaque as 14 epístolas de São Paulo, que escrevia para as novas comunidades cristãs que iam se formando nos arredores do Império Romano.

Com existência breve e intensa, o Nazareno foi crucificado aos 33 anos na colina do Calvário ou Gólgota, no ano 3786 do calendário judaico – exatamente quando os judeus comemoravam a festividade da Páscoa. Para os judeus, a Páscoa (*Pessach*) é uma celebração pela libertação do povo hebreu da escravidão do Egito. A partir de então, os novos cristãos encaram a "ressurreição" de Cristo como a nova Páscoa ou nova libertação, sacralizando a data como a mais importante celebração do calendário litúrgico anual da cristandade católica. Na verdade, os judeus tiveram de escolher entre o antigo e o novo "Moisés". Assim, a partir da fé na ressurreição de Jesus, o cristianismo ascendeu como uma religião que se tornaria o expoente máximo do poder durante a Idade Média.

Quando tinha por volta de trinta anos, Jesus, que havia sido educado pela fé judaica, inicia suas pregações, marcadas por grandes sinais divinos, os "milagres", e por uma predileção pelos pobres, marginalizados e humildes. Aos poucos, o povo de Jerusalém toma ciência da existência de um "Messias" portador da promessa divina e Jesus começa a ter seguidores em suas peregrinações e pregações. A exemplo das doze tribos fundadas pelos filhos de Israel, o Nazareno escolhe doze apóstolos que, após sua morte, seriam os grandes responsáveis pela disseminação da doutrina cristã nos arredores da Galileia e até na grande Roma, com o apóstolo Paulo. A edificação da instituição religiosa teria ficado a cargo do apóstolo Pedro, primeiro na linha sucessória do papado eclesial: "tu és Pedro, e sobre esta pedra edificarei minha igreja, e as portas do Hades (*Sheol*) nunca prevalecerão contra ela" (Mt 16: 18). Segundo Mateus, Pedro ainda ficaria com a responsabilidade de fazer a intermediação entre o céu e a terra, donde a tradição da incomensurabilidade papal: "Eu te darei as chaves do Reino dos céus e o que ligares na terra será ligado nos céus, e o que desligares na terra será desligado nos céus" (Mt 16: 19).

Com a nomeação do Cardeal argentino Jorge Mario Bergoglio para o papado, após a renúncia de Bento XVI, em 2013, o Catolicismo Romano contabiliza o 266º sucessor de Pedro e Bergoglio passa a ser chamado de Papa Francisco. Na hierarquia católica, existem três graus do sacramento da Ordem: diaconato, presbiterado e episcopado, de modo que todos eles são regidos pelo Papa, que é o epíscopo/bispo de Roma. Construída sobre as bases da cultura e do direito romanos, a cristandade mantém sua sede papal no Vaticano e uma estrutura administrativa presente em milhares de paróquias ao longo de todo o mundo. Presente de forma mais contundente na Europa e nas Américas, ainda hoje é difícil mencionar a magnitude e o poder da presença católica no mundo. Amada e odiada em diferentes lugares, a cristandade encontra parte de seus "maiores inimigos" em países do Oriente Médio, como Afeganistão, Líbia, Irã, dentre outros.

No que tange à doutrina, é certo que o cristianismo se distancia fundamentalmente do legalismo judaico. Aliás, Cristo operou uma verdadeira reviravolta nas leis e costumes de seu povo. Não à toa, foi considerado um grande contraventor pelo alto clero judaico de sua época. Segundo Mateus, ao ser questionado pelos saduceus sobre qual seria o maior dentre todos os mandamentos, Jesus respondeu: *"Amarás ao Senhor teu Deus de todo o teu coração, de toda a tua alma e de todo o teu espírito"*. Na sequência, o autor ainda acrescenta o segundo maior mandamento: *"Amarás o teu próximo como a ti mesmo"* (Mt 22: 37-39). "Amar a Deus sobre todas as coisas e o próximo como a ti mesmo", eis o resumo do credo cristão que vem ao encontro da primeira epístola de São João: "Deus é amor: aquele que permanece no amor permanece em Deus e Deus permanece nele" (Jo 4: 16). É imprescindível destacar o peso que o amor ganha nas palavras de Cristo, dele dependem toda lei e os profetas. Santo Agostinho é categórico ao afirmar, no comentário ao quarto capítulo da Primeira Epístola de São João: "Ama e faze o que quiseres" (*Dilige et fac quod vis*), ou seja, não existem limites para qualquer ação, na condição de que ela esteja inebriada pelo amor divino. O bispo de Hipona ainda complementa: "Quando silencias, que seja por amor; quando falas, fala por amor; quando corriges, que seja por amor; quando perdoas, que seja por amor; haja em ti a raiz do amor, porque desta raiz só pode derivar o bem" (AGOSTINHO, 1989, p. 151)[102].

De algum modo, toda a antiga lei judaica é consumada no amor. É notório que, a partir do amor cristão, se constitui certo liberalismo dos costumes. Com o amor como medida, Jesus inaugura uma nova concepção de mundo que, de algum modo, pode ser sintetizada na ideia de que "tudo o que faço com amor é obra de sabedoria". Tendo em vista que o Novo Testamento clarifica a "verdade definitiva" da revelação divina, somos tentados, sobremaneira a partir do Evangelho de João, a resumir a boa nova na propagação universal de um amor ilimitado. O próprio juízo, atrelado nas entranhas do judaísmo, agora é contestado: "Não julgueis para não serdes julgados" (Mt 7: 1). E ainda mais forte do que isso, Mateus dirá em seguida: "Por que reparas no cisco que está no olho do teu irmão, quando não percebes a trave que está no teu? (Mt 7: 3). Obviamente que se trata de um "toma lá dá cá": "Pois com o julgamento com que julgais sereis julgados, e com a medida com que medis sereis medidos" (Mt 7: 2). No entanto, embora o juízo persista como indicativo de uma espécie de jogo dialético, é inegável a intenção de Mateus de afastar o juízo da vida quotidiana das pessoas, de forma que uns não julguem os outros.

---

[102] É importante destacar que não se trata do amor no sentido *eros*, pois não pressupõem falta. É o amor caridade – do latim *caritas*, cuja plenitude é o próprio Deus: "Deus é amor" (Jo 4: 16). No grego, a palavra αγάπη (ágape) se aproxima do sentido usado por Agostinho, justamente para se referir a um amor desinteressado – adotado pela cristandade como sinônimo de amor cristão.

1.4.1 Aspectos paulinos da imersão do cristianismo na cruz

Paulo é uma das mais contundentes figuras do cristianismo. Autor de 13 cartas que compõem o Novo Testamento, sozinho, é responsável por cerca da metade de toda a produção bíblica canônica pós-Cristo. Antes de se tornar cristão, o apóstolo era conhecido como Saulo de Tarso, um exímio judeu conhecedor e propagador da lei farisaica e perseguidor de cristãos. De acordo com Rohden (1941, p. 15), Paulo era romano de nascimento, helênico de educação e "estrênuo paladino" do farisaísmo, de tal sorte que, "no meio da babel do politeísmo e panteísmo dos gentios, conservou ele o genuíno monoteísmo de Abraão, Isaac e Jacó". Em *Atos dos Apóstolos*, Lucas ressalta, três vezes (At 9: 1-18; 22: 1-16; 26: 9-18), o processo de conversão de Saulo ao cristianismo[103], o qual, aproximando-se de Damasco em perseguição aos cristãos, ouve uma voz, vinda do céu, que lhe diz: "Saul, Saul, por que me persegues?" (At 9: 4). Desde então, se desencadeia um processo de conversão que fará de Paulo incansável evangelizador, que empreendeu três grandes viagens em sua missão de levar a cristandade para o "mundo"[104].

Paulo foi uma figura fora da curva na história da cristandade. Tido por muitos como mentor da religiosidade cristã, o "perseguidor convertido" teve por mérito levar a cristandade para além dos domínios semitas, alcançando sobretudo o mundo greco-romano. Aliás, sua formação cultural possibilitou ao apóstolo escrever suas cartas em grego – língua de maior versatilidade nos arredores de Jerusalém. Sua ligação com a cultura grega o levaria, durante sua "segunda expedição apostólica", até os domínios de Atenas, onde o apóstolo proferiu memorável discurso aos cidadãos atenienses no Areópago.

Não seria exagero mencionar que Paulo proferiu um discurso apoteótico (At 17: 22-34) nas terras onde Sócrates teve seu corpo consumido pela cicuta e sua "alma" imortalizada. Aproveitando-se de ter visualizado um altar com a inscrição "Ao Deus desconhecido", o judeu convertido emoldurou o politeísmo dos gregos à luz de sua interpretação monoteísta,

---

[103] Em discurso proferido ao rei Agripa, Saulo revela: "Quanto a mim, parecia-me necessário fazer muitas coisas contra o nome de Jesus, o Nazareu. Foi o que fiz em Jerusalém: a muitos, dentre os santos, eu mesmo encerrei nas prisões, recebida a autorização dos chefes dos sacerdotes; e, quando eram mortos, eu contribuía com meu voto. Muitas vezes, percorrendo todas as sinagogas, por meio de torturas, quis forçá-los a blasfemar; e, no excesso do meu furor, cheguei a persegui-los até cidades estrangeiras (At 26: 9-11).

[104] Acerca do roteiro e conteúdo dessas viagens, é possível acompanhar a trajetória do apóstolo por meio dos *Atos dos Apóstolos*, de Lucas. No livro *Paulo de Tarso, o maior bandeirante do evangelho*, Rohden elenca detalhes da saga do autor ao longo de suas expedições.

tanto que é possível Paulo ter distorcido uma inscrição: "Aos deuses desconhecidos" em seu próprio benefício[105]. O apóstolo não poderia ser mais direto: "[...] o que adorais sem conhecer, isto venho eu anunciar-vos" (At 17: 23). Na sequência, Paulo sustentará o criacionismo do mundo e do homem por Deus e proporá o arrependimento dos pecados como meio de fuga do juízo de Deus: "Deus agora notifica os homens que todos e em toda parte se arrependam, porque ele fixou um dia no qual julgará o mundo com justiça por meio do homem a quem designou, dando-lhe crédito diante de todos, ao ressuscitá-lo dentre os mortos" (At 17: 30-31).

Se, no mundo grego de outrora, o juízo já pesava, por meio da *hamartía*, sobre toda a *génos* de quem ousasse profanar os deuses, agora inaugura-se uma nova forma de punição divina – imputando ao filho de Deus o poder de juiz. Desse modo, Cristo é, ao mesmo tempo, a redenção do pecado do velho Adão e, também, o juiz que atuará contra aqueles que não "aceitarem" a redenção operacionalizada na cruz e selada na ressurreição do novo Adão, que é o próprio Cristo. Na narrativa de Lucas, ao mencionar a temática da ressurreição, Paulo teria sido zombado pelos atenienses e acaba retirando-se. Por essa razão, dedicamos algumas linhas para traçar essa temática da cruz e ressurreição – motivo de zombaria dos gregos e de ascensão do cristianismo.

Em Paulo, a cruz é o símbolo elementar pelo qual um cristão deve se orientar. Ao apontar o *Verdadeiro caminho da salvação cristã*, em sua Carta aos Filipenses, o apóstolo separa o "joio do trigo" ao se referir àqueles que não observam o sentido da cruz: "Pois há muitos dos quais muitas vezes vos disse e agora repito, chorando, que são *inimigos da cruz de Cristo*: seu fim é a destruição, seu deus é o ventre, sua glória está no que é vergonhoso, e seus pensamentos no que está sobre a terra" (Fl 3: 18-19, grifo nosso). O selo da cruz, na ascendência dos primeiros cristãos, é um convite a aceitar o sofrimento como condição própria da existência. Não há triunfalismo na mensagem paulínia, o evangelho deve ser experimentado sob a ótica da cruz. Aliás, não somente em Paulo, Lucas também o atesta: "Se alguém quer vir após mim, renuncie a si mesmo, tome a sua cruz cada dia e siga-me" (Lc 9: 23). Para Ferreira, "a existência cristã, radicalmente inconformista, é um estado de permanente crucificação" (1984, p. 08).

---

[105] Suspeita levantada em nota pela edição teológica da Bíblia de Jerusalém: "[...] é possível que Paulo transforme por sua própria conta uma dedicatória – bem atestada em Atenas e outros lugares – "Aos deuses desconhecidos" (2002, p. 1934-1935).

A cruz exerce efeito semelhante ao apolíneo na cultura helênica, frente ao qual a sabedoria do Sileno revela o caráter sofrível da vida. Se, por um lado, o apolíneo transfigura o sofrimento em experiência onírica, por outro, a ressurreição de Cristo – e a consequente salvação do pecado que ela representa – também põe em ação um efeito ascético – pelo qual o sofrimento se torna suportável. Nesse sentido, é inconcebível vislumbrar o cristianismo primitivo sem a marca indelével que a cruz representa. Em contrapartida, nos intriga o fato de que o neopentecostalismo, passados mais de dois milênios da origem da cristandade, constrói, justamente, uma visão triunfalista dos evangelhos, desviando-se da doutrina da cruz. Ruptura que nos leva à seguinte inquietação: "estariam os neopentecostais se aproximando dos judeus, ao negar o sofrimento prefigurado pela cruz de cristo?". Essa questão será retomada no terceiro capítulo.

Na cruz, Cristo sela a reconciliação do "pecado de Adão", ao mesmo tempo em que consuma o projeto divino de salvação de todos os povos: "Tornando-se semelhante aos homens e reconhecido em seu aspecto como um homem, abaixou-se, tornando-se obediente até a morte, à morte sobre uma cruz" (Fl 2: 7-8). Ademais, Paulo ainda acrescenta que o sacrifício na cruz lhe propiciou a passagem da forma humana para a divina: "Por isso, Deus soberanamente o elevou e lhe conferiu o nome que está acima de todo nome, a fim de que ao nome de Jesus todo joelho se dobre nos céus, sobre a terra e sob a terra" (Fl 2: 9-10). A cruz selou o destino de Jesus: por meio dela, o humilde nazareno se torna a grande divindade dos cristãos. A questão que fica é: "tendo Cristo morrido na cruz como cordeiro imolado para expiação dos pecados da humanidade, se encontrariam os homens em dívida com Cristo pelo seu sacrifício?". A resposta se revela afirmativa, tendo em vista que a destruição é o fim dos "inimigos da cruz de Cristo" e, ademais, "[...] o sangue foi derramado em libação, em sacrifício e serviço da vossa fé" (Fl 2: 17).

Paulo, assim, prega o evangelho da cruz e ressurreição: "E, se Cristo não ressuscitou, vazia é a nossa pregação, vazia também é a nossa fé" (1Cor 15: 14). Tal interpretação do judeu convertido fará Nietzsche mencionar (AC/AC § 38-44) que Paulo fundou o cristianismo na morte e não na vida de Jesus e, por isso, a doutrina do juízo está alicerçada em Paulo e não em Cristo. Ademais, Nietzsche ainda levanta a premissa (§ 40) de que o cristianismo nascera de uma terrível vingança à morte de Jesus. Sem a pretensão de adentrarmos, neste momento, às críticas de Nietzsche a Paulo, interessa-nos, sobretudo, mencionar que o apóstolo encaminha o cristianismo para uma tendência teleológica, cujo desfecho parece sim deixar a "humanidade" de Cristo em segundo plano. Desse modo, parece haver um fausto casamento do juízo com a cruz – uma vez que por meio dela o indivíduo internaliza uma dívida para com a divindade. Não estamos com isso negando o papel libertário da cruz na doutrina cristã, outrossim, indagando acerca de seu poder de subjugar os corpos e torná-los subservientes à divindade.

Passada essa ambientação preliminar, vamos agora para uma análise da personagem de João e suas nuanças, tendo em vista que, a partir de João, o sacrifício da Cruz se estenderá até a revelação do Apocalipse – numa saga em que nos é permitido vislumbrar o juízo, em sua tendência teleológica, com fins apocalípticos.

1.4.2 Breve exposição do Evangelho e da I Epístola de São João

Dotado de traços singulares que o diferem dos evangelhos sinóticos[106], o Evangelho de João traz uma riquíssima abordagem das últimas semanas de vida de Jesus. Adentramos no texto com o objetivo de perscrutar o *corpus* dos textos joaninos, a fim de ligá-los ao Apocalipse e ao consequente juízo. Sem a pretensão de operar um estudo historiográfico, é mister salientar que, por trás da escrita do texto estariam, conforme os especialistas, vários autores que compõem a "escola joanina"[107]. Fato é que não há consenso, dentre teólogos e historiadores, sobre as etapas de elaboração do texto de João. O mesmo teria começado por tradição oral dentre o círculo mais próximo do Apóstolo e, gradativamente, foi sendo elaborado até chegar à redação final, cujo nome do redator é desconhecido[108]. Resultado de um longo trabalho de redação, o texto nos possibilita a compreensão das pregações, dos sinais (milagres) e dos elementos que levaram o "Rei dos Judeus" à crucificação e à morte na cruz.

O evangelho começa com uma interpretação do *Gênesis*, salientando que "no princípio era o Verbo e o Verbo estava com Deus e o Verbo era Deus" (Jo 1: 1). Assim, toda criação que culminará na existência do homem,

---

[106] Termo referido aos evangelhos de Mateus, Lucas e Marcos – dada a familiaridade e linearidade com que tratam das questões pertinentes a Jesus. Sinótico no sentido grego de visualizar de uma só vez todas as partes de um conjunto.

[107] Cf. Introdução ao evangelho e às epístolas joaninas, presentes na Bíblia Jerusalém (p. 1833-1841).

[108] Sobre essa temática, recomendamos a leitura do livro *A comunidade do discípulo Amado*, de Raymond Edward Brown. Nele, o autor distingue cinco redações sucessivas do evangelho: uma primeira iniciada por tradição oral; uma segunda em que o material é reunido nos círculos joaninos; uma terceira em que teria surgido a redação do evangelho; uma quarta, na qual é confrontado o texto redigido com novos elementos que foram surgindo na comunidade; e a quinta, em que teria sido elaborada, *a posteriori*, uma redação final revisada por um membro desconhecido da escola joanina.

enquanto imagem e semelhança de Deus, é oriunda da palavra divina. Em uma fórmula: Deus disse e assim se fez. Na sequência, João ligará o verbo que deu origem ao mundo e ao homem à *persona Christi*: "E o verbo se fez carne, e habitou entre nós" (Jo 1: 14). Nesse trecho, que assinala o início do texto de João, está a consumação do dogma – *par excellence* – de todo o credo católico. Nele, confirma-se a "humanidade de Deus" e a "divindade de Cristo". O Deus homem é a consumação de todas as profecias judaicas e o início de uma nova crença que dominaria o velho continente ao longo da Idade Média. Para João, Jesus representa o novo Moisés e, portanto, a consumação de uma nova Páscoa, através da libertação definitiva do "povo de Israel", que agora simboliza todos os povos. Aos poucos foi instaurada uma instituição nominada como Católica (universal).

Após breve narrativa sobre o livro primeiro do Antigo Testamento, João se dedicará a descrever o ministério de Jesus, iniciando pela escolha dos apóstolos, seguido pelo anúncio dos sinais. Além de suas pregações, Jesus teria se utilizado de sinais/milagres para dar provas de sua filiação divina e, assim, fazer com que os galileus nele cressem. O evangelista João enumera sete sinais. O primeiro deles ocorre em Caná da Galileia, quando Jesus, a pedido de sua mãe, transforma seis talhas de água em vinho, durante a festividade de um casamento (Jo 2: 1-12). Cristo ainda curaria o filho de um funcionário real, de uma enfermidade mortal (Jo 4: 46-54), um paralítico (Jo 5: 1-18) e um cego de nascença (Jo 9). Além dos sinais mencionados, o autor descreve a multiplicação dos pães (Jo 6: 1-15), a caminhada sobre as águas (Jo 6: 16-21) e, por fim, o mais intrigante de todos: a ressurreição de Lázaro, que já havia sido sepultado há quatro dias (Jo 11: 1-43). Durante toda a sua peregrinação pela Galileia, Jesus atraiu muitos seguidores, mas também fez grandes inimigos dentre os chefes judeus, especialmente dentre os fariseus, que passaram a vê-lo como uma grande ameaça contra o seu papel e relativo "bem-estar" entre os romanos. Tal perseguição o levaria à morte e à interrupção prematura de sua intensa peregrinação.

Com a crescente popularidade de Jesus e os boatos alarmantes dos milagres operados, os chefes judeus, orquestrados pelo Sumo Sacerdote Caifás, decidiram pela morte de Jesus. João dedicou os 10 últimos capítulos de seu evangelho para narrar o fim do ministério público e o conhecido fim de Jesus, consumado com a traição do apóstolo Judas. Após ser traído, Jesus foi conduzido até uma prisão diante dos sacerdotes judeus que, após interrogá-lo, decidiram levá-lo até o governador romano Pilatos – que não encontrou motivo algum para sua condenação. Pilatos chegou a propor a liberdade de um prisioneiro à multidão, que bradou pelo bandido Barrabás e pela condenação de Jesus à morte. Na sequência, é apresentada a narrativa de todo o caminho doloroso de Cristo até o Monte Calvário, onde foi crucificado e morto. Crucificado ao lado de dois delinquentes, Jesus morreu numa sexta-feira e foi descido da cruz no mesmo dia, haja vista que no outro dia seria comemorada a grande festividade da Páscoa. Após relatar o sepultamento em um local próximo, o autor apresentou o discurso do "grande dia" da ressurreição, que selaria a nova aliança divina para com a humanidade. A primeira a encontrar o sepulcro vazio foi Maria Madalena, para a qual Cristo fez sua primeira aparição; seguida da aparição para os apóstolos, a quem Jesus proferiu as seguintes palavras: "A paz esteja convosco! Como o Pai me enviou, também eu vos envio" (Jo 20: 21). O livro termina com a última aparição de Jesus à margem do lago de Tiberíades, durante a narrativa de uma pescaria de Pedro e outros apóstolos.

No que tange à doutrina do juízo de Deus, convém mencionar que o Evangelho de João já contém toda uma doutrina do julgamento edificada, a saber: "Quem nele crê não é julgado, quem não crê, já está julgado" (Jo 3: 18); ou ainda, "Porque o pai a ninguém julga, mas confiou ao filho todo julgamento [...] quem escuta a minha palavra e crê naquele que me enviou tem vida eterna e não vem a julgamento, mas passou da morte à vida" (Jo 5: 22, 24). O texto deixa bem claro que o pai deu toda a autoridade para o filho julgar: "Assim como o Pai tem a vida em si mesmo, também concedeu ao Filho ter a vida em si mesmo e lhe deu o poder de exercer o julgamento" (Jo 5: 26-27)[109]. Ademais, os ímpios todos serão julgados pelo mal que fizeram, ou, como diz o autor, "para uma ressurreição de julgamento" (Jo 5: 29). João ainda afirma que Jesus julga conforme a vontade de Deus e quem não acredita já está condenado. Na verdade, após o milagre da cura do paralítico, João proferiu um *Discurso sobre a obra do filho* no qual apresentou Cristo como juiz, o que revela que o texto já dispõe de uma estrutura judicial em que a "humanidade" estaria sendo julgada[110]. Essa posição será explorada, sobremaneira, na ideia de "Juízo Final" presente no livro Apocalipse da "escola joanina".

---

[109] No credo professado pelo catolicismo romano, Jesus também é mencionado como juiz: "[...] sedet ad dexteram Dei Patris omnipotentis, inde venturus est iudicare vivos et mortos". ([...]está sentado à direita de Deus Pai todo-poderoso, de onde há de vir a **julgar** os vivos e mortos).

[110] O juízo é diretamente proporcional aos incrédulos e inversamente proporcional aos crédulos. Segundo Wavginiak (2006, p. 20), "no seu conjunto, o quarto Evangelho apresentaria um discurso 'judicial' no qual o mundo é 'julgado'. O juízo do mundo se dará diante de sua acolhida ou rejeição à pessoa de Jesus Cristo, pois se pode constatar que o testemunho preferencialmente diz respeito à pessoa de Cristo. Assim, há uma estrutura judicial no conjunto do quarto Evangelho, que expõe um julgamento, na medida em que se acolhe ou rejeita a pessoa de Jesus Cristo. Mas esta estrutura também é testemunhal, pois este julgamento se dá por meio da resposta ao testemunho apresentado

Quanto à Primeira Epístola de São João, logo no primeiro capítulo o autor propõe algumas condições para "Caminhar na luz". A primeira versa sobre romper com o pecado, atitude que exige a confissão sincera do pecado a Deus, que perdoará e purificará de toda injustiça: "Meus filhinhos, isto vos escrevo para que não pequeis, mas, se alguém pecar, temos, como advogado, junto do Pai, Jesus Cristo, o Justo" (1Jo 2: 1)[111]. A segunda orienta sobre a necessidade de se observar os mandamentos, excepcionalmente o da caridade. A terceira versa sobre o afastamento das coisas mundanas: "Não ameis o mundo nem o que há no mundo. Se alguém ama o mundo, não está nele o amor do Pai" (1Jo 2: 15). A quarta exorta para o cuidado contra os anticristos, que já vieram e hão de vir, orientando a comunidade a se manter firme na fé no único Deus, que é o próprio Cristo, filho de Deus. Nesse tom de orientação, as quatro condições elencadas são apresentadas como necessárias para que ao Filho não seja imputada a tarefa de julgar os pecados humanos. Ou seja, tal qual no evangelho, Jesus é apresentado como aquele responsável pelo julgamento – de tal sorte que só será incorrido ao Juízo Final quem não seguir as exortações do próprio Cristo, rendendo-se aos seus desígnios.

O elemento central que permeia o conteúdo da carta é o amor/caridade. Como dito anteriormente, a leitura joanina tem o amor como essência do próprio Deus, que é amor. A questão do juízo ainda voltará à cena, desta vez o autor fala da necessidade de sobrepor o amor ao julgamento: "Não há temor no amor: ao contrário: o perfeito amor lança fora o temor, porque o temor implica castigo, e o que teme não chegou à perfeição do amor" (1Jo 4: 18). Em resumo, a carta apresenta o amor divino como algo que deve transcender qualquer apego ao mundo e suas concupiscências, de forma que o juízo está arraigado na incredulidade com relação à divindade de Cristo. Assim, o julgamento é decorrente do apego ao mundo que "está sob o poder do maligno" (1Jo 5: 19), ao passo que a salvação está no próprio Cristo e na constante negação do pecado, que aprisiona o corpo às coisas vilipendiosas.

---

a respeito da pessoa de Jesus Cristo. Este testemunho que quer conduzir à fé, se manifesta por meio da recordação de testemunhas. Estas tiveram oportunidades privilegiadas de encontros com Jesus. E, a partir das recordações que as testemunhas manifestam, se faz uma confissão de acontecimentos. Este testemunho que se dá por meio dos termos μαρτυρέω e μαρτυρία são um testemunho da divindade de Jesus Cristo". Os termos μαρτυρέω e μαρτυρία, usados por Wavginiak, podem ser traduzidos como "ser testemunho" e "testemunho").

[111] Temos aqui certa ambiguidade, pois ora Jesus é apresentado como juiz e ora como advogado. O que dá a entender que, ao mesmo tempo em que julga, Cristo advoga pelo réu. Uma solução seria apelarmos para a misericórdia divina, que nesse caso estaria acima da justiça. Em todo caso, não faremos essa análise, pois interessa-nos, sobretudo, revelar a natureza judicativa da divindade – seja ela representada pelo Pai (Deus) ou pelo Filho (Jesus). De tal sorte que o julgamento compete sempre à divindade e nunca aos humanos.

1.4.3 O Apocalipse

Supostamente escrito por João durante seu exílio na Ilha de Patmos, o Apocalipse é, sem dúvida, o livro mais simbólico do Novo Testamento. Em nota introdutória, a edição teológica da Bíblia de Jerusalém (2002, p. 2139) relata que não há unanimidade histórica quanto à redação original do texto. Uma linha investigativa outorga a autoria ao apóstolo João; outra, a um exilado político e discípulo do João Evangelista, enquanto outras deixam em suspenso qualquer certeza acerca de sua escrita – atribuindo-a somente à escola joanina. Quanto ao estilo e conteúdo, o texto apresenta traços de parentesco com o Evangelho de João, ao mesmo tempo em que adota critérios linguísticos e traz conteúdos que o afastam de uma continuação do texto evangélico. Ainda na introdução da tradução da *Bíblia de Jerusalém*, é tecido o seguinte comentário:

> [...] se o Apocalipse de João apresenta parentesco inegável com os outros escritos joaninos, também se distingue claramente deles por sua linguagem, seu estilo e por certos pontos de vista teológicos (referentes sobretudo à Parusia de Cristo), a tal ponto que se torna difícil afirmar que procede imediatamente do mesmo autor (2002, p. 2139).

Datado das últimas décadas do primeiro século cristão, o texto foi escrito durante sangrenta perseguição romana aos fiéis que assumiam o novo credo difundido pelos apóstolos de Jesus. Se trata de um livro literalmente redigido "com sangue", diante de um cenário cruel e nefasto. Desse fato, incorre a possibilidade de o livro ter sido escrito sob a égide do ressentimento dos perseguidos, ou, mesmo, como um mecanismo de defesa que imputa aos perseguidores toda a tragicidade da revelação de um "Juízo Final" que restabeleceria a justiça, com a condenação eterna àqueles que perseguiram, torturaram e mataram os primeiros cristãos[112].

O livro traz à tona uma "revelação" do próprio Cristo ao escritor, que parece crer na consumação das promessas divinas com a vinda definitiva de Jesus, passagem atestada na inscrição "o Tempo está próximo" (Ap 1: 3). Aliás, era comum, dentre os apóstolos, a interpretação de uma vinda gloriosa de Cristo que consumaria, de uma vez por todas, as promessas divinas e,

---

[112] Para Bortolini (1994, p. 7-14), o autor do Apocalipse é um exilado político que dedica o seu trabalho ao mestre e autor do evangelho, João. Bortolini faz questão de frisar que o autor do Apocalipse "não estava pensando no fim do mundo" (p. 13), estava, no entanto, construindo um livro de resistência e denúncia, contra todo o sofrimento da cristandade frente ao Império Romano, e celebrando a descida de uma nova Jerusalém Celeste que expurgaria o sofrimento, após a resistência dos cristãos.

consequentemente, cessaria com as perseguições contra os cristãos, que passariam a "usufruir" do reino celeste. Isso é peculiar e único em meio aos textos canônicos do Novo Testamento e, pode, em termos de visão profética, ser relacionado com o Livro de Daniel do Antigo Testamento, é a descrição sistemática e simbólica do "Juízo Final" que o Apocalipse traz, a ponto de causar certo temor dentre os fiéis, devido a seu caráter teleológico e judicativo contra os "desaventurados".

A narrativa de um Apocalipse como prefiguração do fim dos tempos é negada por muitos padres/teólogos que compõem o catolicismo – dentre eles, Bortolini (1994). Para os cristãos católicos, o Apocalipse celebra a vitória do ressuscitado, apresentando uma nova Jerusalém celeste: "Vi também descer do céu, de junto de Deus, a Cidade Santa, uma Jerusalém nova, pronta como uma esposa que se enfeitou para o seu marido" (Ap 21: 21). Nessa ótica, segundo a qual o Cordeiro representa vida nova, longe de prefigurar o fim, João de Patmos apresenta o início de uma era, da vida plena e gloriosa em Deus: "Já não haverá noite: ninguém mais precisará da luz da lâmpada, nem da luz do sol, porque o Senhor Deus brilhará sobre eles e eles reinarão pelos séculos dos séculos" (Ap 22: 5). A vida em plenitude é a magnitude da revelação joanina; entretanto, a salvação em Cristo não é para todos: "Ficarão de fora os cães, os mágicos, os impudicos, os homicidas, os idólatras e todos os que amam ou praticam a mentira" (Ap 22: 15).

O livro tem início com a revelação divina que exorta João, por intermédio de uma visão, a escrever para as sete igrejas localizadas na Ásia e que representariam todas as comunidades cristãs existentes. Os capítulos dois e três trazem repreensões e correções para que os povos das sete igrejas preparem seu "espírito" para a vida nova em Cristo, deixando claro que o tempo da beatitude está chegando: "Eis que estou à porta e bato: se alguém ouvir minha voz e abrir a porta, entrarei em sua casa e cearei com ele e ele comigo" (Ap 3: 20). É a partir do capítulo quatro, no entanto, que a revelação trará à tona o "grande dia" em que "Deus entregará o destino do mundo ao Cordeiro". Ao Cordeiro é dado o livro inviolável dos sete selos que ninguém outrora, no céu ou na terra, havia tido o poder de abrir: "Digno és tu de receber o livro e de abrir seus selos, pois foste imolado e, por teu sangue, resgataste para Deus homens de toda tribo, língua e nação" (Ap 5: 9).

Após receber o livro, o Cordeiro divino começa a romper um a um os sete selos que mantinham o livro velado. Dos quatro primeiros selos irromperam, sequencialmente, quatro cavaleiros: o branco, que portava um arco e representaria a vitória de Cristo sobre a morte; o vermelho, com uma espada, simbolizando guerras e dissensões; o preto, trazendo consigo uma balança, que revela os maus agouros da escassez de alimentos e da consequente fome; e, por fim, o cavalo esverdeado, símbolo da morte e da devastação de todos os incrédulos. Ao quarto cavalo "foi-lhe dado poder sobre a quarta parte da terra, *para que exterminasse pela espada, pela fome, pela peste e pelas feras da terra*" (Ap 6: 8). Os selos seguem sendo abertos. No quinto, João tem a visão "das almas imoladas" que se 'beneficiarão' da justiça divina; no sexto lhe aparece um terrível terremoto, seguido de grandes eventos cósmicos que assolam a superfície da terra. Finalmente, é aberto o sétimo selo: "Quando o Cordeiro abriu o sétimo selo, houve no céu um silêncio de cerca de meia hora..." (Ap 8: 1). Com o desfecho da abertura do último selo, a visão seguiu num tom apocalíptico até o soar de todas as trombetas.

O rompimento do último selo é acompanhado pela visão dos sete anjos que "estão diante de Deus", os quais receberam sete trombetas que começaram a ser tocadas sucessivamente, desencadeando uma série de acontecimentos que passam pela gradual destruição da terra e do mar; pela queda de uma grande estrela; pelo ofuscamento de um terço do sol, da lua e das estrelas; pela disseminação de abismos e pestes e inumeráveis outras atrocidades que iam, paulatinamente, solapando a humanidade, até o toque da sexta trombeta, "na iminência do castigo final". Não obstante tantos desatinos, a sexta trombeta traz a visão da destruição de todos os inimigos e da consumação da humanidade: "Não haverá mais tempo! Pelo contrário, nos dias em que se ouvir o sétimo Anjo, quando tocar a trombeta, então o mistério de Deus estará consumado" (Ap 10: 7)[113]. Após as catástrofes oriundas das seis primeiras trombetas, soará a sétima trombeta e, com ela, o reinado de Cristo, que venceu a morte, será pleno. Reiterando o próprio evangelho que já incumbia para o filho (Cordeiro) o julgamento e o reinado dos céus. Assim, a abertura do livro simboliza a abertura do templo divino e a consolidação da arca da nova aliança (Ap 11: 19).

---

[113] O julgamento e o extermínio revelados por João de Patmos parecem ser inconcebíveis com os relatos pacienciosos e amorosos da vida de Jesus. Para Nietzsche, levar a julgamento é antievangélico: "o sentimento mais 'inevangélico', a vingança, tornou a prevalecer" (AC/AC § 40). No entanto, conforme já mencionamos no item anterior, o próprio evangelho já era judicativo, fato que distorce a interpretação de Nietzsche e que retomaremos no próximo capítulo. Diante de tal consideração, cabe adiantarmos um questionamento: "teria João de Patmos distorcido a própria doutrina de Cristo com o Apocalipse?", "Ou seria o Apocalipse um reflexo direto das próprias intenções do filho de Deus?". As respostas a essas questões e as críticas ao "Juízo Final" do Apocalipse serão apresentadas no próximo capítulo.

Do capítulo doze ao término do livro, a visão joanina ainda prefigurará o aparecimento da Besta e de um falso profeta que está a serviço dela, numa trama que configura castigos e a destruição da Babilônia, que, para João, representa todas as abominações e perversões da cidade de Roma[114]. A essa destruição só sobreviverão os convidados/escolhidos: "Felizes os que foram convidados para o banquete das núpcias do Cordeiro" (Ap 19: 9). O livro traz, em seguida, a celebração da vitória do cavalo branco, representando a vitória de Cristo sobre a morte e a dissolução dos efeitos diabólicos com a morte da Besta e do falso profeta: "ambos foram lançados no lago de fogo, que arde com enxofre" (Ap 19: 21). A celebração da vitória sobre a morte e a prefiguração da Cidade Celeste será, ainda, antecedida por um reino de mil anos, durante o qual o Diabo – simbolizado pelo Dragão e a antiga Serpente – esteve acorrentado. Nesse período, é mister salientar, aqueles que se sentaram diante do trono divino tiveram poder de *julgamento*, o que reforça a tese de que toda a trama apocalíptica se alimenta do juízo.

Por fim, passados os mil anos, o Diabo foi definitivamente "lançado ao lago de fogo e enxofre". Se iniciou o julgamento final, com a abertura do livro da vida: "Os mortos foram então julgados conforme sua conduta, a partir do que estava escrito nos livros" (Ap 20: 12). Após o julgamento, o livro relata que a própria morte e o Hades foram definitivamente "lançados no lago de fogo", conjuntamente com aqueles não inscritos no livro da vida. O livro, assim, assinala o término de todo julgamento, ou seja, Jesus teria cumprido seu dever/papel de vencer o Diabo e a morte e dar vida plena a todos os que nele creram. Convém, ainda, mencionar a promessa da visão final do autor que, após tantos desatinos, dissensões e julgamentos ao povo temente a Deus, parece trazer acalento e a "paz eterna" na Jerusalém Celeste:

> Nunca mais haverá maldições. Nela estará o trono de Deus e do Cordeiro, e seus servos lhe prestarão culto; verão sua face, e seu nome estará sobre suas frontes. Já não haverá noite: ninguém mais precisará da luz da lâmpada, nem da luz do sol, porque o Senhor Deus brilhará sobre eles, e eles reinarão pelos séculos dos séculos (Ap 22: 3-5).

---

[114] Nas notas que acompanham a edição teológica da Bíblia de Jerusalém, fica explicitado que a Babilônia é a própria Roma, enquanto cidade hostil ao Cordeiro Divino. De tal sorte que o autor tem a "visão" da queda da cidade que, por décadas, perseguiu implacavelmente os cristãos e que o levou ao exílio/prisão na Ilha de Patmos: "*Caiu! Caiu a Babilônia, A Grande!* Tornou-se *moradia de demônios*, abrigo de todo tipo de espíritos impuros, abrigo de todo tipo de aves impuras e repelentes, porque com o vinho de suas prostituições foram embriagadas todas as nações e os reis da terra fornicaram com ela, e os mercadores da terra se enriqueceram graças ao seu luxo desenfreado" (Ap 18 2-3).

Sem dúvida, é inegável que se trata de um livro riquíssimo em simbolismos e pluralidade cultural. Ademais, se confrontado com a perseguição romana contra os cristãos no primeiro século, protagonizada sobretudo durante o reinado de Nero (54-68) e estendido até o reinado de Domiciano (81-96), quando o livro foi escrito, não deixa de ser um grito de resistência e de ânsia pela vida que, como não podia ser garantida em sua plenitude biológica, passou a ser requerida por João de Patmos no âmbito espiritual da transcendência e imortalidade. Um grito de ressentimento, dirá Nietzsche e tantos outros cavaleiros do Apocalipse ao revés (HEUSER, 2019). Resta-nos seguir traçando as próximas linhas e configurando uma existência que não careça de tantos julgamentos que visem à transcendência, com a convicção de que a única maneira, para tanto, seja com a desconstrução conceitual do próprio transcendente.

Iniciamos a Introdução deste livro afirmando que a lógica do juízo incide sobre o mundo, criando estratos que vão preenchendo a terra por camadas que se sobrepõem umas às outras. Daí a necessidade de termos revisitado alguns pontos cruciais da história ocidental – que se articula e consolida como um sombrio movimento de arraigamento do juízo de Deus. Como dito, judeus e helenos dispõem de elementos que os ligam a antigas maldições, cuja redenção implica o pagamento de uma dívida que faz de "toda pessoa" ocidental herdeira de um débito que lhe é estranho, mas que parece não desgrudar das entranhas de todo ser pulsante. Nesse viés, o juízo de Deus cintilou e segue cintilando suas faces – daí a necessidade de relembrarmos um pouco a sina de nossos antepassados –, a fim de que a consciência da "dívida" ajude a suportar o peso da tradição e, quiçá, vislumbrar uma aurora mais leve: sem o peso de tantas maldições e pecados.

2

DAS CRÍTICAS AO JUÍZO

Empreender batalha contra o juízo é resistir a demasiados estratos que foram criando raízes e se solidificando nas entranhas do humano que, hoje, mais do que nunca, é um exímio juiz da natureza, de seus semelhantes e de si próprio. A dívida infinita que perpetua o flagelo e serve de combustão para o juízo tem seu ponto de Arquimedes na figura paternalista de Deus: frente ao qual o humano é apenas uma passagem, um ponto de transição para uma vida outra, muito além do mundo físico em que se encontra. Para apresentar as críticas contra o sistema de julgamento e suas implicações morais, nos serviremos de Spinoza e de alguns de seus mais fiéis cavaleiros, numa ótica que visa sobrepor-se à lógica metafísica da transcendência com vistas à imanência. Para tanto, o "plano de imanência", que endossa nossa trajetória, parte da premissa de que "somos compostagem do ecossistema terrestre" (KRENAK, 2021) e, portanto, toda e qualquer batalha contra o juízo deve ser travada com vistas à terra, ao corpo, ao sol, enfim, a tudo aquilo que compreende o grande *cosmos* do qual fazemos parte e do qual o juízo nos distancia.

Assim como "não podemos recuperar o sol deitados nus como porcos na praia" (LAWRENCE, 1990, p. 37), não podemos estabelecer a crítica e combater o juízo sem ir ao encontro de seus principais contraventores, que fizeram do filosofar um grande grito de resistência. Spinoza, Nietzsche, Deleuze/Guattari e Lawrence serão nossas principais armas para travar essa batalha. Todos ligados à espinha dorsal do spinozismo, a uma filosofia que não abre margens para os dualismos metafísicos e suas armadilhas ultra-terrenas. Seguindo, então, as linhas do *Para dar um fim ao juízo* de Deleuze (2011), vamos estabelecer a espinha dorsal da crítica, cientes de que não há um esgotamento teórico e/ou metodológico e que, ainda mais forte, se trata de uma batalha frente à qual cada um dos cavaleiros também foi afetado pelo juízo: afinal, não há peleia sem encontros e não há encontros sem reciprocidades.

2.1 A crítica spinozista ao juízo

Spinoza reverte as bases do pensamento ocidental ao construir uma filosofia em que os polos opostos de bem/mal, belo/feio – e tantas outras dicotomias – se esfacelam ante a necessidade da substância, expressa em seus infinitos atributos e modos. Frente ao spinozismo, a ética finalista – germinada nos primórdios do povo de Israel e solidificada com o cristianismo – deixa de fazer qualquer sentido, uma vez que o mundo não concorre para um *telos* e a responsabilidade do livre-arbítrio deixa de fazer qualquer sentido. Spinoza é o primeiro grande pensador a romper com o conceito de transcendência desenvolvido desde a filosofia greco-platônica: aplicando um duro golpe ao dualismo cartesiano, o filósofo holandês é o principal pilar da filosofia da imanência e, por meio dele, pretendemos iniciar a crítica ao juízo. O conceito-chave para nossa avaliação, presente em sua obra magna Ética (2019), é a substância – mediante a qual liberdade e necessidade coincidem. Assim, as construções apocalípticas de "Juízo Final" ou "juízo de Deus" não fazem qualquer sentido, seu *modus operandi* não passa de um meio de controle e fortalecimento do rebanho construído sobre *pseudos* finalismos morais.

2.1.1 A necessidade da substância como negação dos polos metafísicos de bem e mal

Na I Parte da *Ética*, Spinoza trata da questão de Deus. Já de início, sua proposta filosófica se põe contra a tradição, uma vez que o Deus de Spinoza não encontra resquícios nas religiões e filosofias precedentes. Aliás, convém mencionar que o próprio Spinoza sofreu fortes repreensões da comunidade judaica por se afastar drasticamente de seu credo familiar. Como em sua ética não há espaço para livre-arbítrio, o filósofo holandês se afasta dos fundamentos axiomáticos da ética tradicional, a saber, dos polos ontológicos de bem e mal. Considerado ateu pela comunidade judaica que o cerceava, na verdade, Spinoza operou uma racionalização do deus bíblico dos judeus e cristãos, deixando em suspenso o valor dos ritos e punições oriundas das religiões monoteístas. Sendo Deus a substância infinita e necessária, nele não há espaço para deliberações ou para o deleite de gestos humanos que o agradariam ou lhe causariam repúdio, isto é, em sua onipotência, Deus não pode atuar como juiz mediador dos atos humanos.

Para o filósofo holandês, Deus é a única substância. Ademais, tendo em vista que a substância é *causa sui*, ela permanece sempre idêntica a si mesma numa espécie de necessidade absoluta. Por não conter quaisquer espécies de derivação ou possibilidade de ser diferente do que é, não faz sentido falar em modificação da substância, aliás a substância dispõe de natureza necessária e livre, porque é a única que existe em si mesma. Em Spinoza, liberdade e necessidade deixam de ser polos enantiológicos, pois só é possível ser livre na medida em que se independe de outra causa e, para não depender de outra causa, é preciso permanecer sempre idêntico a si mesmo, isto é, por ser *causa sui*.

Frente ao spinozismo, o deus judaico-cristão, envolto num jogo de recompensas e castigos, perde qualquer consistência. A própria teocracia, fundada por Moisés sob a égide da lei, que serviu de parâmetro para a constituição do estado judaico, perde o sentido teleológico; ora, é, no mínimo, temerário sustentar em Deus a barganha de toda voluptuosidade humana[115]. Uma ética para além do bem e do mal será a proposta de Spinoza, que, inclusive, servirá de base para a própria crítica dos valores operada, posteriormente, por Nietzsche. Sendo o mundo necessário, enquanto extensão da potência divina, não há espaço para o acaso ou para a deliberação. Na proposição 33 da I Parte, Spinoza assim sintetiza: "As coisas não poderiam ter sido produzidas por Deus de nenhuma outra maneira nem em qualquer outra ordem que não naquelas em que foram produzidas" (2019, p. 37). A perfeição divina se concretiza em sua necessidade absoluta, isto é, seria contraditório julgar que um Deus perfeito pudesse agir contra sua própria natureza, ora deliberando por A, ora por B. Assim, na ordem da substância, o primeiro "mandamento", por assim dizer, sempre será a necessidade. Haja vista que algo que existe ou age pela necessidade de sua natureza só pode ser livre, o Deus de Spinoza é livre porque age em prol das próprias necessidades. No apêndice da I Parte da *Ética*, a natureza de Deus e suas propriedades são assim descritas:

---

[115] No *Tratado Teológico-Político*, Spinoza vai direto ao ponto: "Deus não exerce nenhum reinado especial sobre os homens a não ser por intermédio dos detentores do poder político" (2003, p. 288). Para o filósofo holandês, a prosperidade do estado hebraico esteve diretamente atrelada ao poder que Moisés exercera sobre o povo, que lhe outorgou o direito de operar uma mediação entre a vontade divina e as ações da comunidade – de tal sorte que todos eram considerados "iguais" diante da lei estabelecida por Moisés. Desse modo, Moisés exercia uma mediação simbólica que possibilitara a formação de um estado organizado; nesse caso, o cetro divino não passava de um fundamento basilar para a consolidação da ordem política, pois, a rigor, para Spinoza, o direito divino é posterior ao direito natural e só se firmou dentre os hebreus enquanto constituição de um estado politicamente organizado. Ou seja, para Spinoza (2003), a lei hebraica só tinha sentido em sua vinculação direta com o estado civil fundado por Moisés.

> Que existe necessariamente; que é único; que existe e age exclusivamente pela necessidade de sua natureza; que é causa livre de todas as coisas; que todas as coisas existem em Deus e dele dependem de tal maneira que não podem existir nem ser concebidas sem ele; que, enfim, todas as coisas foram predeterminadas por Deus, não certamente pela liberdade de sua vontade, ou seja, por seu absoluto beneplácito, mas por sua natureza absoluta, ou seja, por sua infinita potência (2019, p. 41).

O Deus (substância) de Spinoza se torna um conceito único na história da filosofia. Rompendo com o dualismo histórico de Platão, o filósofo holandês sustenta uma única e infinita substância que, por ser *causa sui*, concentra em si mesma a efetivação plena da liberdade na própria necessidade de sua natureza, ou, ainda, a substância é livre por permanecer sempre igual a si mesma, não havendo qualquer espaço para a contingência. A respeito da substância, Delbos (2016, p. 47) comenta: "O que é absolutamente real é aquilo que se produz por si mesmo; o que se produz por si mesmo é aquilo que se explica por si mesmo; o que se explica por si mesmo é aquilo que é absolutamente verdadeiro". Finalmente, como tudo é necessário, não faz sentido falar em livre-arbítrio e, menos ainda, atribuir às categorias metafísicas de bem e mal a ordem moral do mundo.

A *pseudo* ordem moral do mundo, sustentada nos polos metafísicos de bem e mal, foi a bússola das éticas prescritivas. Impor o dever sobre a consciência, numa perspectiva judicativa em que as ações são levadas a veredito frente a uma instância reguladora, é o *modus operandi* do finalismo ético, que encontrou em Sócrates e no cristianismo suas principais vertentes históricas. Reverter as bases do *ethos* finalista em prol de uma nova concepção de filosofia foi o principal empreendimento de Spinoza, que, a partir da negação da transcendência da substância[116], esfacelou o dualismo histórico ainda sustentado por Descartes. Conforme o Livro I, Proposição 14, "além de Deus, não pode existir nem ser concebida nenhuma substância" (2019, p. 22). Com essa guinada do pensamento dualista, Spinoza se torna o primeiro grande filósofo moderno a sustentar a imanência, posição filosófica que ganhará notoriedade no cenário contemporâneo com Nietzsche. Sem dúvida, é uma relevante conquista contra os paladinos defensores de uma transcendência moral, que depositam no além as diretrizes normativas das ações humanas voltadas para o cumprimento dos desígnios divinos na terra.

---

[116] Spinoza sustenta que "Deus é causa imanente, e não transitiva, de todas as coisas" (2019, I, Proposição 18, p. 29).

Como dito, o dualismo metafísico bem e mal deixa de fazer sentido[117]. A substância – sendo única e infinita – não admite qualquer caráter enantiológico em sua ontologia. Assim, não há espaço para o dualismo maniqueísta ou mesmo para o inferno judaico-cristão.

> A potência divina sendo infinita envolve toda a existência, ela não poderia então admitir uma existência distinta de sua natureza, e menos ainda uma existência oposta à sua natureza. Além disso, afirmar uma existência essencialmente má é levar uma negação ao absoluto (DELBOS, 2016, p. 66).

Na IV Parte da *Ética*, Spinoza traz um novo sentido para o bem e o mal, vinculando-os ao mundo das emoções e não mais ao finalismo. Isto é, bem e mal passam a estar ligados com a utilidade, sendo proporcionalmente relativos àquilo com o que se comparam, e não mais com algo *in se*. Assunto que trataremos posteriormente.

2.1.2 Da falta de sentido do juízo moral

O primeiro traço que deve ser pontuado é que a necessidade do Deus de Spinoza não permite qualquer juízo prático – de valor. Se, por um lado, juízos de fato, como 'a rosa é vermelha', são decorrência de um atributo infinito da substância infinita; por outro, juízos de valor, como 'o menino é feio', não fazem qualquer sentido. Ora, sendo o mundo uma extensão da necessidade infinita da substância, não há motivo algum para sustentar polos morais como belo e feio, bem e mal, etc. Aliás, Spinoza é categórico em afirmar, no apêndice da I Parte, que todos os preconceitos morais se baseiam no finalismo: "todos os preconceitos morais que aqui me proponho a expor dependem de um único, a saber, que os homens pressupõem, em geral, que todas as coisas naturais agem, tal como eles próprios, em função de um fim" (2019, p. 41). Dito de outra maneira, nossa imaginação, buscando uma ordem teleológica para a realidade que lhe é estranha, estabelece valores cuja axiologia se sustenta num *telos* que ultrapassa a própria cognição humana, mas que traz um alívio para as inquietações que povoam a imaginação.

Embora a imaginação seja apenas um dos três gêneros do conhecimento apresentados na *Ética* de Spinoza, é mister salientar que está atrelada à nossa finitude, isto é, imaginamos porque somos criaturas contingentes

---

[117] "Quanto ao bem e ao mal, também não designam nada de positivo a respeito das coisas, consideradas em si mesmas, e nada mais são do que modos do pensar ou de noções que formamos por compararmos as coisas entre si" (2019, V, Prefácio, p. 157).

e relativas. É por intermédio da imaginação que construímos os universais que nos conduzem ao erro; em outras palavras, universalizamos os próprios valores ao lhes atribuir uma ontologia transcendente, que leva os agentes morais a buscarem uma finalidade última para a *práxis*. Essa inadequação da imaginação faz com que cada indivíduo suponha agir pelo livre-arbítrio, como se pudesse alterar a necessidade imanente do mundo enquanto manifestação da substância infinita. A falsa impressão de escolher entre o "bem" e o "mal" fez com que muitos filósofos da tradição cristã construíssem edifícios éticos pautados em dualismos metafísicos; a vida então passou a ser determinada moralmente por um *telos*, deixando de ter qualquer valor em si mesma. Encontrar uma razão para a vida que ultrapasse o próprio desejo de viver, ou o *conatus* conceituado por Spinoza, não passa de uma das mais pesadas fórmulas da decadência, que também foi denunciada por Nietzsche.

A questão que nos surge é: "por que os juízos morais carecem de sentido?". Essa pergunta pode ser respondida mediante algumas proposições da I Parte da *Ética* de Spinoza. Na Proposição 15, Spinoza afirma que tudo existe em Deus e decorre da necessidade de sua essência (2019, p. 22-26). Na Proposição 18, "Deus é causa imanente, e não transitiva, de todas as coisas" (p. 29). Na Proposição 20, existência e essência são tomadas como uma única coisa em Deus (p. 30). No corolário da Proposição 25, o filósofo holandês vai direto ao ponto: "As coisas particulares nada mais são que afecções dos atributos de Deus, ou seja, modos pelos quais os atributos de Deus exprimem-se de uma maneira definida e determinada" (p. 33). As proposições destacadas já seriam suficientes para expor a fragilidade dos juízos morais; no entanto, merece destaque ainda a Proposição 29: "Nada existe, na natureza das coisas, que seja contingente; em vez disso, tudo é determinado, pela necessidade da natureza divina, a existir e a operar de uma maneira definida" (p. 35). Em Deus não há contingência, transitoriedade, nem qualquer possibilidade de livre-arbítrio; ademais, tudo o que existe, existe em decorrência da infinitude divina, enquanto "afecção dos atributos de Deus". Mediante à natureza necessária de Deus, é inconcebível sugerir que Ele possa constituir valores morais; em outras palavras, Deus não pode escolher diferentes modalidades de beleza ou de bondade dentre os seus atributos, muito menos punir uma pessoa e salvar outra. Os juízos se esfacelam frente à necessidade divina, que não admite qualquer ato deliberativo da substância ou de qualquer modo de seus atributos.

A ideia de um Deus julgador, que virá julgar os vivos e os mortos, conforme o credo judaico-cristão, não faz nenhum sentido para Spinoza. No Corolário 1 da Proposição 32, Spinoza é enfático: "Deus não opera pela liberdade da vontade" (2019, p. 37). Essa construção filosófica é o mais ferrenho "combate-entre"[118] as ideias apocalípticas presentes em vários textos do livro sagrado judaico, como em Jeremias e Daniel, que culminarão no aparecimento do próprio Livro do Apocalipse, escrito por João de Patmos já na era da cristandade[119]. *Deus como fonte de todo o juízo*, essa máxima foi umas das maiores artimanhas do monoteísmo judaico-cristão, que soube vincular ao velho Deus a manutenção das leis humanas, sedentas de um caráter sagrado que as tornassem "imutáveis". Ainda mais deplorável que o juízo de Deus e, no entanto, consequência deste, é o Juízo Final: momento derradeiro em que os seres humanos serão "postos à prova", ante o qual será separado o "joio do trigo", de acordo com o bem que cada indivíduo cometeu em nome de seu Deus. Para Nietzsche (AC/AC § 38), ao lado dos conceitos de "além" e "imortalidade da alma", o "Juízo final" não passa de um sistema de crueldade e tortura, pelo qual os indivíduos se veem amedrontados frente a um mundo sacralizado por uma ordem transcendente que o rege.

2.1.3 Uma ética sem livre-arbítrio

A proposta ética de Spinoza tem, como ponto de partida, o racionalismo cartesiano, de forma que o filósofo acredita que a verdade moral pode ser atingida matematicamente. Nesse viés, a *Ética* é um livro escrito discursivamente, por meio de uma cadeia de inferências e deduções que possibilitam a adequação do conhecimento, num viés em que lógica e ontologia se encontram mediadas pelo raciocínio. Diferentemente da imaginação, que é fruto da parcialidade e falta de adequação, o conhecimento racional possibilita acesso àquilo que é comum a todas as coisas, seus aspectos necessários e atemporais, que são idênticos à própria perfeição divina. Assim, Spinoza escreve a *Ética* num nível cognitivo que ultrapassa os erros da sensibilidade, semelhantes à *doxa* de Platão. À parte a questão metodológica, é imprescindível mencionar que uma das peculiaridades de

---

[118] Para Deleuze (2011, p. 70), diferente do combate contra – que "[...] procura destruir ou repelir uma força [...], o combate-entre, ao contrário, trata de apossar-se de uma força para fazê-la sua. O combate-entre é o processo pelo qual uma força se enriquece ao se apossar de outras forças somando-se a elas num novo conjunto, num devir".

[119] Para a tradição teológico-cristã, o livro traz à tona uma "revelação" do próprio Cristo ao escritor, que parece crer na consumação das promessas divinas com a vinda definitiva de Jesus, passagem atestada na inscrição "o Tempo está próximo" (Ap 1: 3).

Spinoza foi incluir os próprios "erros" e as "paixões", enquanto irracionalidades, no estudo geométrico da ética. Reescrever a ética – numa perspectiva que vai além do bem e do mal – foi o grande desafio de Spinoza, que soube conciliar o desejo de autoconservação e os afetos com a ética.

Enquanto os filósofos moralistas (herdeiros de Sócrates) falavam em controle dos impulsos e superioridade da alma sobre o corpo, Spinoza é categórico em demonstrar que não é possível regular nossos afetos. Um exemplo clássico da dicotomia entre corpo e alma está presente na filosofia socrático-platônica, na qual ao corpo são vinculadas toda espécie de infortúnios que só podem ser purificados através da alma: "durante todo o tempo em que tivermos o corpo, e nossa alma estiver misturada com essa coisa má, jamais possuiremos completamente o objeto de nossos desejos! Ora, este objeto é, como dizíamos, a verdade" (PLATÃO, 1972, 66b). O dualismo platônico selou o corpo como a origem do mal moral e a tradição metafísica potencializada com o cristianismo soube fazer dessa máxima a base da filosofia mesma. Nesse viés, bem e mal se consolidaram como axiomas até a Idade Moderna, cabendo ao homem, por meio do livre-arbítrio, optar pelo bem para não contrariar sua natureza divina e incorpórea. Ao sustentar filosoficamente a existência de uma única substância, Spinoza inaugura uma nova concepção de ética[120].

Uma única substância – que se manifesta em infinitos atributos, dos quais os humanos só tem consciência do pensamento e da extensão. Por meio dela não há mais espaço para um Deus transcendente e, consequentemente, para as ideias metafísicas de bem e mal dele decorrentes. O panteísmo filosófico do pensador holandês é um convite para a imanência, que abrirá margem para uma nova concepção de vida, agora como parte de uma totalidade única que compõe a substância em seus infinitos atributos. Para Deleuze (2017, p. 126),

> [...] o Deus de Spinoza é um Deus que é e produz tudo, como o Uno-Todo dos platônicos; mas é também um Deus que se pensa e pensa tudo, como o Primeiro motor de Aristóteles. Por um lado, devemos atribuir a Deus uma potência de existir e de agir idêntica à sua essência formal ou correspondente à sua natureza. Por outro lado, porém, devemos igualmente atribuir a ele uma potência de pensar, idêntica à sua essência objetiva ou correspondente à sua ideia.

---

[120] Em Spinoza, não há mais espaço para a duplicidade *Res extensa* e *Res cogitans*: "A substância pensante e a substância extensa são uma só e a mesma substância, compreendida ora sob um atributo, ora sob outro" (2019, II, Escólio da Proposição 7, p. 55).

A proposta ética de Spinoza está diretamente relacionada com a dinâmica da natureza e do mundo. Se, por um lado, tudo é decorrência da necessidade e infinitude da substância; por outro, cada indivíduo busca a própria conservação, num processo de autoafirmação dos próprios desejos, que se revelam através da dinâmica dos afetos. Não se trata mais de uma deliberação intencional da razão contra os instintos, mas de um jogo de afetos que se relacionam com outros afetos exteriores. Assim, a ética passa a estar diretamente relacionada ao poder de afetar e ser afetado, não havendo mais ênfase para uma supremacia da razão que controle e dirija as concupiscências oriundas do corpo e suas paixões.

Para Deleuze, a *Ética* de Spinoza traz à tona "uma tipologia dos modos de existências imanentes" (2002, p. 29), substituindo a moral e sua intrínseca relação com o transcendente e com o juízo: "A moral é o julgamento de Deus, o *sistema de julgamento*" (2002, p. 29). Em Spinoza, os afetos fazem parte da condição humana, que deve ser compreendida como o esforço para viver nas melhores condições individuais. Na dinâmica dos afetos, não há espaço para a imobilidade: "[...] o afeto é a variação contínua ou a passagem de um grau de realidade a outro ou de um grau de perfeição a outro" (DELEUZE, 2019, p. 42). Desse modo, o afeto é o estado de transição em que um corpo se depara ao ser afetado por outro corpo, acarretando uma contínua mudança da potência de agir, ou, ainda, é o registro emotivo das mudanças corporais que não podem ser reguladas por uma razão discursiva, como sustentava Descartes.

> A natureza ou essência dos afetos não pode ser explicada exclusivamente por meio de nossa essência ou natureza. Ela deve ser definida, em vez disso, pela potência, isto é, pela natureza das causas exteriores, considerada em comparação com a nossa. Disso resulta que há tantas espécies de afetos quantas são as espécies de objetos pelos quais somos afetados (2019, IV, Demonstração da Proposição 33, p. 175-176).

Um jogo de afetos que se entrecruzam numa multiplicidade de encontros é o que resplandece da filosofia de Spinoza. Assim, as concepções de bem e mal perecem frente a uma ética que abre margem para o deleite das emoções, pois não se trata mais de refrear os impulsos racionalmente. A velha equação socrática razão = virtude = felicidade deixa de fazer sentido. Na perspectiva de Spinoza, quando minha potência de agir é aumentada eu estou alegre e, quando minha potência de agir é diminuída, estou triste. Alegria e tristeza se tornam parâmetros morais, ou, melhor dizendo, afetos primários dos quais todos os outros afetos se constituem.

Na dinâmica dos afetos, todos os sentimentos são oriundos dos afetos primários, de maneira que as emoções inadequadas estão sempre ligadas às paixões, ao passo que as adequadas ao afeto ativo da alegria, que aumenta meu *conatus* e estimula a potência da ação[121]. É necessário pontuar, a partir da leitura das definições da III Parte da *Ética*, que um afeto pode ser ativo ou passivo, aumentando ou diminuindo minha potência de ação; enquanto que uma paixão é sempre passiva: "[...] por afeto entendo, então, uma ação; em caso contrário uma paixão" (2019, III, Explicação da Definição 3, p. 98). Embora a paixão seja sempre passiva, a mesma pode vir acompanhada de alegrias momentâneas, propiciadas, por exemplo, pela gula, pela embriaguez, pela luxúria e por tantos outros apetites classificados como hostis à vida. Assim, mesmo que uma paixão inadequada seja mais preferível que a tristeza – o objetivo da ética de Spinoza é superar as paixões (alegres ou tristes) pela alegria constante da beatitude[122].

Pelo fato de os afetos estarem em constante conflito, é possível falar de uma dinâmica dos afetos, que compõem meu estado de ânimo. Como meu *conatus* requer uma autoconservação, é imprescindível que minha potência de agir seja aumentada por afetos alegres, sendo que, por meio do conhecimento das causas que produzem as paixões, é possível superá-las. Enfim, como a unidade psicofísica de um ser é constantemente afetada por causas externas, nesse jogo de afetar e ser afetado são construídas todas as ações e reações (paixões), que, segundo Spinoza, se plenificam através da virtude enquanto compreensão e preservação da vida: "O desejo é a própria essência do homem, isto é, o esforço pelo qual o homem se esforça por perseverar em seu ser" (2019, IV, Demonstração da proposição 18, p. 168).

Sem a pretensão de adentrarmos nas minúcias da dinâmica dos afetos de Spinoza, mas conscientes de seu importante papel na construção da *Ética* do filósofo holandês, ressaltamos que nos interessa a constituição de uma ética para além do bem e do mal, numa perspectiva em que o livre-arbítrio deixe de ser o fio condutor que rege as ações "intencionais". Com esse empreendimento de imanência, Spinoza esfacela a doutrina do julgamento, uma vez que, numa atitude demasiadamente humana, rompe com o dualismo entre corpo mente: "[...] tanto a decisão da mente, quanto o apetite e a determinação do

---

[121] "O desejo que surge da alegria é, em igualdade de circunstâncias, mais forte que o desejo que surge da tristeza" (2019, IV, Proposição 18, p. 168).

[122] Spinoza finaliza a *Ética*, apontando que o desfrute da beatitude permite "[...] refrear os apetites lúbricos" (2019, V, Proposição 42, p. 238).

corpo são, por natureza, coisas simultâneas, ou melhor, são uma só e mesma coisa" (2019, III, Escólio da Proposição 2, p. 103)[123]. Como consequência, o corpo e suas pulsões deixam de ser irracionais e as categorias metafísicas/dualistas dos juízos de valor são postas à prova, uma vez que a vida ascende em meio aos próprios afetos, que deixam de ser ignominiosos para compor a própria natureza humana em devir. Nessa nova constituição ética, em que as ações alegres constituem o centro da verdadeira *práxis* humana, podemos afirmar que a alegria se revela como uma arma contra o juízo. Para Deleuze, "somente a alegria é válida, só a alegria permanece e nos aproxima da ação e da beatitude da ação" (2002, p. 34).

Em suma, a alegria se torna a principal ferramenta de combate contra o juízo, porque as paixões tristes impedem os fluxos de vida que desejam se expandir e, com isso, se juntam ao juízo na tarefa de aprisionar os corpos. Aqui, adentramos na ferrenha batalha, também mencionada por Deleuze (2011), entre a doutrina do juízo e o sistema dos afetos, frente à qual não é possível estabelecer um vencedor, uma vez que a disputa parece ser interminável. Se, por um lado, o juízo enquadra a vida em padrões de estarrecimento e ressentimento, por outro, Spinoza parece acender uma centelha de fortaleza nessa dura batalha. Assim, por meio da imanência spinozista e de seu alento contra as doutrinas transcendentes do juízo, passamos para a visão de Nietzsche que, como veremos, pode ser lida em muitos aspectos como uma continuação de Spinoza.

2.2 A crítica nietzschiana ao juízo

Ninguém melhor do que Nietzsche para darmos continuidade à crítica contra o juízo; aliás, continuidade é – literalmente – a melhor palavra a ser usada, uma vez que a filosofia de Nietzsche contém traços que fazem

---

[123] Ao tratar do monismo da substância e da simultaneidade entre corpo e mente, Leibniz também estabelece um paralelismo entre pensamento e extensão, de tal forma que tudo está em perfeita harmonia, pois a harmonia é o dado primordial que subjaz à substância: "A substância é um Ser capaz de Ação; ela é simples ou composta. A substância simples é aquela que não possui partes. A substância composta é uma reunião de substâncias simples ou Mônadas. *Monas* é uma palavra grega que significa unidade ou aquilo que é único. Os compostos ou corpos são multiplicidades e as substâncias simples – *os Espíritos, as Almas, as Existências – são unidades*. E deve haver substâncias simples por toda a parte, pois sem o simples não haveria compostos; e, por isso, a totalidade da natureza está repleta de vida. As Mônadas, por não possuírem partes, jamais podem ser feitas ou desfeitas. Elas não podem começar ou terminar naturalmente e, portanto, continuarão existindo enquanto durar o universo, que passa por mudança, mas jamais será destruído (LEIBNIZ, 2008, p. 1, grifo nosso). Ainda, acerca da harmonia/paralelismo, "a alma segue as suas próprias leis e o corpo também as suas; e encontram-se em virtude da harmonia preestabelecida entre todas as substâncias, já que todas elas são representações de um mesmo Universo" (LEIBNIZ, 2016, p. 61).

reviver o spinozismo. E essa não é uma constatação de quem vos escreve, e sim de um cartão postal enviado por Nietzsche a Franz Overbeck em 30 de julho de 1881, no qual o filósofo alemão elogia e designa Spinoza como seu legítimo predecessor:

> Não só sua tendência geral é a mesma que a minha – fazer do conhecimento *o mais potente dos afetos* –, como me reencontro em cinco pontos capitais de sua doutrina; este pensador, o mais fora da norma e solitário, é-me nesses aspectos justamente o mais próximo: ele nega a liberdade da vontade; os fins; a ordem moral do mundo; o não-egoísmo; o mal (NIETZSCHE, KSB, v. 6, Carta 135).

Os pontos de reencontro do filósofo alemão com Spinoza são os principais vértices de negação do juízo. Um mundo sem "liberdade da vontade" é o primeiro passo para o rompimento da culpa que recai sobre os julgados que deixam de ansiar pela redenção: como no caso de Grace Marks que, por já ter sido julgada, vive em total indiferença e alheia a qualquer esperança de que poderia cambiar sua situação. Esse é ponto crucial: o juízo inibe a vida e seus agenciamentos, por meio do estabelecimento de uma ordem moral do mundo que acaba assumindo a razão de ser do próprio mundo; em outras palavras, o juízo exerce sua tirania porque tende a ser visto com *in se*. Novamente aqui se insurge o domínio do significante sobre o significado, numa realidade para além da "razão pura", em que os ídolos metafísicos já postulados na razão prática kantiana tendem a subsistir como axiomas. Nesse viés, a partir da filosofia de Nietzsche, empreenderemos um esboço de libertação da vida, ou, ainda, de prisão do juízo.

Nietzsche foi um ferrenho crítico do postulado da moral kantiana, a qual consideramos como o ápice do juízo no Período Moderno. Afinal, todo o legado metafísico de uma ética transcendente encontrará em Kant uma contundente crítica, seguida de uma crença cega no próprio objeto primeiro criticado. Dito de outro modo: após negar a possibilidade de juízos sintéticos *a priori* na metafísica, Kant os elevará para o nível da liberdade – sustentando toda a moralidade num mundo inatingível. No fundo, a moral kantiana não passa da mais contundente aliança com o juízo – que continuou intacto e ainda mais severo em sua "infinitude inatingível". Nietzsche é enfático em propor uma inversão da questão kantiana: "[...] é tempo, finalmente, de substituir a pergunta kantiana, 'como são possíveis juízos sintéticos *a priori?*', por uma outra pergunta: 'por que é *necessária* a crença em tais juízos?'" (JGB/BM § 11). Para o filósofo alemão, o mérito de Kant não passa de uma "crença de fachada":

> [...] juízos sintéticos *a priori* não deveriam absolutamente 'ser possíveis': não temos direito a eles, em nossa boca são somente juízos falsos. Mas é claro que temos de crer em sua verdade, uma crença de fachada e evidência que pertence à ótica-de-perspectivas da vida (JGB/BM § 11).

Nietzsche não cansou de repetir, ao longo de seus textos, que os juízos não passam de bobagens; no entanto, o filósofo alemão tinha plena consciência do poder aterrador de tais juízos, uma vez que a humanidade parece construir sua trajetória a partir de seus ditames. O juízo não é um inimigo qualquer que poderia ser ignorado enquanto a vida segue, pois suas raízes se encontram nas entranhas da humanidade, de tal sorte que não seria exagero resumir a própria "natureza" humana a ele[124]. O homem é um ser que julga, e o juízo de Deus, nesse caso, não passa de um consolo metafísico, de um porto seguro em meio ao turbilhão de eventos que o afetam e o deixam inseguro. Tal análise de Deus, e do consequente juízo, vai ao encontro do pensamento ateísta de Feuerbach, para o qual Deus é "[...] o meu consolo, a minha proteção contra as agressões do mundo exterior" (1997, p. 215); além disso, o autor ainda acrescenta: "[...] é uma lágrima de amor derramada pela miséria humana na mais profunda intimidade" (1997, p. 163). Essa lágrima de consolo é o juízo, agindo como sinal de esperança frente às intempéries que costumam aparecer. Ademais, Feurbach não opera uma negação dos atributos divinos, seu papel é justamente trazer o divino para a esfera humana. Schütz (2021, p. 192), na esteira da interpretação de Bloch, afirma: "[...] em Feuerbach não se trata de negar os predicados divinos, mas sim de evidenciar seu caráter profundamente humano a fim de trazê-los justamente para a esfera da imanência"[125].

Frente aos desígnios do sistema de julgamento, Nietzsche segue os passos de Spinoza ao traçar uma ética para além do bem e do mal: "Conhece-se minha exigência como filósofo, de colocar-se *além* do bem e do mal

---

[124] Natureza aqui referida como modo de ser dos ressentidos.
[125] "Feuerbach fez os conteúdos religiosos retornarem do céu para o ser humano, de tal maneira que o ser humano não foi criado à imagem fiel de Deus, mas Deus à imagem fiel do ser humano, mais exatamente, à imagem do respectivo modelo ideal de ser humano. É verdade que assim Deus desaparece totalmente como criador do mundo, mas obtém-se um enorme âmbito de criação do ser humano, em que – mediante uma ilusão fantástica e simultaneamente uma riqueza fantástica – surge o divino como imagem do desejo humanamente hipostasiada de primeira grandeza. Essa 'teoria do desejo da religião' torna-se, para Feuerbach, o mesmo que a 'antropologização da religião' ou a revogação da 'duplicação celestial do ser humano'" (BLOCH, 2006, p. 368).

– de ter a ilusão do julgamento moral *abaixo* de si" (GD/CI "Os 'melhoradores' da humanidade" § 1). Uma batalha contra a moral, contra os polos dicotômicos do bem e do mal – Nietzsche se envolveu numa contundente luta contra adversários milenares como o platonismo e o cristianismo. Não se trata aqui de elencar vencedores, deixaremos essa tarefa para a última parte de nossa investigação. De momento, é mister salientar e citar uma das principais bandeiras de Nietzsche contra essa realidade transcendente demasiadamente humana: "O julgamento moral é parte, como o religioso, de um estágio de ignorância em que falta, inclusive, o conceito de real, a distinção entre real e imaginário: de modo que 'verdade', nesse estágio, designa coisas que agora chamamos de 'quimeras'" (GD/CI "Os 'melhoradores' da humanidade" § 1).

2.2.1 Juízo e mundo aparente

O "estágio de ignorância" que marca o julgamento moral se efetiva a partir de uma difamação da realidade, que passa a ser assumida como aparente. Aliás, a afirmação de um mundo ideal como negação do mundo aparente é um recurso constante dos filósofos metafísico-dualistas, que se alimentam da negação de uma realidade única e suficiente. Nesse viés, conceitos como alma e substância são vistos como verdades últimas que ultrapassam o plano lógico para se firmarem no plano ontológico. Acontece que, com o enfraquecimento dos valores absolutos, designados como crise da racionalidade ou da metafísica mesma, o Período Contemporâneo traz à tona novas perspectivas filosóficas avessas aos moldes do socratismo cristão, com um contundente retorno à *physis* grega e, de certo modo, ao próprio *mythos*[126].

---

[126] A *physis* reflete a totalidade do mundo em sua monstruosa extensão e incompreensão, de forma que frente a ela a consciência do Sujeito cognoscente é incapaz de apreender uma causalidade epistêmica nos fenômenos, uma vez que os mesmos são irredutíveis ao desvelamento humano. Diante desse viés fantasmagórico de um cosmos dinâmico, os helenos tinham o *mythos* como uma maneira de presentear o intelecto com uma explicação cosmogônica ou teogônica sobre as coisas e/ou entidades existentes. Assim, os mitos constituíram as primeiras tentativas, do povo helênico, de se relacionar metaforicamente com o universo e com os deuses que, hipoteticamente, coexistiram, fato que levou os gregos a formularem uma teodiceia antropomórfica e uma cosmogonia que resistiu ao tempo e que ainda encanta simpatizantes e estudiosos. Não é mera coincidência que o discurso cosmológico dos primeiros filósofos gregos tenha surgido num contexto mítico; aliás o *mythos* trágico dos helenos serviu de húmus fertilizante para as grandes descobertas que os mesmos nos legaram, diga-se, dentre elas, a comédia, a tragédia e, posteriormente, o próprio teatro. A esse respeito, Nietzsche assim descreve: "A vida dos gregos brilha somente onde cai o raio do mito; fora disso ela é sombria" (MA I/HH § 261). Essa estreita relação entre *mythos* e *physis* deve resguardar as devidas proporções de cada qual, para não cair no absurdo da afirmação de que o mito já era *physis* e, portanto, filosofia pré-socrática. Já Heráclito havia afirmado a veracidade e o obscurantismo da *physis*, que se apresenta como uma multiplicidade em mudança, que tende a ser ocultada pela aparência. A

Nietzsche apresenta uma filosofia avessa à negação do "mundo aparente", pois aquilo que era aparente com Nietzsche passa a ser percebido sem o "véu de Maia" que o encobre. Desde então, a tradicional "caverna" de Platão deixa de ser o sombrio e subterrâneo mundo depreciativo dos engodos, o próprio Zaratustra nietzschiano desfaz os ascos à caverna quando retorna para ela como alguém capaz de aceitar o sensível, isto é, a terra e o corpo em suas manifestações de impulsos em constante tendência ao crescimento de potência. Para Nietzsche:

> Não passa de um preconceito moral que a verdade tenha mais valor que a aparência [...]. Não existiria nenhuma vida, senão com base em avaliações e aparências perspectivas; e se alguém, com o virtuoso entusiasmo e rudeza de tantos filósofos, quisesse abolir por inteiro o 'mundo aparente', supondo que vocês pudessem fazê-lo – também da sua 'verdade' não restaria nada! Sim, pois o que nos obriga supor que há uma oposição essencial entre 'verdadeiro' e 'falso'? Não basta a suposição de graus de aparência, e como que sombras e tonalidades do aparente, mais claras e mais escuras, – diferentes valeurs [valores], para usar a linguagem dos pintores? (JGB/BM § 34).

Nietzsche é enfático em afirmar que "outra vida" só é possível porque parte de uma perspectiva da aparência, ou seja, nega-se uma realidade a partir da qual afirma-se outra realidade que nasce da realidade negada. Isso mesmo, o afirmado "nega-se" a "si mesmo" ao negar o mundo aparente. Tal perspectiva filosófica se torna insustentável na medida em que é incapaz de compreender a complexidade do real em sua imanência, o que levou Nietzsche a concluir que "*Com o mundo verdadeiro abolimos também o mundo aparente!*" (GD/CI "Como o 'Mundo Verdadeiro' se Tornou Finalmente Fábula" § 6).

Esse anseio pela ciência enquanto desejo de uma explicação última para a realidade, como negação da aparência, recebe em Nietzsche o nome de vontade de verdade "Wille zur Wahrheit". No fundo, não passa de um meio que o ressentimento encontrou para não ter que conviver com aquilo que é estranho e desconhecido; afinal, em Nietzsche a moral escrava é consequência de valores tradicionais "conhecidos" e repassados ao longo das gerações dentre os "rebanhos". Em nome dessa verdade suprema e autoimune

---

emblemática máxima heraclitiana, presente no Fragmento 84, de que "tudo escorre" ou "permanece mudando", traz consigo um intrínseco combate (*polemos*) de contrários que se harmonizam justamente na sua necessária oposição. De tal modo que o próprio dinamismo / combate acarreta uma unidade de contrários. Assim, para Heráclito, *physis* é essencialmente mudança e o fogo é o elemento que melhor corresponde ao cosmos, pois representa o *logos* (metafórico) originário e fundante de todas as coisas.

ao ceticismo se estabeleceu a dicotomia essência/aparência, num processo que culmina em Deus como o fundamento primeiro de toda a construção gnosiológica: "O grau de certeza a respeito das desejabilidades supremas, dos valores supremos, da perfeição suprema era tão grande que os filósofos *procediam* daí como de uma *absoluta certeza a priori*: 'Deus' no alto como verdade *dada*" (Frag. Post., outono de 1887, 10 [150]).

Acontece que, para Nietzsche, tomar a verdade como absoluta não passa de um preconceito moral; a rigor, a complexidade do mundo não pode ser captada por meras dicotomias metafísicas como essência/aparência, corpo/alma, bem/mal, instinto/consciência e tantas outras, pois o mundo, em sua efetividade, é um fluxo contínuo de movimento que nem sequer em estado de crisálida, pode ser pensado numa permanência metafísica. No entanto, tal preconceito moral acabou por reinar por meio do juízo, que prosperou avassalador num mundo em que o ressentimento é outorgado pela necessidade de se fazerem acusadores e culpados, novamente como no exemplo de Grace, que passou à indiferença após ter sido "julgada". Nesse viés, é mister salientar que a negação do mundo aparente coincide com a ascensão do juízo – são vias de mão única.

Também nessa linha de compreensão, Hans Vaihinger, na obra *A filosofia do como se* (2011), traz uma reflexão sobre a importância dos sistemas de ficções teóricas construídos ao longo da história. Seu tratado é um verdadeiro compêndio sobre o mundo aparente, numa perspectiva capaz de superar os antagonismos metafísicos arraigados nas ciências e filosofias históricas, de forma a separar a falsa oposição entre o mundo da ficção e a ciência. Aliás, na "Terceira Parte Histórica" da obra *A Filosofia do como se,* Vaihinger traz um capítulo sobre Nietzsche: "Nietzsche e sua teoria da aparência conscientemente intencionada" onde faz uma reflexão sobre a vontade de aparência "Wille zum Schein". Nela, Vaihinger reconhece que Nietzsche já havia percebido a estreita relação entre "representações imaginadas" com a vida e a ciência:

> Vida e ciência não são possíveis sem representações imaginadas ou falsificadas – também Friedrich Nietzsche o reconhecera. Cedo observou que o homem, em favor da vida e da ciência, emprega, de forma inconsciente, tais representações inventadas, portanto errôneas (2011, p. 631).

No Prefácio à nona e à décima edições de *A filosofia do como se,* Vaihinger também destaca o papel do *mythos* na "reconstrução" de uma realidade imanente e indispensável à própria ciência: "[...] não só o pensamento mítico não é uma etapa prévia do conhecimento científico, como ainda a própria ciência depende de mitos e, particularmente, de personificações e de um bom número de outras ficções" (VAIHINGER, 2011, p. 84). O mito, comumente delegado ao mundo aparente, aqui adquire denotação de realidade – não podendo ser tomado como mera insuficiência teórica de um mundo pré-científico. Acrescenta-se, ainda, que o próprio caráter metafórico poético pelo qual os filósofos pré-socráticos se lançaram à Filosofia é o exemplo mais vivo de que o *mythos* não pode ser separado do filosofar.

Em contrapartida, a propagação avassaladora da razão filosófica como negação do *mythos*, por meio da faculdade de julgar, fez parte de um processo de esclarecimento [*Aufklärung*] que, conforme Kant (1985), visou tirar o homem da menoridade para encaminhá-lo à maioridade intelectual, racional e moral. Tal processo de esclarecimento, que acompanha a história desde o platonismo, ascendeu por meio da negação do mundo real/aparente, sendo o juízo seu principal mentor e mantenedor; em outras palavras: a negação do mundo aparente é a própria difusão do juízo. Porém, a vida e a história atestam que o processo do esclarecimento não passa de um projeto vazio quando nega o valor do *mythos* e do comumente chamado mundo aparente. Nesse viés, Nietzsche traz consigo fortes tendências de reconstrução da p*hysis* e do *mythos* grego e, consequentemente, de uma gradual ruptura com a Filosofia tradicional.

Por meio das tratativas de superação dos dualismos metafísicos, os sistemas que ascenderam pela cristalização do protótipo lógico, dialético e teórico são postos à prova frente a uma valorização do discurso metafórico, que se apresenta totalmente livre das amarras da argumentação rígida e metódica da lógica clássica, além de permitir uma visão de mundo que ultrapassa o âmbito das certezas indefectíveis da metafísica tradicional. Para Nietzsche, o mundo verdadeiro é apenas uma fábula que deve ser superada e suprimida pela história, uma vez que se tornou inútil e supérflua (GD/CI "Como o 'Mundo Verdadeiro' se Tornou Finalmente Fábula" § 5). Assim, o "mundo verdadeiro" não passa de um reflexo do princípio lógico de não contradição, cuja missão é imobilizar o devir, isto é, pela razão lógica, somente aquilo que resiste ao não contraditório se conservará.

A grande jogada de Nietzsche foi, através do conceito de vontade de potência "Wille zur Macht"[127], atacar a supremacia da causalidade lógica,

---

[127] De acordo com Marton (1990, p. 55), a vontade de potência é o impulso de toda força a efetivar-se e, com isso, criar configurações em sua relação com as demais. Ela não se impõe, porém, como *nomos*; instigando as transformações, não poderia coagir as forças a se relacionarem seguindo sempre o mesmo padrão. Tampouco reflete um *telos*; superando-se a si mesma, não poderia ter em vista nenhuma configuração específica das forças.

anunciando que a natureza e o mundo, em sua complexidade, são apenas tendência ao crescimento de potência e, portanto, as coisas acontecem num processo dinâmico de vir-a-ser. Embora não efetuamos uma análise da vontade de potência, nos limitamos a dizer que, com Nietzsche, o mundo verdadeiro se esfacela diante da tendência a crescimento de potência que compõem toda pulsão de vida. Finalmente, a razão não limita a vida, que volta a ser uma complexidade, um jogo de forças em relação de tensão, cujo fluxo constitui o próprio devir. Dito isso, torna-se difícil sustentar o conceito de substância ou de qualquer entidade metafísica subjacente à realidade, fator que possibilita o resgate da vontade de aparência.

2.2.2 Deus: fonte primeira do juízo

O primeiro ponto a ser retratado para dar sequência ao título acima é que o Deus aqui mencionado em nada se assemelha à substância/Deus de Spinoza, Nietzsche se refere ao Deus de Israel e da futura cristandade como o "responsável" pelo ressentimento dos fiéis que alimentam sua própria fraqueza no Ser Supremo que lhe serve de subjacência. Nietzsche acusa a divindade judaico-cristã de pertencer ao submundo, de não passar de um consolo metafísico para os fracos e degenerados de potência ativa:

> Onde, de alguma forma, declina a vontade de poder, há sempre um retrocesso psicológico também, uma *décadence*. A divindade da *décadence*, mutilada em seus impulsos e virtudes mais viris, torna-se por necessidade o Deus dos fisiologicamente regredidos, dos fracos. [...] Quando os pressupostos da vida *ascendente*, quando força, bravura, soberania, orgulho são retirados do conceito de Deus, quando passo a passo ele decai a símbolo de um bastão para cansados, de uma âncora de salvação para todos que se afogam, quando se torna Deus-de-gente-pobre, Deus-de-pecadores, Deus-de-doentes *par excellence* [por excelência], e o predicado de 'Salvador', 'Redentor', é o que *resta* como predicado divino: o que *quer dizer* uma tal mudança? Uma tal *redução* do divino? – Sem dúvida: com isto o reino de Deus ficou maior. [...] Apesar disso, o deus do 'grande número', o democrata entre os deuses, não se tornou um orgulhoso deus pagão: continuou judeu, continuou o deus dos pequenos cantos, o deus das esquinas e paragens sombrias, dos locais insalubres de todo mundo!... Seu reino do mundo é sempre um reino do submundo, um hospital, um reino subterrâneo, um reino-gueto (AC/AC § 17).

O Deus descrito pelo filósofo alemão é a fonte de alimentação de toda a fraqueza humana, nele se encontra a energia necessária para toda a pulsão metafísica que emana sob a terra. O Deus dos cristãos, que "continuou judeu", é apresentado como o ápice de negação da vida, uma vez que serve aos regenerados e incapazes de autoconservação (*conatus*) no sentido spinozista. Nietzsche é enfático quando apresenta a divindade como negação da vida e, consequentemente, como maior símbolo de efusão do juízo. Não é nenhum exagero afirmar que a construção conceitual do "Deus-de-pecadores" estabeleceu uma ordem moral do mundo, operando uma desnaturalização da natureza – por meio da exaltação das fraquezas humanas. Em outras palavras, o juízo ascendeu por uma construção cristã totalmente descabida e antievangélica: "reparação, castigo, levar a julgamento" (AC/AC § 40). Parece contraditório, mas é isso mesmo, ao mesmo tempo em que julgar fere a base da doutrina sumária da cristandade[128], também serve de húmus fertilizante para sua ascensão. Se, por um lado, o evangelista Mateus recomenda o não julgamento para os homens, por outro, fica nítido, ao longo do texto, que o motivo pelo qual não se deve julgar é para aquele que julga não ser julgado por Deus. Ou seja, o julgamento já está ali, à espera de uma réplica para ser efetuado – ele é infinito e está sempre à espreita do momento certo para recair sobre aquele que julga.

A questão da ordem moral do mundo é fundamental para compreender o *modus operandi* e a permanência do juízo. Para Nietzsche, ela transcorre pela filosofia moderna: "[...] a *mentira* da 'ordem moral do mundo' perpassa a evolução inteira da filosofia moderna. Que significa 'ordem moral do mundo'? Que existe, de uma vez por todas, uma vontade de Deus quanto ao que o homem tem e não tem de fazer" (AC/AC § 26). O juízo dispõe de um poder alheio à terra, desconhecido, sua força é quanto mais eficaz quanto mais oculto é o motor que o engendra. Nietzsche ainda responsabilizará (AC/AC § 26) os sacerdotes pela difusão dessa nova ótica, acusando-os de subverter a realidade em prol de um "parasitismo": "O sacerdote desvaloriza, *dessacraliza* a natureza: é a esse custo que ele existe". Aqui novamente vem à tona o processo dicotômico que o juízo estabeleceu contra a natureza: deixando a ela o papel coadjuvante de "mundo aparente".

---

[128] "Não julgueis para não serdes julgados. Pois com o julgamento com que julgais sereis julgados, e com a medida com que medis sereis medidos. Por que reparas no cisco que está no olho do teu irmão, quando não percebes a trave que está no teu?" (Mt 7: 1-3).

Uma vez estabelecido o cânone que rege o juízo, ele corre pela história blindado. Talvez a pergunta genealógica a ser desvelada seja: "de onde surgiu o Deus juiz mediante o qual se estabeleceu a dita ordem moral do mundo?". Muitas são as respostas, o que acaba aumentando ainda mais as dúvidas. Teriam sido os judeus? Ou mesmo os cristãos? Mas e quanto ao Areópago grego e tantos outros tribunais e convenções normativas que regem as antigas religiões e povos da humanidade? A questão antropológica que investiga a genealogia divina não cabe no espaço desse escrito; certo é que o fenômeno deus/deuses está aí, presente desde os primórdios das civilizações que estamos analisando e, sem sombra de dúvida, o predicado juiz é um dos principais atributos que desvela sua natureza.

Embora Nietzsche seja um ferrenho crítico do judaísmo-cristão que proliferou na Europa séculos após a morte de Cristo, alimentado sobretudo pela ideologia do pecado e de uma dívida infinita/juízo que acompanha o gênero humano, ele não confere a Cristo a responsabilidade pela institucionalização das práticas católicas romanas que fariam do cristianismo a principal religião que brotou no velho Império Romano. Nietzsche construiu uma imagem de Cristo como um "grande simbolista" (AC/AC § 34) que dispunha de uma intensa espiritualidade e simplicidade para com as questões pertinentes à vida. Nesse viés, o filósofo alemão considerou totalmente avesso ao evangelho os instrumentos de tortura, manifestos em conceitos como "além" e "juízo final", que o cristianismo nascente utilizou. Tais fatores o levam à constatação de que "[...] houve apenas um cristão, e ele morreu na cruz" (AC/AC § 39).

O juízo encontrou no cristianismo nascente seu principal mantenedor histórico. De modo que, embora a pessoa de Cristo tenha simplificado a lei judaica e, em muitos casos, a abolido – a instituição que brotou em solos romanos, principalmente por via de Paulo – voltou a impor um legalismo nos costumes[129], operando, inclusive, uma estratificação da natureza humana por meio dos sacramentos. Para Nietzsche (AC/AC § 26), a sacralização dos principais momentos da vida *dessacraliza a natureza*". Assim, o velho Deus dos judeus volta a operar por meio de rituais e tábuas de valores que, com Kant, ganhariam o *status* de imperativo categórico. Não por coinci-

---

[129] "O cristianismo como fórmula para suplantar os cultos subterrâneos de toda espécie, os de Osíris, da grande Mãe, de Mitra, por exemplo – *e juntá-los*: nessa percepção está o gênio de Paulo. Seu instinto foi tão seguro nisso que ele tomou as ideias com que aquelas religiões chandalas fascinavam e as pôs, violentando implacavelmente a verdade, na boca do salvador que inventara, e não apenas na boca – *fez* dele algo que também um sacerdote de Mitra podia entender..." (AC/AC § 58). Para Nietzsche (AC/AC § 42), a doutrina do juízo está, portanto, alicerçada em Paulo e não em Cristo.

dência, Nietzsche concluiu que "o cristão é apenas um judeu de confissão 'mais liberal'" (AC/AC § 44). Apesar de toda preocupação de Cristo com as questões humanas – refletida no acolhimento e cuidado com as diferenças –, a institucionalização de suas pregações acabou por dar continuidade à ideia de Juízo Final, presente em livros apocalípticos como os de Daniel e Jeremias. Um Deus que julga e um povo que vê nesse Deus o parâmetro moral de suas ações. Nesse caso, nos resta a conclusão de que, em nome do crucificado (Deus que se fez homem), o juízo prospera na maior das contradições: afinal, aquele que repudiou o julgamento acaba sendo a desculpa dos que julgam.

2.3 A crítica deleuziana ao juízo

O juízo dispõe os humanos na condição de eternos devedores e, para piorar, "é preciso que o devedor sobreviva se sua dívida é infinita" (DELEUZE, 2011, p. 163). Embora Deleuze seja enfático em sua tarefa de dar fim ao juízo, ele reconhece a robustez de seu inimigo quando o eleva à condição de infinitude. Seria a filosofia da imanência capaz de dar cabo da nefasta lógica do juízo? Como resistir a um inimigo tão antigo e intangível? A partir de tais indagações, adentramos à filosofia de Deleuze – legítimo herdeiro de Spinoza e soldado incansável contra os resquícios apocalípticos do Juízo Final.

O primeiro ponto a ser elencado é: o Apocalipse resiste com vistas à transcendência, enquanto Deleuze resiste à transcendência e ao decorrente juízo com vistas à imanência. Para Deleuze, o juízo impede o existir, uma vez que o lança para fora de si, para um lugar outro que não lhe pertence: "O juízo impede a chegada de qualquer novo modo de existência. [...] Talvez esteja aí o segredo: fazer existir, não julgar" (2011, p. 173). Nesse ponto, Deleuze elege um inimigo comum a Spinoza e Nietzsche e, definitivamente, se inscreve como combatente, como pensador que busca filosofar para além do juízo, ou, como diria Nietzsche, para além do bem e do mal. Assim, segue viva a velha saga entre juízo e afetos, frente à qual Deleuze não hesitou em lutar, ora admitindo a força e predominância do juízo, ora golpeando-o com uma filosofia avessa a ele.

Deleuze irá se impor contra a metafísica dos universais, sua filosofia soa como um grito de resistência aos valores morais que atuam contra a natureza. Encontrar pontos de insurgência contra a doutrina do juízo foi uma tarefa para a qual Deleuze não mediu esforços. Para tanto, é necessário transpor a própria história, que, sob muitas óticas, acaba sendo a memória viva da "moralidade dos costumes", ou, para usar outro conceito de Nietzsche, da "ordem moral do mundo": "O que a história capta do acontecimento é sua efetuação em estados de coisas, mas o acontecimento em seu devir escapa à história" (DELEUZE, 2013, p. 214). Escapa o acontecimento, porque "a experimentação não é histórica"; em outros termos, a vida não suporta o juízo e, por isso, precisa romper com a sua lógica nefasta.

2.3.1 O fio moral de Ariadne e a sina de Minotauro

A demarcação de um trajeto por meio de um novelo de lã foi a auspiciosa estratégia de uma mulher pela qual Teseu conseguiu sair do labirinto do Minotauro. Dotado de riquíssimos detalhes e simbolismo, a saga de Ariadne é narrada por Deleuze no capítulo "Mistério de Ariadne segundo Nietzsche", presente no livro *Crítica e Clínica*. Aqui, interessa-nos a relação do fio desenrolado pelo labirinto com a moral: "o fio no labirinto é o fio moral. A moral, por sua vez, é um labirinto: disfarce do ideal ascético e religioso" (DELEUZE, 2011, p. 131).

O mito do fio de Ariadne remete aos primórdios da civilização grega, num período marcado pelo domínio da Civilização Minoica sob o governo de Minos. De acordo com a tradição mítica, Minos foi casado com Pasífae – com a qual teve vários filhos, dentre eles Ariadne –, que viria a se apaixonar por Teseu, ajudando-o a vencer o Minotauro e sair do labirinto. Segundo Brandão (1986, p. 61), no anseio de provar que Creta lhe pertencia por vontade dos deuses, Minos pediu que Poseidon mandasse sair um touro do mar para sacrifício aos deuses. No entanto, o rei acabou por trair o deus quando enviou o animal para se juntar ao seu rebanho. Irritado com a audácia de Minos, Poseidon fez com que Pasífae se apaixonasse pelo touro e concebesse um filho metade homem e metade touro: o Minotauro que, mais tarde, seria posto no labirinto por Minos e derrotado por Teseu.

Reza a mitologia que o Minotauro se alimentava da carne dos atenienses, que eram enviados a ele devido a um acordo travado no final de uma guerra, entre Atenas e Creta, frente à qual os cretenses, em larga vantagem, concordaram em bater em retirada: "Minos concordou em retirar-se, desde que, de nove em nove anos, lhe fossem enviados sete rapazes e sete moças, que seriam lançados no Labirinto, para servirem de pasto ao Minotauro" (BRANDÃO, 2011, p. 62). A saga de Teseu se dá quando seu pai, o rei Egeu de Atenas, aceita deixá-lo partir junto a outras treze vítimas para serem oferecidas ao touro. Na travessia, Teseu conquista o amor de Ariadne e confabula com ela o trágico destino da criatura mitológica oriunda da traição de Pasífae, além de ser agraciado com a lendária ideia de arrastar consigo um fio de lã que lhe serviria de guia para sair do enigmático labirinto arquitetado por Dédalo.

A questão que nos intriga é a relação entre o fio e a moral. Nesse caso, o mundo soa como o labirinto escondido no Palácio de Cnossos, indecifrável e avesso à engenharia cognoscitiva dos seres humanos. Ademais, além do caráter abscôndito do labirinto, o mesmo ainda contém, em seu interior, uma fera indomável e sedenta de sangue humano. Por meio desse simbolismo, somos levados a encarar o mundo sob a ótica do labirinto do Minotauro: ao mesmo tempo, incompreensível e aterrador. Adentrar o labirinto é como uma aventura ao absurdo, frente à qual não existe garantia de segurança ou de retorno. Viveríamos nós em tamanha insegurança e falta de direção? Sem dúvida, o mundo, em seu caos e multiplicidade infinita, não permitiria uma resposta negativa. A engenhosidade de Ariadne, ao tecer o fio e propiciar um horizonte apolíneo para o retorno de Teseu, é justamente ter possibilitado uma cifra ordenada para o caos: evento que será comparado, por Nietzsche e Deleuze, com a linha da moralidade.

Quisera o destino que Ariadne, após trair seu próprio pai e fugir com Teseu, fosse abandonada por seu amado. Por ingratidão ou falta de amor? Nunca saberemos, fato é que Ariadne encontrará Dionísio e mudará o percurso de sua história. Antes do encontro com Dionísio, porém, Ariadne viveu o ressentimento de quem elevou Teseu à condição de herói para, depois, ser deixada à margem de um caminho que não se concretizaria. Nesse caso, a brilhante ideia da confecção do novelo de lã serviu de glória para Teseu e de consumação para o Minotauro.

Com a morte do Minotauro, a ordem é restabelecida e o devir é rompido. A lendária figura do Minotauro representava, justamente, a exaltação da diferença. Um ser humano com a cabeça de touro implica o rompimento da bela imagem estigmatizada de homem e que, por isso, passa a ser vislumbrado como monstro[130]. O humano touro representava o

---

[130] Em sua dissertação de mestrado, Assunção faz a seguinte análise: "É uma questão de componente de fuga, algo que escapa e produz novas zonas, novos estados de presença e agenciamentos. O Minotauro emerge como uma figura do devir nesse sentido: ele é um novo agenciamento, outro corpo resultante de um processo que rompe com a estrutura pai-mãe edipiana; o Minotauro é gerado de uma forma fabulosa, não humana – o encontro de dois estados 'informes', em processo – mulher e animal. O Minotauro responde ao corpo imprevisto, não-preexistente; é um monstro que escapa e é prisioneiro ao mesmo tempo – sua prisão é também sua liberdade" (2010, p. 128-129).

terror para os atenienses, jogados no labirinto para servirem de alimento. No entanto, a fera abominável nada mais era que o fruto da ira de Poseidon que recaiu sobre a trapaça de Minos[131]. Onde queremos chegar com isso? Na questão do juízo, pois o destino do Minotauro já estava selado – o mesmo não passou de um bode expiatório que veio ao mundo como reparação de uma dívida. Triste sina do touro humano, o que revela novamente que o juízo marca os corpos e impede sua plenitude de vida. O touro representa o devir outro – eliminado por um processo identitário, que, no final, acaba por solapar a vida em suas diferenças. Deleuze assim sintetiza: "Do ideal ascético ao ideal moral, do ideal moral ao ideal de conhecimento: é sempre o mesmo empreendimento que se persegue, o de matar o touro, isto é, negar a vida, esmagá-la sob um peso, reduzi-la às suas forças reativas" (DELEUZE, 2011, p. 131).

Se, por um lado, o Minotauro representa a desmesura e o incondicionado; por outro, o fio de Ariadne traz à tona a justa medida e o restabelecimento de uma condição ordenada de mundo. Todo o simbolismo do irascível que um humano com cabeça de touro representa é definitivamente rompido. Assim se constitui o juízo enquanto advento das forças reativas: ele se estabelece conjuntamente com uma estrutura ordeira de mundo, incapaz de vincular qualquer figura monstruosa em sua lógica – é preciso, inicialmente, que o medo seja sufocado e o desconhecido se dissipe. O Minotauro não se enquadra nos cânones do juízo, porque seu existir não faz parte da estrutura moral que compõe a "bela ordem" do mundo. Nesse viés, não poderíamos deixar de ler a morte do Minotauro como vitória do juízo; embora o touro represente um ponto de fuga, o juízo acabou prosperando por meio de um novelo de lã, por ter sido capaz de estabelecer a ordem no "caos" do labirinto.

Como o devir não é imóvel, quis o destino que Ariadne encontrasse Dionísio. Deleuze narra este encontro (2011, p.133) como "transmutação do niilismo":

> Abandonada por Teseu, Ariadne sente que Dionísio se aproxima. Dionísio-touro é a afirmação pura e múltipla, a verdadeira afirmação, a vontade afirmativa; ele nada carrega,

---

[131] Conforme o mito, para se tornar rei de Creta, Minos fez um pacto com Poseidon, que lhe enviou um touro dos mares para ser sacrificado e selar a aliança; porém, estupefato com a beleza do animal, Minos preservou sua vida sacrificando outro touro qualquer. Poseidon, observando a afronta de Minos, fez com que sua mulher, Pasífae, se apaixonasse pelo touro e concebesse Minotauro, o filho "monstro" preso ao labirinto de Dédalo (Cf. VASCONCELLOS, 1998, p. 22-24).

> não se encarrega de nada, mas alivia tudo o que vive. Sabe
> fazer o que o homem superior não sabe: rir, brincar, dançar,
> isto é, afirmar[132].

Na sequência, Deleuze cita Nietzsche para afirmar que, depois que o herói Teseu abandonou Ariadne, Dionísio se aproxima em sonhos como o além-do-herói (Za/ZA II "Dos Sublimes"). Por meio dessa transmutação, é possível encontrar o caminho de superação do juízo traçado por Deleuze; tal qual em Nietzsche, o filósofo francês ressalta a necessidade de uma redenção dionisíaca, capaz de "rir, brincar, dançar, isto é, afirmar". Nesse caso, é mister colocar o estado de embriaguez dionisíaca contra as forças oníricas e cintilantes do juízo. Somente o deus báquico foi capaz de recobrar a vitalidade de Ariadne, porque somente com ele a filha de Minos pôde reaver o mundo em sua inocência, que é anterior a qualquer edifício moralizante. A partir dessa transmutação/encontro, "o labirinto já não é arquitetônico, tornou-se sonoro e musical" (DELEUZE, 2011, p. 135). Resta ainda dizer que, com Dionísio o fio moral que estava ligado a Ariadne é esfacelado e, com isso, a "saúde" é restabelecida: "Para Ariadne, passar de Teseu a Dionísio é uma questão de clínica, de saúde e cura" (2011, p. 137).

O fio significa continuação, uma memória por intermédio da qual é possível retomar caminhos e processos. Evoca o passado, lugares e situações definidas que marcam passagens e acontecimentos, tal qual uma memória edipiana capaz de autojulgamento e autopunição, ou, ainda, capaz de cifrar o labirinto: subjetivando-o e restabelecendo a "ordem moral do mundo". Nesse viés, a transmutação que Ariadne opera quando é "resgatada" por Dionísio assinala a superação de um passado arquitetônico frente ao qual a filha de Minos esteve presa; desde então, a fluidez dionisíaca se expressa com sonoridade e música na personagem Ariadne: musicalidade que emana do coro ditirâmbico, representante de uma essência viva e fugaz em oposi-

---

[132] Embora o mito das gênesis e das transmutações de Dionísio tenha muitas variantes, seguimos a leitura de Brandão (1985), para o qual o primeiro Dionísio, também conhecido como Zagreu, teria sido filho de Zeus e Perséfone. Acontece que, devido aos constantes ciúmes de Hera, esposa de Zeus, Zagreu fora perseguido na floresta pelos Titãs, vindo a passar por diversas metamorfoses para fugir. No entanto, os Titãs surpreenderam sob a forma de touro, selando o seu fim. Reza o mito, que Palas Atenas teria salvado seu coração ainda palpitante. A princesa tebana Sêmele teria, então, engolido o coração, engravidando do segundo Dionísio. Durante a gestação, a perseguição de Hera continuou, vindo a calhar na morte de Sêmele, momento em que Zeus colocou a prole em sua coxa para terminar de gestar (BRANDÃO, 1985, p. 9). Após seu nascimento, Zeus confiou seu filho aos cuidados das Ninfas e dos Sátiros no monte Nisa. Desse modo, a inscrição Dionísio-touro estaria relacionada com a história de que o segundo Dionísio teria sido gestado a partir do coração de um touro: metamorfose adquirida na tentativa de fugir do furor de Hera.

ção ao mundo dos sonhos e da aparência apolínia[133]. Desse modo, abre-se margem para novos devires: *"Trajetos e devires*, a arte os torna presentes uns nos outros; ela torna sensível sua presença mútua e se define assim, invocando Dioniso como o deus dos lugares de passagem e das coisas de esquecimento" (DELEUZE, 2011, p. 90).

A morte do Minotauro e o caminho de volta, propiciado pelo fio, não passam de um retorno "apoteótico", vendido pela tradição socrático-platônica como caminho da felicidade. A visão de um mundo ideal, tal qual uma visão apocalíptica de mundo em que a salvação e a felicidade plena se tornam o deleite dos "merecedores". Seja com a saída de Teseu do labirinto, seja com a libertação de Sócrates da caverna sombria e subterrânea que era seu próprio corpo: a humanidade anseia pelo "felizes para sempre". Ou melhor, o juízo eleva a humanidade à condição de contínua busca pelo melhoramento, pela virtude, ou, ainda, pela excelência moral. Um mundo sem evolução cultural e/ou humana, sem melhoramento e teleologia, nada mais que processo; um humano inacabado e pleno de vida e atravessamentos, nada mais que fluxos e devires e, ainda mais sagaz, um labirinto sem novelos de lã e em linha reta[134]: eis o encontro de Ariadne com Dionísio e o despontar do crepúsculo do juízo em Deleuze.

2.3.2 Das muitas linhas que atravessam os corpos

Não seria descabido afirmar que o mundo é composto por linhas, que operam o atravessamento da vida em diferentes corpos: linha que costura a pele animal e animal humana que foi dilacerada por tantas formas de violência, linha que conecta tecidos que aquecem os corpos, linha que demarca fronteiras e territórios, linha que assinala percursos e trajetos a serem percorridos, linha que leva eletricidade e Internet, linha que anima as crianças que soltam pipas, linha em que o trem escorrega com toda a sua locomotiva, linha que marca o rosto de gerações inteiras e até a linha que levou Teseu à saída do labirinto, linhas e mais linhas, há uma multiplicidade

---

[133] Esse trecho vem ao encontro da ideia de que a tragédia é essencialmente música e, portanto, reflexo direto de Dionísio nas cenas do antigo teatro grego. Nietzsche reitera o exemplo do coro das Oceânides, na tragédia *Prometeu acorrentado* de Ésquilo: "O coro das Oceânides acreditava ver efetivamente à sua frente o titã Prometeu e considera a si próprio tão real como o deus na cena" (GT/NT § 7).

[134] Para o argentino Borges (2000, p. 172), o verdadeiro labirinto é em linha reta, porque não acaba nunca e, por isso, não pode ser decifrado. Essa referência vem de encontro à ideia de que um labirinto em linha reta não permitiria que o fio de Ariadne moralizasse o mundo em sua implacável decifração do desconhecido. Referência à qual Deleuze também recorre (2011, p. 131).

de linhas paralelas e perpendiculares, transversais, emaranhadas. *Nulla dies sine linea*: ninguém ousou encontrar melhor locução do que Plínio "o Velho" para designar as linhas que compõem a plasticidade do universo. "Nenhum dia sem uma linha", a fim de que a vida seja atravessada por múltiplas linhas que façam a existência vibrar em seus mais variados contornos.

Para dar conta de pensar a realidade, Deleuze e Guattari (2012a, p. 69-89) propuseram-se a pensá-la por meio das linhas que a constituem e, para tanto, conceituaram três tipos; mesmo reconhecendo que há mais. Uma primeira, de segmentaridade dura e que versa sobre aquilo que está instituído – chamada de linha molar, estabelece a própria ordem vigente –; uma segunda, de segmentação maleável e que rompe com o estabelecido – chamada de linha molecular, capaz de efetuar pequenos desvios e até de causar rachaduras em territórios mais endurecidos –; por fim, uma terceira, que acaba por fazer oposição ao *status quo* – chamada de linha de fuga, por meio da qual mudanças são possíveis e novos mundos são forjados. Embora possuam direções diversas, "as três linhas não param de se misturar (DELEUZE; GUATTARI, 2012a, p. 77), situação que não possibilitaria falarmos de primazia de uma linha sobre as outras, ou mesmo das outras sobre uma. As linhas se cruzam e muitas vezes se confundem, numa dinâmica de coexistência e alternância, acarretando uma realidade de difícil permanência; em outras palavras, o mundo se configura enquanto devir de linhas.

No Platô 8, *1884 – Três novelas ou "O que se passou?"*, Deleuze e Guattari (2012a) se utilizam de três novelas para melhor apresentarem sua teoria das linhas[135]. A primeira delas é *Na gaiola*, de Henry James, cuja trama se passa ao redor da rotina de uma jovem telegrafista prestes a se casar com o Sr. Mudge, um merceeiro que trabalha ao lado do telégrafo. A linha molar atravessa a vida dessa jovem senhorita habituada a uma rotina e prestes a manter seu *status* social por intermédio de um casamento entre classes "identitárias". Logo nas primeiras palavras da novela, fica nítida a segmentaridade dura que acompanha a jovem senhorita:

> Tinha-lhe ocorrido, logo no começo, que, na sua situação – a de uma pessoa jovem que, confinada atrás de uma grade de arame, levava a vida de um porquinho da índia ou de uma arara –, ela devia conhecer muitíssimas pessoas sem que elas se dessem por conhecidas .[...] Sua função consistia em

---

[135] Aqui trataremos diretamente de duas, visto que *História do abismo e da luneta* já fora mencionada.

> ficar sentada ali com dois rapazes – o outro telegrafista e o balconista; ficar atenta ao 'vibrador' do telégrafo, que estava sempre soando, distribuir selos e encomendas postais, pesar cartas, responder a perguntas idiotas, fazer trocos difíceis e, mais do que qualquer outra coisa, contar palavras tão inumeráveis quanto o número de grãos de areia do mar (JAMES, 2014, p. 133).

A relação que a jovem estabelece com o trabalho e com o futuro marido permite vislumbrar um cenário bem definido, em que todas as peças se encaixam social e economicamente. Deleuze e Guattari (2012a, p. 73) mencionam: "Todo um jogo de territórios bem determinados, planejados. Tem-se um porvir, não um devir". Por outro lado, um acontecimento, em especial, acaba por operar uma variação que nos leva para a molecularidade – a jovem senhorita se apoderou de um segredo de um dos clientes que frequentavam o telégrafo e passou a ter para com este o deleite de um mundo paralelo. Ela chegou até a desfrutar de uma longa e envolvente conversa com o cavalheiro, numa tonalidade que leva o leitor a acreditar que seria possível ela ter um "final inusitado" com um homem de uma classe social mais abastada. Esse desvio, essa ótica de um mundo que vai além do simplesmente dado, remete a uma segmentaridade mole, a um devir outro, ou, ainda, a um mundo que seria possível ou que se torna possível por meio dos desejos e do breve encontro que levou a protagonista a uma "realidade paralela". Essa relação molar x molecular, brilhantemente presente na novela, levou os filósofos franceses ao seguinte comentário:

> [...] há dois tipos de relações bem distintas: os relacionamentos intrínsecos de casais que põem em jogo conjuntos ou elementos bem determinados (as classes sociais, os homens e as mulheres, determinadas pessoas), e em seguida os relacionamentos menos localizáveis, sempre exteriores a eles mesmos, que concernem, antes, a fluxos e partículas que escapam dessas classes, desses sexos, dessas pessoas (DELEUZE; GUATTARI, 2012a, p. 74).

Henry James dotou o encontro entre a senhorita do telégrafo e o Capitão Everard de enorme sentimentalismo – por longas páginas o leitor é levado a acreditar num amor ingênuo e genuíno –, potencializado por promessas como "Eu a acharia em qualquer lugar", que tem – como contrapartida – "Faria qualquer coisa por você" (JAMES, 2014, p. 199). Após essa envolvente conversa, a protagonista passaria dias regurgitando o encontro, o próprio Everard fez demasiadas visitas ao telégrafo para ver a senhorita com pretextos fúteis. No entanto, a história se encaminha para seu desfecho e, como exemplifica a dupla francesa, "cada um dos dois será lançado de volta à sua segmentaridade dura: ele esposará a senhora que deveio viúva, ela esposará seu noivo" (DELEUZE; GUATTARI, 2012a, p. 72). Não sem pesar, a jovem telegrafista recebeu a notícia, por uma amiga, de que Everard estava prestes a se casar; nessas alturas James, se encarregará de colocar as coisas em seus devidos lugares, abrindo margem para a linha de fuga: "[...] linha que não admite qualquer segmento, e que é, antes, como que a explosão das duas séries segmentares" (DELEUZE; GUATTARI, 2012a, p. 76).

Embora a linha molecular apareça em seu mais esplendoroso fulgor no encontro entre as peças-chaves da novela, ao final a ordem é restabelecida e a segmentaridade dura se apodera dos "sonhos" da telegrafista, que é impelida a uma fuga demarcada por sua condição social. Não poderíamos deixar de registrar o papel preponderante do juízo – como sempre, avassalador e ordeiro. Frente a ele um mundo outro se desfaz e a realidade brota como *status quo*, restabelecendo a devida ordem da gaiola.

Na sequência, a dupla francesa traça uma abordagem da novela *O colapso*, de Fitzgerald. Nela, novamente é possível vislumbrar um movimento das linhas que ascende de uma segmentaridade dura até alcançar a molaridade por meio de uma linha de fuga. Nessa novela, o colapso representa o voo fugidio da linha de fuga, de modo que, quando percebe seu mundo frígido/monótono, Fitzgerald protagoniza o despontar de um grande colapso. A novela se inicia em tom narrativo, por meio do relato de uma personagem cuja vida é marcada por inúmeros desatinos que levaram ao aparecimento de um colapso. Logo de início, Fitzgerald dá a tonalidade de seu enredo:

> É claro que a vida é, toda ela, um processo de colapso, mas os golpes que constituem o lado dramático do estrago, os grandes golpes, os golpes repentinos, que vêm – ou parecem vir – de fora, aqueles dos quais nos recordamos e nos quais colocamos a culpa das coisas que nos acontecem e a respeito dos quais, em momentos de fraqueza, falamos aos amigos, esses não mostram seus efeitos de uma vez só. Há outra espécie de golpe, que vem de dentro, que a gente só sente quando é tarde demais para fazer qualquer coisa a respeito, só quando se dá conta de que, definitivamente, sob algum aspecto, nunca mais seremos a mesma pessoa. O primeiro tipo de fratura parece se dar num estalo; o segundo se dá quase sem a gente saber, mas é, de fato, num estalo que nos damos conta (FITZGERALD, 2014, p. 19).

Muitos e arrebatadores são os golpes e, na maioria das vezes, inevitáveis. Não se escolhe condição social, familiar ou econômica – o mundo nos dá um tom que nem sempre nosso instrumento vital é capaz de acompanhar. Essa é a primeira linha destacada por Fitzgerald, linha que leva o agente anônimo da novela ao seu próprio colapso: situação de quem, frente a tantos segmentos, se tornou incapaz de ir adiante e seguir seu próprio fluxo. Muitas são as situações que nos atravessam: "[...] a crise econômica, a perda da riqueza, a fadiga e o envelhecimento, o alcoolismo, a falência da conjugalidade, a ascensão do cinema, o surgimento do fascismo, a perda do sucesso [...]" (DELEUZE; GUATTARI, 2012a, p. 77). Enfim, uma série de fatores frente aos quais somos impelidos àquilo que a dupla francesa chamou, na sequência, de "escolhas binárias". No fundo, são pseudo-escolhas, trata-se de um processo mecânico em que se é apoderado pelo envelhecimento, pelo aborrecimento, por tantas perdas materiais ou humanas e assim até aonde vai o fluxo da linha de segmentaridade dura.

Uma série de acontecimentos vão consumindo o protagonista da novela, que, ao se dar conta de sua condição, é incapaz de se apoderar do próprio destino e admite seu colapso. A sua identidade acaba por ser dilacerada frente ao que Fitzgerald chamou de "desintegração da própria personalidade" (2014, p. 27) e que podemos chamar de esfacelamento do "eu": "Era estranho não ter nenhum 'eu' – ser como um garotinho deixado só numa casa enorme, sabendo que agora ele podia fazer tudo o que quisesse, mas se dando conta de que não havia mais nada para fazer..." (2014, p. 32). Por outro lado, essa desintegração acaba abrindo margem para a linha molecular ou, ainda, para um devir outro. Fitzgerald trabalha com a ambiguidade de ser cerceado por linhas que se cruzam em seu esquematismo binário e acabam atraindo a linha de fuga: "Uma fuga radical é algo do qual não há volta; é irreversível porque faz com que o passado deixe de existir" (FITZGERALD, 2014, p. 34).

Novamente três linhas se cruzam e se misturam, numa trama em que o protagonista busca se livrar dos muitos fardos que a linha molar o obriga a carregar. Por fim, muitas máscaras se desfazem e resta apenas o papel principal: "Tornei-me, agora, finalmente, apenas escritor" (FITZGERALD, 2014, p. 37). A novela contém um marcante final, no qual a personagem central parece romper com todo o ressentimento dos olhares que o cercam, agora deixam de ter importância as muitas faces de que o juízo se acerca para aprisionar os corpos. Para que isso fosse possível, alguns desencontros e desgostos se fizeram necessários: "Não gosto mais do carteiro, nem do verdureiro, nem do editor, nem do marido da minha prima, e ele, por sua vez, deixará de gostar de mim, de maneira que a vida nunca mais voltará a ser muito agradável" (FITZGERALD, 2014, p. 38). Ao final, o "escritor" já nem pode ser medido com a mesma trena que outrora o fora; agora ele não passa de um cão raivoso que busca afastar tudo aquilo que impedia que as fissuras rompessem com a linha de segmentaridade dura: "a tabuleta com a inscrição *Cave Canem* (Cuidado com o Cão) está permanentemente pendurada sobre minha porta" (2014, p. 38).

Tanto James como Fitzgerald revelam a maleabilidade da linha molecular. Em ambos é notória a ambiguidade dos protagonistas, que, ao mesmo tempo em que anseiam por uma linha de fuga e por um devir outro, acabam por regredir ao próprio passado e ao mundo no qual encontram seu porto seguro, ou, ainda, seu próprio "eu". A dupla francesa simplifica: "É curioso como a segmentaridade maleável está presa entre as duas outras linhas, pronta para tombar para um lado ou para o outro – essa é a sua ambiguidade" (DELEUZE; GUATTARI, 2012a, p. 86). Essa maleabilidade só é possível devido ao cruzamento das linhas que, embora sejam didaticamente apresentadas como uma tríade, podem ser tomadas enquanto uma multiplicidade. Essa divergência e cumplicidade entre as linhas se dão num processo de imanência, como em Spinoza, frente ao qual o *conatus* se produz numa relação contínua entre afetos: "há a *imanência mútua das linhas*. Tampouco é fácil desenredá-las. Nenhuma tem transcendência, cada uma trabalha nas outras. Imanência por toda a parte" (DELEUZE; GUATTARI, 2012a, p. 87).

Por meio da teoria das linhas, podemos, por fim, falar do atravessamento da vida em diferentes corpos, que só é possível mediante o horizonte do corpo sem órgãos. A partir da ótica de Artaud, Deleuze e Guattari apresentam uma concepção de corpo que vai além da noção de organismo: "O corpo sem órgãos é um corpo povoado de multiplicidades" (DELEUZE; GUATTARI, 2011a, p. 57). Essa nova "construção" do corpo é atravessada por uma diversidade de linhas que não admitem a rigidez metafísica de um órgão: "Artaud apresenta esse 'corpo sem órgãos' que Deus nos roubou para introduzir o corpo organizado sem o qual o juízo não se poderia exercer" (DELEUZE, 2011, p. 168). Um corpo desprovido de órgãos é um corpo que funciona não sob a ótica da organização, mas provido de intensidades, capaz de afetar e ser afetado – por alguma razão que vai além de uma intencionalidade lógico-causal.

Em Nietzsche, Zaratustra já havia se pronunciado como grande desprezador da noção metafísica de corpo, apresentando uma nova concepção em que o corpo (*Leib*) não pode ser reduzido a operações espirituais da alma, haja vista que se trata de uma totalidade que traduz a dinâmica das pulsões (*Trieben*): "O corpo é uma grande razão, uma multiplicidade com um só sentido, uma guerra e uma paz, um rebanho e um pastor" (Za/ZA I "Dos desprezadores do corpo"). Ademais, o espírito não passa de um instrumento do corpo que é a "grande razão": "um pequeno instrumento e brinquedo de tua grande razão". De todo modo, seja com Spinoza, com Nietzsche ou, finalmente, com Artaud e Deleuze/Guattari, o corpo deixa de ser visto como fruto de um dualismo histórico que o vislumbrava sob a ótica de uma "paixão triste", ou simplesmente como uma parte menor de um organismo cuja alma lhe exercia domínio e primazia. Um corpo atravessado por múltiplas linhas, numa dinâmica de pulsões que se traduzem em afetos e que, inclusive, é capaz de produzir intensidades e superabundância de vida – certamente este é um dos mais contundentes golpes que o juízo já recebera em sua longa trajetória.

Definitivamente, muitas são as linhas, que acabam por ser reduzidas – estrategicamente – em três. Nelas, não há espaço para ordem ou primazia de umas sobre as outras. Há sempre uma relação de tensão provocada pelo esticamento de cada qual, um estado de tensão permanente frente ao qual não se pode falar de rompimento ou de ponto de partida ou chegada. Nesse viés, a linha de fuga pode levar novamente a uma linha molar – assim como a exaustão de uma linha molar pode levar até a linha de fuga. Seria ingenuidade acreditar que o juízo está presente somente na linha de segmentaridade dura, uma vez que as linhas não podem ser delimitadas e que, ademais, a própria molaridade acaba, por vezes, produzindo juízos, ou reconstruindo o que havia desfeito: "A segmentaridade maleável não para de desfazer as concreções da dura, mas ela reconstitui em seu nível tudo aquilo que desfaz: micro-Édipos, microformações de poder, microfascismos" (DELEUZE; GUATTARI, 2012a, p. 87). Posto isso, poder-se-ia ligeiramente pensar na linha de fuga como capaz de solapar o juízo e toda a sua rigidez; no entanto, não nos enganemos: "A linha de fuga faz explodir as duas séries segmentares, mas é capaz do pior: de ricochetear no muro, de recair em um buraco negro, de tomar o caminho da grande regressão, e de refazer os segmentos mais duros ao acaso de seus desvios" (DELEUZE; GUATTARI, 2012a, p. 87).

2.4 A crítica lawrenciana ao juízo

> Para o homem, a grande maravilha é estar vivo. Para o homem, como para a flor, o animal, a ave, o supremo triunfo é estar mais intensamente, mais perfeitamente vivo. O que quer que saibam os não nascidos e os mortos, eles não podem saber a beleza, a maravilha, de sentir na carne que se está vivo. Os mortos podem cuidar do além. Mas o magnífico aqui e agora da carne é nosso, e é só nosso, e nosso só por algum tempo. Deveríamos dançar de êxtase por estarmos vivos, em carne e osso, fazendo parte do cosmo vivo e encarnado (LAWRENCE, 1990, p. 121).

Longe da pretensão de esboçar uma reflexão acerca do conjunto literário e filosófico de Lawrence, interessa-nos sua personagem intitulada "o homem que morreu". Nesse viés, seguiremos nossa trilha pelos herdeiros de Spinoza que corajosamente souberam opor a existência contra o juízo e, nada mais justo, do que apresentar algumas críticas de Lawrence, que se opôs veementemente ao juízo apocalíptico instaurado no último livro do Novo Testamento da Bíblia.

Uma maneira peculiar de adentrar o pensamento do escritor inglês, circunscrito na tarefa spinozista e nietzschiana de valorização do corpo, é dando um grande 'salve' para toda a imanência que a vida é capaz de suportar em sua contingência. Com um grito de redenção do corpo que passou a desfrutar do "contato", por meio do inusitado e bem bolado encontro entre "[...] o homem que morrera e a mulher da pura busca" (LAWRENCE, 1990, p. 160), Lawrence se insere como verdadeiro cavaleiro do apocalipse ao revés (HEUSER, 2019), quando "reescreve" a história de Jesus numa ótica em que Ísis finalmente junta os fragmentos de Osíris e passa a desfrutar de uma vida plena e fulgurante. Para adentrarmos essa história, é preciso restabelecer algumas imagens da novela *O homem que morreu* e, com ela, repensar o papel da imanência em sua implacável luta contra o juízo. De forma ainda premeditada, adiantamos que o novo Osíris é figurado por meio da personagem de Jesus – que, com Lawrence, é simplesmente o "homem que morreu", salvo da própria salvação: "Morreram em mim o mestre e o salvador" (LAWRENCE, 1990, p. 136). O que restará do "homem que morreu" e qual sua relação com o tão fantasmagórico apocalipse é nosso empreendimento para esboçar uma análise da crítica de Lawrence ao juízo.

2.4.1 A libertação do galo ou do desprendimento do juízo

O resgate da oportunidade de uma vida plena de abundância e repleta de experiências e contatos – é assim que Lawrence apresenta o despertar do "homem que morreu". Contrariando a ótica cristã da ressurreição de Jesus como salvação da humanidade e ascensão do Nazareno ao céu, o pensador inglês reescreve o acordar daquele que chamou simplesmente de "o homem que morreu". A premissa básica para adentrar na novela de Lawrence é o deleite físico de uma vida em sua plenitude – não se trata mais da espera pelo transcendente ou, ainda, da esperança por uma vida futura. Se trata, outrossim, de uma vida orgânica em sua simplicidade e completude biológica; afinal, "somos compostagem do ecossistema terrestre" (KRENAC, 2021) e precisamos estar em sintonia com ele.

A narrativa se inicia em torno de um camponês que comprou um galo de briga de aspecto raquítico e o levou até ao quintal de sua humilde casa para conviver com três galinhas que já eram posse do camponês. Aos poucos o galo ganha vitalidade, entoa seu imponente canto pelo amanhecer e passa e fecundar as galinhas. Como dissera a mulher do camponês: "É galo para vinte galinhas" (LAWRENCE, 1990, p. 126). Acontece que o esplendor do animal acaba gerando um grande medo de que ele possa voar para outros quintais, então a mulher convence o camponês de atar o bicho pela perna e o que vem depois é o ressentimento do galo, que perdera parte de sua vitalidade. Continuava a cantar e desfrutar das galinhas, porém, seu semblante já não era o mesmo; afinal, aquela corda impedia o deleite de ser galo em sua plenitude: "Acima de tudo, sua voz perdera a ressonância de ouro de seu clangor" (1990, p. 127).

A parte que segue se refere ao encontro do galo com "o homem que morreu", isso mesmo, num ato heroico e de fortaleza tremenda o galo conseguiu se desatar e voou por cima do muro. Em sua rota de fuga, o animal penugento encontrou-se com um homem abatido e repleto de ferimentos, ou, como queiram, o homem encontrou o animal. É aqui que brilha a maestria da criatividade de Lawrence: esse homem acabara de despertar de um sono profundo, após ter passado por todas as punições típicas de um criminoso romano, ser morto e jogado num buraco escavado numa rocha. Triste sina e profunda dor sentia o homem desperto que, aos poucos, fora recobrando a pouca força que lhe restava para deixar a escuridão de seu sepulcro. Em seu ímpeto de fuga, após passar pelos soldados adormecidos que vigiavam o sepulcro encontra o galo, fausto encontro de dois "animais" soltos: o galo literalmente e o homem numa estranha sorte que ultrapassa a literalidade.

No entanto, a alegria do galo é retraída pela voz do camponês, que brada forte: "– Ah, segure-o, senhor! – gritou o camponês. – Meu galo fugido!" (LAWRENCE, 1990, p. 129). Após o encontro, o camponês levará os dois fugitivos para casa, isso mesmo, o galo como triunfo após o resgate bem-sucedido e "o homem que morreu" para lhe dar refúgio e escondê-lo daqueles que o mataram. Obviamente que não podemos ler a novela como um quinto evangelho, mas que a originalidade e o bom tom do escritor inglês deixam um ar de uma vida nova isso não nos resta dúvida. Mas voltemos ao galo: rico em simbolismos. O galo que cantara três vezes após a traição de Pedro, agora será comprado pelo "homem que morreu" com o dinheiro financiado por Maria Madalena em seu segundo encontro com Jesus[136]. Nesse ínterim, após um pouco de refúgio e alívio das muitas dores que o afligiam, "o homem que morreu" deixará a casa do camponês com a nova aquisição: o belo galo agora liberto de sua atadura.

Após poucas aparições, que coincidem com os relatos evangélicos, "o homem que morreu" decide abandonar sua missão de "salvador" e aventurar-se a uma nova vida; afinal, não é toda hora que se tem oportunidade de sobreviver a tamanha tortura que havia passado. Madalena insiste para que Jesus assuma e cumpra sua missão, porém "o homem que morreu" parece obstinado a uma nova vida, não mais pautada em salvar a humanidade: "Agora não sou de ninguém e nada me prende a ninguém, já não tenho missão nem Evangelho. Ah! Não sei sequer construir minha própria vida, e que tenho eu a salvar?... Posso aprender a ser só" (LAWRENCE, 1990, p. 142). O homem que sobreviveu ao seu túmulo parece agora obstinado a desfrutar da beleza do sol e de tudo o que ele ilumina, sua vida de outrora acarretou muitas chagas e uma dolorosa morte que ele não parece querer repetir: "minha missão terminou, e meu magistério terminou, e a morte salvou-me de minha própria salvação. Ah, Madalena, quero viver minha vida, que é meu quinhão" (LAWRENCE, 1990, p. 136).

Que grande subversão dos evangelhos opera Lawrence, um Jesus salvo de sua própria profecia e que não deseja levar a cabo aquilo pelo que aceitou morrer! Um homem arrependido de não ter propiciado a Judas a oportunidade de um beijo verdadeiro: "Tivesse eu beijado Judas com amor

---

[136] Os trechos citados de Lawrence visam apenas à comprovação de nossa crítica ao juízo.

vivo, talvez ele jamais me desse o beijo da morte" (LAWRENCE, 1990, p. 167). "O homem que morreu" está agora obstinado a recomeçar e viver a experiência de uma vida única, sem qualquer perspectiva de além ou de recompensas futuras. Um Jesus sem a ideia de salvação e vida eterna? Sem dúvida é essa novela que Lawrence imagina e constrói como subversão da transcendência que se estabeleceu depois da "ressurreição" de Jesus.

Mas a cereja do bolo ainda está por vir e aparecerá na II Parte, quando "o homem que morreu" encontra a sacerdotisa, ou, ao contrário, a sacerdotisa encontra "o homem que morreu"; afinal ela é a senhora de Ísis, aquela que busca: busca implacavelmente pelos fragmentos de seu Osíris, que na novela apareceu como o próprio "Rei dos Judeus" – porém forasteiro, fugitivo ou até mesmo "vagabundo" que busca abrigo (LAWRENCE, 1990, p. 155)[137]. Em Lawrence, Jesus emerge de um destino transcendente, que faria dele o rei de todas as nações, para o gozo da intensidade da vida terrena que, durante suas peregrinações, foi incapaz de conhecer de modo mais profundo.

O encontro entre dois mundos – assim definimos o contato entre o outrora Jesus dos judeus com a sacerdotisa de Ísis, que o faria se curar de suas chagas e de toda a pesada carga que carregava ao tentar "redimir" a humanidade de seus pecados. No princípio, "o homem que morreu" hesita: "Tenho quase mais medo deste contato do que tive da morte. Pois a ele me exponho mais nu" (LAWRENCE, 1990, p. 164). Um encontro figurado e imaginado por Lawrence; no entanto, repleto de vida e de realidade. Lawrence transfigura o Cristo imortal em humano mortal, no "homem que morreu" e teve de enfrentar múltiplos juízos e terríveis dores para um homem que passa a buscar os próprios afetos. De fato, o homem encontrado por Ísis, na novela, estava completamente fragmentado, despedaçado pelo juízo infinito que o levou até a cruz e, frente à qual "o homem que morreu" não hesitou em carregar o peso de uma vida outra – afinal, o juízo marca os corpos e lhes impede qualquer imanência.

---

[137] A busca de Ísis por Osíris faz parte de um mito: "Narra o mito egípcio que Osíris, deus do mundo subterrâneo, da ressurreição e da vida eterna foi uma vez o rei do Egito e que Ísis, sua irmã, foi sua esposa e rainha. A terra floresceu sob o seu reinado (fertilidade) e o céu e todas as estrelas lhes obedeciam. No entanto, seu governo foi interrompido por seu irmão Seth enquanto dormia sob uma árvore. Seth cortou o corpo do irmão em diversos pedaços e os espalhou pelas terras mais distantes para que ele jamais fosse encontrado. Ísis percorreu todo o Nilo a fim de encontrar cada parte do corpo de seu marido. Quando as encontrou e as juntou novamente, deu fôlego a Osíris para que pudessem desfrutar de seu amor mais uma vez. Porém, nessa lenda há um detalhe curioso: Ísis não encontra o pênis de Osíris. O falo será, então, o perfeito álibi de Lawrence para a relação amorosa entre Jesus e a sacerdotisa" (CARVALHO, 2009, p. 61-62).

Uma vida redimida pelo sol e pelo cosmos é o que Lawrence estabelece para o despertar do "homem que morreu"[138].

Foi num momento de êxtase que a sacerdotisa levou o forasteiro para junto do santuário da deusa Ísis. Lá ele foi acolhido e revestido por um sentimento que antes não experimentara, por um amor que lhe restabeleceu a vida, agora pulsante e solar. O renascimento do "homem que morreu" e o improvável encontro entre Ísis e seu novo Osíris marcaram seus corpos e fizeram do afeto algo capaz de superar os tantos fardos que aquele forasteiro carregava consigo:

> Ele desamarrou as cordas da túnica de linho e puxou-a para baixo, até ver o brilho alvo dos seios brancos e dourados da mulher. E os tocou, e sentiu sua vida derreter-se. 'Pai', disse ele, 'por que ocultaste isto de mim?' E tocou-a com um deslumbramento pungente e com a transcendência maravilhosa e penetrante do desejo. 'Ah!' Disse ele, 'isto é mais que oração'. Era o calor profundo, de tantas dobras, calor vivo e penetrável, mulher, coração da rosa! 'Minha mansão é a rosa quente e intricada, meu êxtase é esta flor' (LAWRENCE, 1990, p 169).

Recuperado por inteiro! Foi assim que o encontro satisfez a infinda busca da sacerdotisa de Ísis e a nova vida de que "o homem que morreu" passou a desfrutar. A novela termina com "o homem que morreu" tendo de partir, uma vez que o encontro entre ambos resultou na gravidez da sacerdotisa e "o homem que morreu" não era aceito pela mãe de Ísis e pelos escravos; além disso, ainda pesava o fato de os soldados romanos estarem à sua procura – neste caso, escapar da morte também ganhou notoriedade de delinquência –, sendo necessário sanar os vestígios de um possível ressuscitado antes que a história alcançasse os rumores populares. Novamente, aqui aparece o peso do juízo, pois, se outrora o Cristo de Lawrence teve que partir dos arredores de Jerusalém para não arcar com todo o arsenal moral que lhe imputara a condenação à morte, agora o mesmo é julgado por seu *status* social e por sua vulnerabilidade econômica. Assim, novamente lhe restou a fuga; afinal, frente ao juízo é preciso estar sempre pronto para reterritorializações. Partindo num barco e satisfeito, o forasteiro pensava

---

[138] Em *O Apocalipse*, o escritor inglês estabelece uma espécie de cosmologia solar: "Quando consigo despir-me do lixo dos sentimentos e ideias pessoais e reduzir-me à nudez de meu eu solar, então eu e o sol podemos comungar horas a fio, um intercâmbio resplandecente, e ele me dá vida, vida solar, enquanto eu lhe envio um pouco de lume do mundo do sangue luminoso" (1990, p. 35). Na medida em que nos apoderamos de uma vida outra, que extrapola os raios solares e se desprende da corporeidade, passamos a ser vítimas do juízo, vítimas e também inquisidores – afinal, a lógica do juízo se constrói em via de mão dupla.

consigo: "Semeei as sementes de ressurreição e coloquei para sempre meu toque sobre a mulher deste tempo, e levo seu perfume em minha carne como essência de rosas" (LAWRENCE, 1990, p. 173-174). As perguntas que ficaram sem respostas são: "que destino teve o galo?" e "qual a relação entre "o homem que morreu" e a criatura penugenta?".

Após comprar o galo do camponês e seguir sem rumo para um destino que lhe renderia um "reencontro com a vida", "o homem que morreu" e o galo receberam refúgio em uma estalagem. Ao amanhecer do dia seguinte, o galo empreendeu luta contra outro galo que vivia na estalagem, então o forasteiro sugeriu ao dono da estalagem: "– Se meu galo ganhar, eu o dou a ti. Caso ele perca, tu o comerás" (LAWRENCE, 1990, p. 146). Após feroz combate o galo do forasteiro saiu vitorioso e foi bravamente saudado: "– Por fim tu encontraste teu reino e as fêmeas para teu corpo. Tua solitude pode agora ganhar esplendor, tornada luzidia pelo atrativo de tuas galinhas" (LAWRENCE, 1990, p. 146). O velho galo ressentido pela corrente que maculava seu orgulho agora efervescia em vida, por fim encontrara um lugar onde pudesse bendizer sua existência.

Alegrando-se com a nova vida de seu galo, "imensa complexidade de envolvimento e atrações" (LAWRENCE, 1990, p. 146), "o homem que morreu" novamente partiu e, como já expusemos, viria a encontrar sua própria imensidão de envolvimento com a sacerdotisa de Ísis. Aqui está o cerne da questão: o Jesus que outrora pregava o desprendimento da vida terrena e a plenitude dessa vida nos céus, agora trouxe de volta o galo para o deleite da vida terrena. O galo de briga aparece como um símbolo de resgate do mundo dos fenômenos, não mais o alimento dos céus, não mais uma vida futura. Agora reina a superabundância de uma vida cósmica! Vida plena do galo e vida plena do "homem que morreu". Quem diria que Jesus "renasceria" como Osíris, enfim, um toque de molecularidade, inebriado pelo frenesi dionisíaco e carregado por imagens oníricas do velho Apolo que emerge na novela de Lawrence. Um Jesus salvo da própria salvação e um galo salvo de suas amarras: a molaridade é firme – mas a fuga é sempre possível e o juízo também sofre fissuras. Quiçá Grace Marks também tivesse tido uma nova chance e pudesse, assim como "o homem que morreu" e o galo, ter renascido, talvez seja necessário um novo Lawrence e uma nova novela para desatar nossa estimada Grace de sua vida sem esperança, abrindo perspectivas que a fariam capaz de fugir do julgamento para, assim, viver e sentir o mesmo sol que aliviou as dores do crucificado de Lawrence.

2.4.2 Leitura do Apocalipse a partir de Lawrence

Lawrence vê o livro bíblico do Apocalipse como um grito de ressentimento dos primeiros cristãos contra a imponência e o poder de Roma. Ademais, o livro estaria deslocado do contexto do Novo Testamento, uma vez que apresenta julgamento e destruição em contrapartida ao amor que se torna explícito nos outros livros. Para sustentar a sua leitura, o escritor inglês opera uma análise dos vários traços culturais e históricos que perfazem o Apocalipse – de forma a revelar que se trata de um livro escrito por muitas mãos e, ademais, extrapola os limites da cultura judaico-cristã por conter muitos elementos pagãos – cretenses, babilônios, egípcios e de outras culturas orientais. Não há dúvida que Lawrence é um crítico assíduo do estilo alegórico dos textos judaicos e, portanto, suas críticas se endereçam para praticamente todo o alegorismo do monoteísmo desse antigo povo que deu origem ao cristianismo[139]. Para Lawrence (1990), o cristianismo teria seguido rumos diferentes da mensagem de Cristo, sobretudo devido a João de Patmos e a Paulo.

É certo que existe um relativo abismo entre o Evangelho de João e o Apocalipse, principalmente prefigurado pela disparidade entre o Deus amor do Evangelho e o Deus juiz do Apocalipse. No entanto, tal disparidade não é suficiente para concluir que sejam textos veementemente contraditórios e que o Apocalipse não contenha nada dos evangelhos ou do Cristo verdadeiro[140]. Conforme vimos no início do livro, já no capítulo cinco do Evangelho de João, Deus confia a seu filho o pleno poder de julgamento, tonalidade que será mantida no Apocalipse – obviamente que de forma mais exacerbada e prefigurando o extermínio da terra e da humanidade. Seja como for, nossa intenção não é criticar Lawrence em sua análise, apenas apontar certo excesso em não ter dimensionado algumas linhas que ligam ambos os textos. Em outras palavras, o juízo não é nenhuma novidade apocalíptica do Novo Testamento; pelo contrário, faz parte da espinha dorsal de muitos outros textos.

O ponto de partida da análise de Lawrence se encontra numa relação de poder entre os fracos e pseudo-humildes *versus* os fortes e poderosos,

---
[139] Lawrence chega a afirmar (1990, p. 112) que não tem interesse nenhum pelas alegorias judaicas e que, ademais, "a alegoria pode sempre ser explicada; e, ao sê-lo, esvazia-se".
[140] Segundo Lawrence, "uma leitura crítica e séria mostra que o Apocalipse expõe uma doutrina cristã da maior importância, que não contém nada do Cristo verdadeiro, nada dos Evangelhos verdadeiros, nada do fôlego criador do cristianismo, mas que, no entanto, é talvez a doutrina mais influente da Bíblia" (1990, p. 22).

algo semelhante à análise que Nietzsche fez na *Genealogia da moral*. Acontece que, em Lawrence, os fracos coincidem com os cristãos patmistas que ansiavam pela libertação do poder de Roma, mais especificamente na era de Nero – o grande perseguidor dos cristãos (LAWRENCE, 1990, p. 21). Contrariando a lógica do amor fraternal de Cristo, o Apocalipse apresenta um grande ressentimento e vontade de vingança: "Pois o Apocalipse, diga-se de uma vez por todas, é a revelação da imorredoura vontade de poder do homem e sua santificação, seu triunfo final" (LAWRENCE, 1990, p. 23). Uma vontade que se alimenta do ódio ao objeto de seu desejo e quer, portanto, a destruição e a posse daquilo que é desejado. Uma grande reviravolta garantida pela destruição que se segue ao soar da sétima trombeta do anjo:

> *As nações tinham-se enfurecido,* mas a tua ira chegou, como também o tempo de julgar os mortos, de dar recompensa aos *teus servos, os profetas,* aos santos e *aos que temem o teu nome,* pequenos e grandes, e de exterminar os que exterminaram a terra (Ap 11: 18).

Um sentimento reativo de autoglorificação, é assim que Lawrence vislumbra o texto apocalítico de resistência dos primeiros cristãos contra a perseguição romana. Os "escolhidos" seriam, segundo o escritor inglês, uma grande massa formada por almas medíocres e sedentas de autoglorificação (LAWRENCE, 1990, p. 24). Nesse sentido, não há dúvida de que o Apocalipse é terrivelmente antievangélico e contrário ao amor fraternal e desinteressado do Cristo dos evangelhos sinóticos[141]. Lawrence é arrebatador ao mencionar o Cordeiro do João de Patmos: "João fala num Cordeiro 'como morto': mas nunca o vemos morto, e sim matando milhões de seres humanos" (LAWRENCE, 1990, p. 63). De um lado, cristãos ressentidos pelo sofrimento a eles imputado e, de outro, uma religião pautada numa vida posterior: assim se constrói o Apocalipse, como um grande julgamento dos perseguidores de cristãos. Obviamente, se trata de um julgamento moral, do "bem" contra o "mal", ou, ainda, dos justos contra os ímpios. É difícil mencionar a dor dos primeiros cristãos perseguidos; por outro lado, o Apocalipse vai na contramão do Cristo fraterno, operando por meio de um estado onírico de revelação que tem seu escopo no velho e implacável juízo.

---

[141] Embora os evangelhos sinóticos não contenham uma doutrina elaborada do juízo, tal qual no Evangelho de João. É mister salientar que o juízo também aparece nos evangelistas, a exemplo de Mateus: "Eu vos digo que de toda palavra sem fundamento que os homens disserem, darão contas no Dia do Julgamento. Pois por tuas palavras serás justificado e por tuas palavras serás condenado" (Mt 12: 36).

No livro final da Bíblia, os ímpios recaem sobre um "lago de fogo e de enxofre". Eis o grande veredito: a dívida infinita é restaurada com a certeza de que os inimigos sofrerão no lago escaldante. Deleuze é enfático: "O Apocalipse traz uma religião do Poder – uma crença, uma maneira terrível de *julgar*" (2011, p. 52). Certamente, o próprio Cristo, em sua vida suave e amorosa, não suportaria ler o texto do Apocalipse. Para Lawrence, todo o livro não passa de uma profunda petulância e autoglorificação: "Ah, é o cristianismo das massas medíocres, este cristianismo do Apocalipse. E – forçoso dizê-lo – é medonho. Sua base é o farisaísmo, a presunção, a vaidade, a *inveja* secreta" (1990, p. 115). Primeiro a destruição do mundo e, depois, o aparecimento de uma Jerusalém celeste, no fundo o livro se revela como um grande acalento com vistas ao transcendente: há um mundo outro que trará paz para os justos que sofreram e foram perseguidos pelos ímpios. Lawrence não poupou críticas: "Temos Jesus – mas temos também João. Temos o amor cristão – mas temos também a inveja cristã. Aquele quer 'salvar' o mundo – e esta só ficará satisfeita quando conseguir destruí-lo. São as duas faces de uma mesma moeda" (1990, p. 115).

Quando tratamos do Apocalipse no primeiro capítulo, nos perguntamos: "teria João de Patmos distorcido a própria doutrina de Cristo com o Apocalipse? Ou seria o Apocalipse um reflexo direto das próprias intenções do "filho de Deus"?". A resposta ainda se revela complexa, porém agora temos alguns elementos para afirmar que sim, ao menos em grande parte. Em grande parte, porque a doutrina do julgamento já se fazia presente no Cristo do Evangelho de João. No entanto, compactuamos com Lawrence que é inconcebível equiparar a figura do Cristo do conjunto do Novo Testamento com aquela apresentada no Apocalipse; ademais, conforme o próprio Lawrence, o livro contém caracteres pagãos que extrapolam a cultura judaica:

> A impressão que nos dá o Apocalipse é a de que não é um único livro, e sim vários, talvez muitos. Mas não se trata de uma compilação de trechos de diversos livros, como Enoc. É uma obra em várias camadas, como as camadas de civilização que vão surgindo quando se escava uma cidade antiga. Bem no fundo temos um substrato pagão, talvez um dos livros antigos da civilização egéia: um livro de algum mistério pagão. Esse livro foi retrabalhado por alguns apocaliptas judaicos, depois ampliado e por fim retrabalhado pelo apocalipta judeu-cristão João: posteriormente, foi expurgado e corrigido e enxugado por revisores cristãos, com o objetivo de transformá-lo numa obra cristã (LAWRENCE, 1990, p. 41).

Um Cristo "conquistador onipotente", envolto de paganismo e operando múltiplas destruições[142]. Esse teria sido o resultado das "muitas camadas" que resultaram no texto final do Apocalipse. Ao desvelar alguns caracteres da natureza do último texto do Novo Testamento, Lawrence opera uma dessacralização, deixando o Juízo Final à mercê de uma desesperada busca por vingança e esplendor e, para piorar, tudo isso escrito em caracteres que extrapolam o mundo judaico-cristão: traços de culturas repudiadas pela cristandade nascente. No fundo, tudo gira em torno do velho cordeirinho revestido com pele de leão. Deleuze chega a questionar (2011, p. 54) se o cristianismo não é o próprio anticristo; afinal, um cordeiro carnívoro e arrebatador de pessoas é um tanto pesado para o velho propagador do amor.

De um lado, um Cristo cujo empreendimento se volta para o indivíduo, para seu bem-estar e sua salvação individual; de outro, um empreendimento coletivo que envolve relações de poder, humilhação e vitória contra os antigos carrascos[143]. Uma vontade de poder que constrói seu próprio paraíso às custas do abalo de tudo o que outrora existira: assim se faz o ressentimento do autor do Apocalipse e, ainda mais contundente, assim se prolifera o juízo e sua lógica nefasta. Não resta dúvida, lendo o Apocalipse, de que o Cristo ressuscitado e "destruidor" do mundo nunca teria resgatado o velho galo, aquele galo pago com o dinheiro de Madalena em *O homem que morreu*, pois estava preso num moralismo forjado por seus "admiradores". Foi preciso se "libertar de sua própria salvação" para dar uma vida digna à ave penugenta, talvez esse seja o caminho para uma fuga do juízo: desatar o galo e deixá-lo seguir seu próprio caminho.

Esse é o ponto que torna João de Patmos objeto de tantas críticas de Lawrence: a raiva e a vingança. Não bastaria que os cristãos se libertassem e desfrutassem de uma vida liberta dos romanos? Para o Apocalipse, o ataque contra os perseguidores se revela mais ferrenho que a própria libertação. Quando o cordeiro recebe o livro dos sete selos e começa a rompê-los, um a um, de forma estratificada, o que vemos é uma sequência de eventos

---

[142] Para Deleuze, o livro é sedimentar e estratificado, contendo "um estrato pagão, um judeu e um cristão [...]. João conhecia muito mal e muito pouco Jesus, os Evangelhos, 'mas parece que sabia muita coisa a respeito do valor pagão dos símbolos, em contraposição ao seu valor judaico ou cristão'" (2011, p. 59).

[143] Para Lawrence (1990) e para Deleuze (2011), o Cristo coletivo não passa de uma grande invenção protagonizada por João de Patmos e sustentada na imagem do Cristo ressuscitado e julgador dos vivos e mortos. Deleuze deixa nítido: "A alma coletiva não deseja simplesmente apossar-se do poder ou substituir o déspota. De um lado, ela quer destruir o poder, odeia o poder e o poderio, João de Patmos odeia de todo o coração César ou o Império Romano. Porém, de outro lado, também quer infiltrar-se em todos os poros do poder, enxamear seus focos, multiplicá-los por todo o universo: quer um poder cosmopolita, mas não às claras, como o do Império, e sim em cada canto e recanto, em cada rincão escuro, em cada redobra da alma coletiva (2011, p. 54-55).

catastróficos que causam destruição e morte até a abertura do sétimo selo, que, pasmem, desencadeará mais uma série destrutiva, agora dividida pelo soar de cada uma das sete trombetas. Ao soar da sétima trombeta, a paz parece triunfar com o aparecimento do templo divino; no entanto, eis que agora a desgraça recairá sobre a Babilônia (Roma), no capítulo doze. Mesmo quando a vitória do cavalo branco/Cristo se consolida, ainda aparecerá o infortúnio do lago de fogo para "aquecer" a Besta e o falso profeta. E quanto ao julgamento? Este só desaparece depois que todos foram julgados. Ora, pois, foi preciso extermínio em massa para o despontar de uma Jerusalém celeste – livre do juízo, uma "paz" forjada às custas de escombros e derramamento de sangue. Assim teria se cumprido a teleologia patmista, cujo *modus operandi* coincide com a nefasta lógica do juízo: preciso e quero julgar.

O moralismo judaico, por trás do Apocalipse, acaba triunfando e afastando os cristãos de uma "resistência" intramundana; se trata de um movimento vertical em busca do transcendente e, consequentemente, dum grande desencontro com o cosmos[144]. Para Lawrence, "o que nos falta é vida cósmica" (1990, p. 37). No fundo, o judaísmo-cristão e o gradativo afastamento do paganismo antigo nos vão afastando de uma relação viva com a natureza. Tendemos a mitificar e vulgarizar as antigas cosmologias, que possuíam relação afetiva com as estrelas, os astros e a natureza como um todo e, com isso, o mundo aos poucos vai ganhando conotação moral – fazendo com que cada humano se transforme num micro juiz, que moraliza antes de sentir e que julga antes de experimentar. Para Lawrence, "perdemos o sol. E ele apenas cai sobre nós e nos destrói, decompondo algo em nós: o dragão da destruição em vez daquele que dá a vida" (1990, p. 35).

Essa falta de vida cósmica, à qual Lawrence se referia, continua presente nas novas denominações evangélicas surgidas no Brasil, a partir da década de 70. Novas formas de religiosidade cristã vestiram o cenário mundial do século XX adentrando ao século XXI; agora, é possível encontrar traços que vão desde o conservadorismo até o liberalismo dos costumes. Muitas são as tendências e jargões que guiam os fiéis na atualidade – com ou sem o fenômeno apocalítico em jogo –; de qualquer forma, é difícil não perceber a contínua "carência de sol" que arrebata a todos. Nessa perspectiva, adentramos o terceiro capítulo com o intuito de navegar um pouco por essas novas vertentes que conduzem as caravelas do juízo num mundo em que o dragão da destruição segue extirpando devires.

---

[144] "O Apocalipse triunfou, jamais conseguimos sair do sistema do juízo" (DELEUZE, 2011, p. 56).

3

DA SOBREVIVÊNCIA DO JUÍZO À CRÍTICA

Seguindo a linha já anteriormente traçada por Spinoza, sabemos que um corpo se compõe em sua relação direta com outros tantos corpos. O jogo de afetos, que produz uma multiplicidade de imensuráveis encontros, molda os corpos. Deleuze, ao compreender que a filosofia de Spinoza gira em torno do corpo e suas afecções, lança mão da questão: "*Que pode um corpo?*" (DELEUZE, 2017, p. 240). Ciente de que, antes de Spinoza, "[...] ninguém determinou, até agora, o que pode um corpo" (2019, III, Escólio da Proposição 2, p. 101), Deleuze responde à questão: "O que pode um corpo é a natureza e os limites do seu poder de ser afetado" (2017, p. 240). Afetamos e somos afetados de múltiplas maneiras e, por isso, somos uma multiplicidade de "eus" em devir – aqui não há espaço para um único "eu", ou melhor, para um sujeito ou indivíduo. Um corpo dança, corre, pensa, trabalha, dorme, reza e defeca, ou faz nada disso e ainda faz milhares de coisas outras. Não há limites para o corpo porque não há sujeito capaz de limitá-lo absolutamente, uma vez que ele não é totalmente sujeitável. No entanto, sorrateiramente o corpo se depara com um limite – com um paradoxo frente ao qual o ilimitado jogo de afetos agora é inibido e aprisionado: "A doutrina do juízo derrubou e substituiu o sistema dos afetos. E essas características se reencontram até no juízo de conhecimento ou de experiência" (DELEUZE, 2011, p. 166).

Um paralelo pertinente pode ser extraído dos capítulos 2 e 3 do livro do Gênesis, da mitologia judaico-cristã. "Deus plantou um jardim em Éden" (Gn 2: 8), no jardim "plantado", Adão e Eva desfrutavam de toda sorte de afetos e não havia limites para qualquer sorte de deleite de seus corpos, que conviviam em harmonia com a natureza. Entretanto, a "árvore do conhecimento do bem e do mal" (Gn 2: 9) estava lá, como limite para o ilimitado, esperando um deslize qualquer para se apoderar dos corpos de Adão e Eva e frear sua potência de agir. Por um lado, aparentemente, no paraíso do Éden não havia juízo; por outro, o juízo – árvore do conhecimento do bem e do mal – já estava ali à espreita para se apoderar dos corpos dos "primeiros humanos a habitar a terra". Desse modo, parece que, antes de qualquer resposta definitiva para "O que pode um corpo?", é pertinente ter em vista o que pode o juízo frente a um corpo? Ou, ainda, questionar se pode um corpo se desprender do juízo que o aprisiona?

Nesse capítulo, pretendemos perscrutar a insistência que o juízo mantém em aprisionar corpos na história recente; pois, seja com a crescente das religiões pentecostais e neopentecostais, com o conservadorismo político, ou com o neoliberalismo econômico, o juízo se infiltra nas mais diversas camadas da civilização ocidental – transformando heterogeneidades em massas homogêneas orientadas pela voz de novos pastores, como é o caso da Igreja Universal do Reino de Deus, guiada pelo bispo Edir Macedo. O juízo parece ter encontrado, no neopentecostalismo e na Teologia da Prosperidade, uma terra fértil na qual vem sustentando suas raízes.

Insistindo ainda na questão "O que pode um corpo?", nos parece salutar destacar a atrocidade de que o juízo é capaz em condições extremas ou não. Que muitos indivíduos usufruam do "juízo de Deus" como meio nefasto para marcar indelevelmente outros corpos, com barbárie e impiedade, não parece novidade; afinal em nome da "moralidade" minorias são excluídas, discriminadas e até execradas. Execradas? – Isso mesmo! A morte é parceira inseparável do juízo. Não se trata da inconteste e imparável morte natural, nos referimos, exclusivamente, à morte causada artificialmente, por mãos ou artimanhas meramente humanas. Saramago, com propriedade, já dissera: "A propósito, não resistiremos a recordar que a morte, por si mesma, sozinha, sem qualquer ajuda externa, sempre matou muito menos que o homem" (2005, p. 107).

Além de tantas vidas ceifadas, existem ainda situações "menos graves", com tendência a passar despercebidas e que, no entanto, são igualmente cruéis e danosas. Ocorre que, frente a circunstâncias desfavoráveis, em que impera o medo e a busca pela sobrevivência, as pessoas tendem a se portar egocentricamente, ignorando, na maioria das vezes, o uso de ações empáticas. Para descrever tais situações, Primo Lévi faz a seguinte pergunta: "Como se comportaria cada um de nós se fôssemos premiados pela necessidade e, ao mesmo tempo, atraídos pela sedução?" (2016, p. 53). Em situações "desfavoráveis", injustiças são ignoradas e a estima não parece surtir qualquer efeito, mediante elas o juízo acaba atemorizando até "os iguais" e deixando inerte a própria resistência. Para descrever tal cenário, Primo Lévi lança a chamada "experiência conceitual":

> [...] imagine, se conseguir, ter passado meses ou anos num gueto, atormentado pela fome crônica, pelo cansaço, pela promiscuidade e pela humilhação; ter visto morrer ao redor, um a um, os próprios entes queridos; ter sido arrancado do mundo, sem poder receber nem transmitir notícias; ter sido, por fim, embarcado num comboio, oitenta ou cem pessoas em cada vagão de carga; ter viajado para o desconhecido, às cegas, por dias e noites insones; e ver-se afinal lançado entre muros de um inferno indecifrável. Aqui se lhe oferece a sobrevivência e se lhe propõem, ou antes, impõem, uma tarefa sinistra, mas vaga. É este, me parece, o verdadeiro *Befehlnotstand*, 'o estado de coação consequente a uma ordem', não aquele sistemático e despudoramente invocado pelos nazistas levados a juízo, e mais tarde (mas seguindo suas pegadas), pelos criminosos de guerra de muitos outros países (2016, p. 46).

Primo Lévi propõe a suspensão do julgamento àqueles que cometeram "crimes" em situação de vulnerabilidade extrema; fato é que vítimas são sempre vítimas e, nesses caso, o próprio verdugo talvez tenha assumido o papel de vítima. Talvez! Nunca se sabe o que atravessa um corpo e o que lhe impele a tais decisões, poderíamos supor que a vontade de vida, nesse caso, também se exerceu por meio da tirania sobre outrem. Mas que outra opção seria possível? Morrer? Enfim, no caso dos *lager* (campos de concentração de judeus), os dilemas morais deixam de ser meramente especulativos e revelam a *práxis* nua e crua do que os seres humanos são capazes em nome de um ideal hostil e nefasto, de um lado, e do desespero e desamparo, de outro. Aqui voltamos a Grace Marks e à imputação de sua culpa, culpada por supostamente contribuir com homicídio e vítima por padecer de sua suposta culpa. Por meio dela e de muitos judeus nos *lager*, vemos as duas faces do juízo: ao mesmo tempo, carrasco e vítima. Em qualquer um dos casos, aprisionados por um destino que lhes soa estranho, mas que marcará profundamente seus corpos.

O juízo resiste em meio a situações diversas. É até justificável que ele se imponha em situações brutais como nos *lager*; no entanto, nosso estudo já mostrou que, por meio do fenômeno religioso, ele se mantém nas situações e costumes cotidianos, desde os tempos mais remotos, até os tempos atuais que pretendemos agora narrar. Assim, adentramos à sobrevivência do juízo, como uma grande e avassaladora "luneta de raio", que simplesmente fere, corta, destrói e mata – seja em nome de Deus, da família, da sociedade, da tradição ou de outra generalização qualquer –, servindo de cortina de fumaça para as mais cruéis aberrações humanas.

3.1 Alguns aspectos do cristianismo recente que servem de preâmbulo para o surgimento do neopentecostalismo

Na Idade Média, Deus era o princípio por meio do qual as relações sociais eram regidas. A partir do século XVI, gradativamente, o homem vai ganhando certo protagonismo, excepcionalmente por meio do zelo pelo trabalho – que o aproxima de Deus. Assim, com a gênesis do capitalismo e do protestantismo que o acompanha, o trabalho vai se tornando indispensável à consolidação de uma vida orientada para a salvação em Deus. Esse momento histórico foi analisado, por Weber, em *A ética protestante e o espírito capitalista*, e pode ser assim sintetizado: "[...] a falta de vontade de trabalhar é sintoma da ausência do estado da Graça" (WEBER, 2005, p. 87).

Certo é que, mesmo passada a ascensão e o auge histórico do protestantismo e sua vinculação com uma "ética do trabalho", o cristianismo seguiu convivendo e se articulando com o capitalismo ao longo dos últimos quatro séculos[145]. É difícil mensurar o papel do cristianismo no desenvolvimento de um estado burguês e capitalizado – tarefa que não temos pretensão alguma de realizar – e que esbarra em alguns movimentos cristãos de contestação aos abusos empreendidos pelo capital às classes menos favorecidas. Por outro lado, não poderíamos deixar de mencionar a inscrição presente em muitos pensadores contemporâneos[146] e que melhor sintetiza a voz de Karl Marx acerca do poder alienante que a religião dominante desferiu contra a humanidade no século XIX e ainda ecoa como um grito atual: "A religião é o soluço da criatura oprimida, o coração de um mundo sem coração, o espírito de uma situação carente de espírito. É o ópio do povo" (MARX, 2010, p. 145).

Não estamos com isso insinuando que o capitalismo maculou o cristianismo ou vice-versa; afinal ambos dispõem, guardadas as devidas proporções, de uma relação íntima com o dinheiro desde suas origens. O que vemos potencializada é a invenção de um "Cristo de natureza burguesa", que passa a se apresentar sob a forma de dinheiro. Para Deleuze, essa imbricada relação compõe o "paradoxo do Evangelho" (2008, p. 272). Assim, religião e sistema passam a se confundir, a ponto de que questionar o *status quo* do capitalismo ganha *status* de heresia. Para Sung (1989, p. 117-118):

---

[145] Não nos referimos aqui a uma denominação cristã específica, mas aos diversos credos que envolvem a cristandade.

[146] Segundo Löwy, a vinculação da religião como "ópio do povo" não pode ser tomada como uma leitura meramente marxista: "A mesma frase pode ser encontrada, em vários contextos, nos escritos de Kant, de Herder, de Feuerbach, de Bruno Bauer, de Moses Hess e de Heinrich Heine" (2000, p. 12-13).

> O reconhecimento de que o elemento fundador de um sistema sempre é religioso pode ter sido uma das causas que têm levado a crescente interesse pela teologia por parte dos dirigentes do capitalismo mundial. O exemplo disso é a criação do Instituto Sobre Religião e Democracia, pelo governo Reagan, sem falarmos no fortalecimento do departamento de teologia da *American Enterprise Institute*, onde o expoente é Michael Novak. A realidade é que o mercado se tornou sagrado, no seu funcionamento, e os teólogos burgueses têm-se utilizado de argumentos religiosos, teológicos ou não, para legitimá-lo como tal.

O Estado legitima o capital que, por sua vez, é legitimado pela própria religião. Em meio a essa fusão, autores como Sung (1989) usarão o termo idolatria para se referir às novas crenças religiosas – capazes de operar estrita aliança entre o capital mercadológico e a fé. Löwy (2000, p. 34-35), ao mencionar a Ética protestante e o *espírito do capitalismo* de Weber, dirá que não se trata de apontar a religião como "[...] fator causal determinante do sistema econômico, mas sim que existe, entre certas formas religiosas e o estilo de vida capitalista, um relacionamento de *afinidade eletiva* [*Wahlverwandschaft*]". O termo *"afinidade eletiva"*, de Weber, designa a reciprocidade pela qual o capital e a religião têm prosperado em sua aliança, por meio daquilo que Lövy designa como "simbiose cultural" (2000, p. 35).

É difícil precisar a intensidade de tal "simbiose" nos últimos séculos, haja vista a divergência de tendências e ideologias que compõem a cristandade e o próprio catolicismo em suas especificidades e nuanças. Aliás, o embate entre conservadores e progressistas acompanha a história do cristianismo – frente ao qual os primeiros costumam levar vantagem. Se, por um lado, a crescente do conservadorismo religioso aliado ao poder político se intensificou nas Américas, sobretudo a partir dos governos estadunidenses de Nixon (1969-1974) e de Reagan (1981-1989)[147]; por

---

[147] Em 1980, durante a campanha presidencial, os consultores de Reagan elaboraram o Documento de Santa Fé, desvelando os verdadeiros interesses dos EUA para com a América Latina. Para Fernando Peixoto (1981, p. 9-16), trata-se de um documento sinistro que revela a face de um contundente imperialismo sem máscaras, que visa estender política e ideologicamente seu poder imperial e capitalista por toda a vasta América. Numa tonalidade de combate aos avanços da influência soviética sobre países como Cuba, Nicarágua e El Salvador, o documento aponta para a necessidade de uma contundente ação concreta: "Somente uma política norte-americana conduzida no sentido de **preservar a paz**, promovendo a criação e a preservação da estabilidade política, poderá salvar o mundo" (1981, p. 37, grifo nosso). Em nome do pretexto de **preservar a paz**, o documento propõe ações imperialistas com o claro objetivo de ampliar seu poder econômico, ideológico e bélico. O documento dedica uma parte exclusiva para se opor e enfrentar a Teologia da Libertação: "O papel da Igreja na América Latina

outro, movimentos com base popular, como a Teologia da Libertação (1970), opõem resistência ao conservadorismo teológico e sua conformação com o capitalismo vigente.

Com um discurso em prol da liberdade individual e uma contundente cruzada contra o comunismo e sua vinculação com a Igreja latino-americana, Reagan adotou uma política de austeridade e combate às frentes populares que se opunham ao modelo capitalista neoliberal. Para Moll Neto (2010, p. 129):

> Nas entrelinhas do discurso de Reagan se escondia uma forma de imaginar a nação pautada por um ideal mais étnico do que cívico, no qual a América e os estadunidenses eram definidos por características essencializadas e naturais, dadas por Deus, e não por direitos políticos e sociais associados à cidadania. Para Reagan, sob a visão de mundo neoconservadora, o verdadeiro estadunidense, nacionalista, era o oposto dos homens que apoiavam os programas de bem-estar social, os direitos civis e as regulamentações, bem como dos homens que participavam de tais programas ou defendiam tais causas. O verdadeiro estadunidense, que refletia o ideal de nação 'verdadeira', era aquele que, com a liberdade individual e a independência dada por Deus, era, essencialmente ou naturalmente, empreendedor, produtivo, competitivo e valorizava as tradições sociais e morais, como a família e a comunidade. Acima de tudo, o estadunidense, nesta visão de mundo, confiava em um futuro divinamente ordenado para ele e para a nação, desde que trabalhasse duro e realizasse as obras de Deus na terra: era o 'sonho americano', o resgate do passado mítico e a liderança mundial.

Um homem "naturalmente inclinado" para o funcionamento de um sistema cujo fundador seria o próprio Deus. Aqui vemos a romantização do trabalho e sua vinculação com uma espécie de "teologia naturalista". Aliás, não haveria solo mais fértil para uma vida longa do "juízo de Deus" do que este mundo prefigurado por meio do sonoro jargão: "sonho americano"[148].

é vital para o conceito de liberdade política. As forças marxistas-leninistas têm, lamentavelmente, utilizado a Igreja como arma política contra a propriedade privada e o sistema capitalista de produção, infiltrando nas comunidades religiosas suas ideias que, antes de cristãs, são comunistas" (1981, p. 52). É importante, ainda, ressaltar que, anterior ao Documento de Santa Fé, nos inícios da década de 60, já havia sido elaborado um relatório chamado de *A qualidade de vida nas Américas*, durante o mandato do presidente Richard Nixon, que ficou conhecido como "Relatório de Rockefeller". Já neste documento, o relator, Nelson Rockefeller, apontava para uma maior sensibilidade da Igreja à questões populares com vistas a mudanças sociais (Cf.: https://patrialatina.com.br/relatorio-rockefeller-sobre-as-americas-e-as-desgracas-que-nos-assolam/. Acesso em: 29 set. 2022).

[148] Termo cunhado, em 1931, por James Adams, no seu livro *The epic of America*. Nele o autor retrata os Estados Unidos como uma terra de oportunidades, onde seria possível desfrutar de uma vida livre por meio da

Um sonho de liberdade e condições de uma vida digna construída pelo suor do trabalho: refletido pelo espelho da tradição, sempre reluzente pela velha moral dos bons costumes. Moll Netto vai direto ao ponto quando salienta que o nacionalismo de Reagan "era o oposto dos homens que apoiavam o bem-estar social". No fundo, a falácia da liberdade e do esforço como emulação para o crescimento pessoal destoa como razão suficiente para apoiar a lógica do Estado, geralmente imbuída em universais previamente dados, como a família e a comunidade.

A Teologia da Libertação surgiu com o objetivo de romper com essa "lógica conformista", arraigada no interior do próprio clero católico. Rompendo com a dicotomia entre uma realidade espiritual e outra temporal, desde o início, os teólogos da libertação buscaram uma *práxis* orientada para a luta histórica de emancipação das mazelas sociais que prendem os indivíduos à pobreza. Segundo Löwy (2000, p. 78), "existe somente uma história, e é nessa história humana e temporal que a Redenção e o Reino de Deus devem ser realizados". A partir dessa ótica, a Teologia da Libertação irá se desenvolver na América Latina, com o objetivo de fazer do Evangelho um elemento transformador da vida social das classes desfavorecidas pelo capital. Também chamada de Igreja dos Pobres e Cristianismo da Libertação, essa nova vertente religiosa irá muito além das práticas caridosas realizadas pela igreja, pois já não bastam medidas paliativas para afagar o ego, é preciso ação concreta que desencadeie transformações reais na vida das pessoas. Em texto comemorativo aos quarenta anos de existência da Teologia da Libertação, escrito em 2011, Leonardo Boff esclarece:

> Nunca na história do cristianismo os pobres ganharam tanta centralidade. Eles sempre estiveram aí na Igreja e foram destinatários dos cuidados da caridade cristã. Mas aqui se trata de um pobre diferente, que não quer apenas receber, mas dar de sua fé e inteligência. Trata-se do pobre que pensa, que fala, que se organiza e que ajuda a construir um novo modelo de Igreja-rede-de-comunidades.

---

habilidade e do esforço das pessoas. Eis o trecho em que o termo *"The American dream"* aparece pela primeira vez no livro: "O sonho americano começava a tomar forma no coração dos homens. O motivo econômico era indiscutivelmente poderoso, muitas vezes dominante, na mente dos que participaram da grande migração, mas misturado a isso também estava freqüentemente presente a esperança de uma vida melhor e mais livre, uma vida em que um homem pudesse pensar e se desenvolver como quisesse" (ADAMS, 1931, p. 31, tradução nossa). "The American dream was beginning to take form in the hearts of men. The economic motive was unquestionably powerful, often dominant, in the minds of those who took part in the great migration, but mixed with this was also frequently present the hope of a better and a freer life, a life in which a man might think as he would and develop as he willed" (ADAMS, 1931, p. 31).

Aos poucos, o movimento foi ganhando notoriedade, atraindo simpatizantes e transformando a realidade das pessoas envolvidas. Com o sucesso das Comunidades Eclesiais de Base (CEBs) e de tantas outras organizações criadas em torno do movimento, não demorou para que o Vaticano e o próprio EUA voltassem um olhar atento para o Cristianismo da Libertação. Ademais, cientes da necessidade da política para a transformação da realidade, muitos membros se aliaram e até lideraram insurreições e disputas eleitorais, como os casos, por exemplo, da revolução da Nicarágua e da consequente vitória dos sandinistas em 1979; da guerra civil em El Salvador, que perdurou de 1980 até 1992; da primeira eleição democrática moderna no Haiti, em 1990, que fez do líder popular e ex-padre Aristide seu presidente; da ditadura militar na Argentina, entre 1976-1983; da ditadura militar no Brasil, entre 1964-1985; além de tantos outros acontecimentos não mencionados e que marcaram uma história de resistência e lutas nos últimos séculos da América Latina.

Alavancado pelos desdobramentos do Concílio Vaticano II, o Cristianismo da Libertação ascendeu com o anseio de tornar a Igreja mais atuante e voltada para a emancipação dos pobres[149]. Acusado de marxista e vinculação com doutrinas e governos socialistas e de esquerda, não demorou para o movimento começar a ser perseguido pelas alas mais conservadoras da Igreja. Para Löwy (2000), o Cristianismo da Libertação é combatido pelo Vaticano e, a partir da década de 70, pelo Conselho dos Bispos Latino-Americanos – CELAM. Em meio a tantas intempéries, o movimento sofreu várias represálias durante o papado de Bento XVI (2005-2013), sendo que hoje, embora disperso e com menos centralidade política, goza de relativa estabilidade – sobretudo devido ao carisma do Papa Francisco, que sustenta um discurso similar ao defendido pela Teologia da Libertação.

Feita essa ambientação inicial, interessa-nos, sobretudo, sinalizar o aparecimento do contundente conservadorismo evangélico num cenário marcado por polaridade teológica e política. Uma medida tomada pelo Vaticano para conter o avanço da "Igreja dos Pobres", principalmente durante a década de 90 e início do nosso século, tem sido a substituição de bispos e arcebispos falecidos por figuras conservadoras que vão, aos poucos, enfraquecendo as estruturas construídas por seus predecessores[150]. Ademais, muitos

---

[149] Para Löwy (2000, p. 70), "o pontificado de João XXIII (1958-63) e o Concílio Vaticano II (1962-65) legitimaram e sistematizaram essas novas orientações, lançando as bases para uma nova era na história da Igreja".

[150] Em El Salvador, por exemplo, após a aposentadoria do Monsenhor Rivera y Damas, conhecido por defender os direitos humanos em detrimento da ditadura militar e por levar adiante as medidas de seu conhecido predeces-

teólogos e partidários do Cristianismo da Libertação sofreram censuras e retaliações de movimentos conservadores e do próprio Vaticano, como é o caso, por exemplo, do teólogo Leonardo Boff, que, após fortes contrastes com Roma e, principalmente, com o então Cardeal Joseph Ratzinger, decidiu abandonar a Ordem Franciscana em 1992. Como dito anteriormente, hoje, com a nova postura adotada pelo atual Papa Francisco, algumas perspectivas começaram a mudar, como tem sido com o peruano Gustavo Gutiérrez Merino, considerado o fundador da Teologia da Libertação e que atualmente mantém diálogo profícuo com o Papa.

É exagero cravar que a luta da Teologia da Libertação contra o liberalismo e a favor da justiça social e da emancipação dos pobres seria a única responsável pelo surgimento de tendências cristãs mais conservadoras, como o pentecostalismo. É inegável, porém, seu caráter anticapitalista, conforme Löwy (2000, p. 206): "Essa luta contra a idolatria do mercado, concebida pela Teologia da Libertação como uma 'luta de deuses' entre o Deus da Vida Cristão e os Novos Ídolos da Morte, é, até o momento, a expressão mais radical e sistemática do *ethos* católico anticapitalista". Fato é que a chamada Igreja dos Pobres já causou muito alvoroço e até mobilizações governamentais por parte do governo estadunidense. Nesse ínterim, não seria descabido levantar a hipótese de que muito do conservadorismo cristão surgido nas últimas décadas seria fruto das intenções políticas arquitetadas pelos EUA: "Muitos latino-americanos, sobretudo, os católicos esquerdistas e progressistas, consideram a 'invasão das seitas protestantes' como uma conspiração organizada pelos Estados Unidos contra a Teologia da Libertação" (LÖWY, 2000, p. 186).

Fazendo embate com a Teologia da Libertação, sobretudo a partir da década de 80, se fortifica a Teologia da Prosperidade, num viés totalmente oposto à primeira e ligada aos ditames do capitalismo. Pena e Zientarski (2022) lançam três hipóteses acerca da relação entre a Teologia da Libertação e a Teologia da Prosperidade. A primeira liga o avanço da Teologia da Prosperidade à implementação do neoliberalismo; de forma que, a partir do neopentecostalismo, emerge uma "guerra espiritual" envolvendo atuação

---

sor, Monsenhor Romero, Roma nomeou, em 1995, o Monsenhor Fernando S. Lacalle, antigo bispo do Exército, ligado à instituição *Opus Dei*. O Brasil também viveu semelhante processo com a substituição do posto ocupado por Dom Hélder Câmara pelo Monsenhor José Cardoso. Segundo Löwy (2000, p. 153), "o objetivo de Roma era substituir a maioria na Conferência Nacional de Bispos (CNBB) que, desde 1971, tinha estado nas mãos da ala progressista da Igreja". Resultado obtido, em 1995, com a eleição de Dom Lucas Moreira Neves para a presidência da CNBB – "[...] o mesmo que se recusou a levantar a voz contra a tortura em 1969" (LÖWIS, 2000, p. 154) e tinha sua pauta voltada para questões conservadoras como "a luta contra os preservativos, o aborto e o divórcio".

política e a mídia eletrônica em geral. A segunda, aponta para a tentativa, durante o pontificado de João Paulo II, de condenar a Teologia da Libertação e incentivar a adesão à "Renovação Carismática" – mais focada no âmbito espiritual. Por fim, a terceira descreve o gradual esvaziamento das CEBs, acompanhado do crescimento de uma visão "empresarial e individualista/competitiva" em detrimento da visão comunitária estabelecida pelas CEBs.

Em concordância com as hipóteses de Pena e Zientarski, afirmamos que o paulatino encolhimento do Cristianismo da Libertação tem como razão principal uma contraofensiva do próprio catolicismo romano e as artimanhas do Pentágono para frear os avanços da "Igreja dos Pobres" nas Américas. O exemplo mais evidente disso, conforme já citado no início deste item, foi o fortalecimento do Departamento de Teologia da *America Interprise Institute*, que, aos cuidados de Michael Novak, constituiu uma idolatria do capital financeiro. Nessa nova aliança entre teologia e capitalismo, é assumida como verdadeira a máxima de que "[...] o sistema de livre mercado é a melhor encarnação histórica do Reino de Deus" (SUNG, 1989, p. 120). Desse modo, a "mão-invisível" que rege as leis econômicas ganha o *status* de uma espécie de 'providência divina' que atua sobre a realidade. Ademais, segundo Novak (*apud* SUNG, 1989, p. 122) os bispos e a Igreja Católica são os responsáveis pela pobreza na América Latina, justamente por não compreenderem e combaterem o capitalismo – único sistema capaz de gerar igualdades.

Uma vez operada essa sumária ambientação, passaremos para uma análise mais efetiva acerca do surgimento do neopentecostalismo e da Teologia da Prosperidade, a fim de demarcarmos os "novos voos" que o juízo de Deus tem operado, em meio a um cenário que parece cada vez mais selar o estrito casamento entre o neoliberalismo e o neopentecostalismo. Dito isso, não poderíamos deixar de mencionar nossa concordância com Sung: "O capital é o deus Baal-Moloc: promete abundância, mas suga a vida dos inocentes para continuar vivo. A morte dos pobres é a vida do deus Capital" (1989, p. 128).

3.2 O crescente caso do neopentecostalismo e da IURD

O terceiro mistério glorioso que compõe o Rosário dos Católicos Romanos[151], faz menção ao Pentecostes, convidando os fiéis a recordarem a vinda do Espírito Santo sobre Maria e os Apóstolos. Os católicos também

---

[151] O Rosário é uma oração comum ao credo dos católicos. Sua execução predispõe a oração de quatro terços e seus respectivos mistérios. O terceiro mistério glorioso, por nós mencionado, versa sobre o Pentecostes: a vinda do Espírito Santo sobre os Apóstolos.

reservam uma data especial no ano litúrgico para a festividade do Pentecostes, que é comemorado anualmente 50 dias após a celebração da Páscoa. A narrativa está presente na Bíblia:

> Tendo-se completado o dia de Pentecostes, estavam todos reunidos no mesmo lugar. De repente, veio do céu um ruído como o agitar-se de um vendaval impetuoso, que encheu toda a casa onde se encontravam. Apareceram-lhes, então, línguas como de fogo, que se repartiam e que pousaram sobre cada um deles. E todos ficaram repletos do Espírito Santo e começaram a falar em línguas, conforme o Espírito lhes concedia se exprimirem (At 2: 1-4).

Na tradição cristã romana, o Pentecostes é considerado um evento em que Jesus, após ascender ao céu, envia seu próprio espírito para guiar os apóstolos no novo caminho de evangelização. Alimentado pela tese do Pentecostes, o século XX vê florescer uma série de novas denominações religiosas que fazem do batismo pelo Espírito Santo sua razão de se tornarem pentecostais. A partir disso, a celebração anual dos cristãos católicos se tornaria o eixo de uma nova cisão que vem causando a migração de muitos católicos para o pentecostalismo nas últimas décadas. Sem a pretensão de operarmos um estudo histórico ou sociológico do fenômeno pentecostal e neopentecostal, parece-nos pertinente, desde já, mencionar que o pretexto de criação de novas igrejas costuma obedecer ao critério de uma "vontade de verdade", pois cada qual surge como uma verdade superior àquelas anteriormente alcançadas. Nesse caso, o "antigo" Pentecostes dos católicos agora se torna verdadeiro e genuíno, podendo servir de guia à crença dos novos fiéis que vão proliferando[152].

Obedecendo ao "critério" de uma origem por providência divina, para os pentecostais a nova crença é uma reafirmação do Espírito Santo, o qual passa a atuar diretamente sobre os fundadores que proferem a cerimônia do batismo sobre os fiéis. O batizado se torna correligionário dos apóstolos – pois divide com eles o mesmo espírito enviado por Jesus, que possibilitou o dom do entendimento para os apóstolos[153]. Segundo José

---

[152] Segundo Tec-Lopez (2020, p. 123-124, tradução nossa): "Para os pentecostais, os dons sobrenaturais haviam se perdido desde o tempo dos primeiros apóstolos, sendo 'redescobertos' pelo pentecostalismo no início do século XX". "*Para los pentecostales, los dones sobrenaturales se habían perdido desde los tiempos de los primeros apóstolos para ser 'redescubiertos' por el pentecostalismo de principios del siglo XX*".

[153] Alimentados pela tese dos Atos dos Apóstolos de que, após a descida do Espírito Santo, indivíduos pertencentes a povos de línguas diferentes passaram a se entender – "cada qual os ouvia falar em seu próprio idioma" (At 2: 6) – os pentecostais, da Assembleia de Deus, acreditam que o batismo de fogo (efusão do Espírito) possibilita

de Oliveira[154], "o começo do avivamento pentecostal não obedeceu a um plano predeterminado por qualquer mente humana, e as Assembleias de Deus são fruto de um movimento que teve seu início de forma espontânea e da parte de Deus" (2003, p. 34).

Cerca de seis décadas separam o surgimento do pentecostalismo (1910) do aparecimento do neopentecostalismo no Brasil (1977). Para a nossa tarefa de perscrutar alguns caminhos que o juízo tem percorrido na história recente, nos deteremos na doutrina da Igreja Universal do Reino de Deus (IURD). Sem dúvida, a Teologia da Prosperidade é um dos elementos que singulariza o neopentecostalismo e a IURD, fortemente aliados ao liberalismo econômico. O fenômeno neopentecostal busca, na prosperidade financeira de seus membros, um diferencial para alavancar o novo credo religioso, numa dinâmica que envolve conquista e retribuição a "Deus" pelos benefícios alcançados. Trata-se de um novo fenômeno religioso que visa, ao mesmo tempo, à saúde do corpo e à riqueza financeira. Assim se apresenta o neopentecostalismo por meio da Teologia da Prosperidade, nos EUA denominada de *health and wealth gospel*, literalmente saúde e riqueza. Uma inscrição tanto enfática quanto embaraçosa; afinal, a maioria da população brasileira e, consequentemente, dos fiéis, são assalariados em condições econômicas precárias[155].

A velha máxima de que somos filhos de Deus e, portanto, herdeiros de tudo o que pertence à terra, se torna um jargão constante no meio neopentecostal. A fé deixa de estar ligada ao abandono da vida terrena por um consequente deleite dos "bens espirituais", que só seriam alcançados no reino dos céus. Agora ela está diretamente vinculada com o bem-estar privado e econômico dos fiéis. Deus e homem passam a fazer parte de um empreendimento comum, numa cooperação que requer reciprocidade: "É

"falar em línguas", ou seja, externalizar o espírito que foi internalizado – unificando o entendimento entre os "povos". No site oficial da Assembleia de Deus no Brasil constam 16 pontos doutrinais que compõem o credo "Em que cremos" de sua Igreja. O 11º relata justamente a crença no batismo do Espírito Santo: "11) No batismo no Espírito Santo, conforme as Escrituras, que nos é dado por Jesus Cristo, demonstrado pela evidência física do falar em outras línguas, conforme a sua vontade (At 1.5; 2.4; 10.44-46; 19.1-7)" (Disponível em: https://assembleia.org.br/em-que-cremos/. Acesso em: 31 mar. 2023).

[154] José de Oliveira foi membro fundador da Assembleia de Deus Tradicional no Amazonas, vindo a falecer em 2020 por complicações da Covid-19.

[155] Para Téc-López, "sua doutrina se baseia em signos e sinais de Deus, que funcionam como guias para o êxito individual (2020, p. 110, tradução nossa). "*Su doctrina se basa en signos y señales de Dios que funcionam como guías para el éxito individual*" (2020, p. 110). Nessa concepção "material" da fé, Téc-López também afirma (2020, p. 110) que a pobreza passa a ser caracterizada como pecado, uma vez que prosperar e dispor de capital é uma benção divina que recai sobre o fiel.

maravilhoso saber que Deus deseja ser nosso sócio e que podemos ser sócios de Deus em sua missão de salvar o mundo". Ademais, Soares ainda acrescenta: "Ser sócios de Deus significa que nossa vida, nossa força, nossos dons e nosso dinheiro passam a pertencer a Deus, enquanto suas dádivas como paz, alegria, felicidade e prosperidade passam a nos pertencer" (SOARES, 1985, p. 141). Na medida em que o fiel prospera, ele necessita partilhar com Deus o resultado do seu trabalho, essa partilha acontece por meio do dízimo/oferta, selando uma reciprocidade entre Deus – o primeiro donatário – e o homem – arrendatário e produtor das terras divinas. Nesse cenário *espiritual* e de *partilha*, que poderíamos chamar de produtivo e lucrativo, o dízimo e as ofertas são os meios com os quais o arrendatário paga sua parcela de produção ao donatário: "Quem é que tem o direito de provar a Deus, de cobrar D'le aquilo que prometeu? O dizimista!" (MACEDO, 2000, p. 58).

Reascendendo o cristianismo no Brasil, atraindo empresários e ganhando notoriedade midiática, não demorou muito e a IURD começou seu processo de expansão no exterior em 1985, chegando aos Estados Unidos da América em 1987. De acordo com notícia do Portal R7, pertencente ao Grupo Record do próprio Macedo, a IURD está presente em 135 países, com o significativo número de 12,3 mil templos espalhados pelos cinco continentes. Dentre fiéis e simpatizantes, a reportagem aponta 7 milhões no Brasil e 2,9 milhões no exterior[156]. Liderada por Macedo desde seu surgimento em 1977, a IURD já sofreu algumas rupturas institucionais dentre seus membros. Em 1980, por exemplo, Macedo viu seu cunhado e cofundador da IURD Romildo Ribeiro Soares abandonar a parceria e fundar a Igreja Internacional do Reino de Deus; já em 1997 foi a vez do pastor Valdemiro Santiago deixar a IURD para fundar a Igreja Mundial do Poder de Deus. Apesar dos constantes escândalos econômicos, culturais e das rupturas que levam à criação de novas igrejas – talvez também graças a isso –, o pentecostalismo e o neopentecostalismo se encontram em plena ascensão no território brasileiro[157].

---

[156] Disponível em: https://noticias.r7.com/brasil/universal-completa-43-anos-com-10-milhoes-de-fieis-pelo-mundo-09072020. Acesso em: 21 dez. 2021.

[157] De acordo com o IBGE, 9% da população era evangélica em 1990, 15,4% em 2000 e 22,2% em 2010, sendo que, em 2010, 60,0% se declaravam de origem pentecostal. Se seguirmos as projeções estatísticas é provável que em 2030 a população evangélica alcance 40% da população e ultrapasse a agora majoritária população católica (Disponível em: https://thetricontinental.org/pt-pt/brasil/o-crescimento-pentecostal-e-os-desafios-para-o-campo-popular/. Acesso em: 07 jan. 2022). Para se ter uma ideia de proporções, em 1990, o Brasil tinha 17.033 templos evangélicos, sendo que, em 2019, passou a contar com 109.590. Um aumento de 543%. "Apenas em 2019, último ano do levantamento, 6.356 templos evangélicos foram abertos no Brasil – uma média de 17 por dia" (Disponível em: https://www.bbc.com/portuguese/articles/crgl7x0e0lmo. Acesso em 12 set. 2023).

Como veremos a seguir, algumas faces do juízo seguem cintilando no neopentecostalismo. Se levarmos em consideração nossa classificação das cinco faces do juízo, apresentada na Introdução, é notório que o legalismo, da terceira face, ganha certo abrandamento – afinal, toda a tonalidade legalista que marcava o pentecostalismo nascente adquire maior sutileza com o neopentecostalismo. No entanto, é inegável a avidez com que se manifestam, sobretudo a 1ª (Superioridade moral e anulação das diferenças), a 2ª (Fanatismo religioso e conservadorismo dos costumes) e a 4ª (Superioridade étnica, de gênero e racial, e exclusão das minorias), faces que retroalimentam e reascendem o poder religioso e seu fausto casamento com o juízo, ainda nos séculos XX e XXI. Não estamos, com isso, insinuando que tais características sejam exclusivas do neopentecostalismo ou da IURD; afinal, eles não inventaram a roda da ciranda religiosa – que se mantém em movimento, com maior ou menor intensidade, desde a institucionalização do cristianismo em solos romanos no século IV. Estamos, isso sim, afirmando sua efetiva e constante operacionalidade na atualidade.

3.2.1 A demonização das diferenças como exaltação da própria identidade na IURD

A caça ao Minotauro segue viva por intermédio da perseguição às religiões afro-brasileiras. Demonizar o devir outro em suas peculiaridades e diferenças é uma operação comum em meio aos cultos da IURD. Assim, a ascensão das forças reativas, que sela o juízo enquanto fruto do ressentimento, acaba sendo um dos modos mais comuns da ação neopentecostal. Embora não possa ser classificado como um gesto de nobreza, os constantes ataques contra grupos minoritários parecem servir como propaganda para muitos novos fiéis que se sentem atraídos por essas formas de evangelização. Ainda na Introdução, ao apontarmos as 5 faces do juízo, elencamos, como primeira, a 'Superioridade moral e anulação das diferenças'. Como toda forma reativa de pensar, a necessidade de afirmar-se como moralmente superior e de aniquilar tudo o que difere de si surge como negação e inferiorização do outro: "Afixar o rótulo de 'valor humano inferior' a outro grupo é uma das armas usadas pelos grupos superiores nas disputas de poder, como meio de manter sua superioridade social" (ELIAS; SCOTSON, 2000, p. 17).

Para que o juízo ocorra, é imprescindível que haja um ponto ao qual empreender uma disputa. Não se trata nunca de um ato afirmativo de criação, mas de uma negação, que pode se apresentar por meio daquilo que

Spinoza (2019) classificaria como paixões tristes. Ao constituir a doutrina da IURD, Macedo toma as religiões afro-brasileiras como inimigas sagazes de suas aspirações, demonizando tudo o que pertence àquele credo religioso e, assim, mantendo a "superioridade social" do seu grupo:

> Houve, com o decorrer dos séculos, um sincretismo religioso, ou seja, uma mistura curiosa e diabólica de mitologia africana, indígena brasileira, espiritismo e cristianismo, que criou ou favoreceu o desenvolvimento de cultos fetichistas como a umbanda, a quimbanda e o candomblé (MACEDO, 2006, p. 13).

Macedo ataca o que há de mais genuíno dentre os diversos povos brasileiros, seu sincretismo religioso, que se revela na pluralidade de cores e costumes que permeia nossa cultura. Não bastassem os ataques históricos e o racismo corrente contra os povos afrodescendentes, ainda temos que ver uma campanha religiosa de demonização de seus rituais e práticas religiosas. Ao se referir à religião africana como "mitologia", Macedo acentua ainda mais o próprio ressentimento religioso: afinal, frente à minha religião, sua crença é mitológica. Obviamente, esse não é um comportamento exclusivo da IURD, há uma tendência solipsista em tratar crenças diferentes ou de outras épocas como mitológicas, a própria história da filosofia tende a tratar como mitologia a religião dos antigos gregos. No fundo, a disputa entre civilização e barbárie não passa de um engodo do próprio juízo, que trata o bárbaro como outrem, seja por poder, comodidade ou desconhecimento.

Em sua obra, *Orixás, Caboclos e Guias: deuses ou demônios?*, Macedo (2006) se compraz em demonizar os costumes afro-brasileiros, tratando seus adeptos como possuídos por demônios: "Dentro da umbanda, quimbanda e candomblé, enfim, de todas as formas de espiritismo, as pessoas são possessas" (2006, p 57). Não bastasse isso, o pastor ainda sinaliza – como "sinais de possessão" (2006, p. 64-70) demoníaca – estados orgânicos que fazem parte da vida humana. Vejamos alguns exemplos: "É natural as pessoas terem dores de cabeça [...], mas, quando se trata de dores de cabeça constantes, podemos garantir que, na maioria dos casos, há possessão" (2006, p. 66). Este outro acerca do suicídio: "todas as pessoas que vivem querendo morrer são endemoninhadas" (2006, p. 69). Muitos outros exemplos são mencionados, para resumir, situações cotidianas como nervosismo, insônia, medo e desmaios também são apresentados como indícios de possessão demoníaca (2006, p. 64-70). O grau de difamação (demonização) chega beirar o ridículo: "Todas as pessoas que se alimentam dos pratos vendidos pelas famosas baianas estão sujeitas, mais cedo ou mais tarde, a sofrer do estômago" (2006, p. 42).

Não seria exagero afirmar que a guerra espiritual contra o demônio, travada e alimentada pela IURD, é mais importante que qualquer outro rito ou prática presente no semanário dos templos. Parece que a cruzada contra o demônio acaba servindo de *marketing* para que novos fiéis se incorporem aos iurdianos (membros da IURD). O próprio Nietzsche já preambulava sobre o cristianismo de outrora: "A interpretação de todas as desgraças como efeitos de espíritos hostis é o que tem impulsionado as grandes massas aos cultos religiosos" (Frag. Post., outono de 1885,1 [5])[158]. A polarização entre polos dualistas parece exercer efeito narcotizante, nesse caso, a fé em Deus necessita da "existência" do Diabo; aliás, da maneira como as coisas são postas, o próprio Diabo acaba sendo protagonista. O próprio Macedo (2006, p. 120) enfatiza literalmente: "Vivemos em plena era do demonismo". Por todos os lados, o fiel é cercado pela presença maligna, que precisa ser exorcizada pelos pastores da IURD. O *modus operandi* da IURD trata de demonizar as outras religiões para propor sua própria santificação[159]. O jargão de Sartre, presente na peça teatral *Huis Clos* (Entre quatro paredes), "O inferno são os outros" (1977, p. 23), se aplica a esse caso de modo irrestrito. Tudo está infernizado e precisa ser purificado pelo "puritanismo" dos benfazejos de Macedo. Não precisamos nem mencionar o grau de fortaleza que o juízo atinge nesse admirável mundo novo do cristianismo.

Para sintetizar o novo império da IURD, Mariano (2005, p. 54) determina o ponto central a que nos referimos: "Macedo vai, em parte graças ao Diabo que tanto ataca, interpela e humilha, construindo a passos largos seu império". A fixação no combate ao demônio acaba concentrando a todos em prol de uma causa comum, de tal sorte que o malfazejo demônio – que já rendera muitas indulgências na Idade Média – segue "mais vivo" do que nunca. Não estamos com isso demonizando a crença em Deus e/ou Jesus, pois o objetivo final da fé continua sendo Deus. O Diabo, nesse caso, exerce papel de antagonista, propiciando uma razão pela qual lutar, impedindo assim uma monotonia que costuma não atrair fiéis. Nietzsche já dizia (JGB/BM §

---

[158] "*La interpretación de todas las desgracias como efectos de espíritus hostiles es lo que ha impulsado hasta ahora a las grandes masas a los cultos religiosos*" (Frag. Post., outono de 1885,1 [5]).

[159] Nessa corrida bélica contra os "outros", sobrou até para as religiões orientais: "As religiões orientais, regadas de demônios, estão, sob a capa cristã ou não, invadindo o mundo, entrando nos salões de festa e coabitando nos casebres das favelas" (MACEDO, 2006, p. 120).

76): "Em circunstância de paz, o homem guerreiro se lança contra si mesmo". Desse modo, o demônio propicia uma relação de tensão e, portanto, é peça central da disputa e da consequente atração dos fiéis. Embora "atração pelo demônio" possa parecer um pouco exagerado de nossa parte, não podemos perder de vista que a tradição cristã tem o Diabo como "sedutor", como aquele que convenceu Eva de comer a maçã e que, cotidianamente, atrai as pessoas para o pecado e para o mal. Aliás, o próprio apóstolo Paulo admite a concupiscência humana para o prazer do pecado: "Com efeito, não faço o bem que quero, mas pratico o mal que não quero. Ora, se faço o que não quero, já não sou eu que ajo, e sim o pecado que habita em mim" (Rm 7: 19-20).

Se, por um lado, o demônio impele para a tentação do pecado, por outro, o neopentecostalismo se empenha em demonizar tudo quanto possa estar à sua volta. Não seria exagero algum vislumbrar um cosmos pleno de "forças demoníacas", uma espécie de panteísmo diabólico ao qual é preciso empreender constantes batalhas para que o demônio não se apodere de tudo que seja humano. Essa verdadeira guerra espiritual contra o diabo fica nítida na fala de R. R. Soares:

> Não existe nada que esteja fora da ação demoníaca. No futebol, na política, nas artes e na religião, nada escapa ao cerco do diabo. [...] Por trás da religião, do intelectualismo, da poesia, da arte, da música, da psicologia, do entendimento humano e de tudo com o que temos contato, Satanás se esconde (SOARES apud ROCHA, 2020).

Demonizar para exorcizar e conquistar! Esse poderia ser o lema do neopentecostalismo no Brasil, pois aqui o juízo apresenta-se como modelo identitário, como segmentaridade dura que visa eliminar qualquer Minotauro que possa transparecer a face vilipendiada do Diabo. Na nefasta lógica empreendida pela IURD, Orixás, Caboclos e Guias são reduzidos a demônios que precisam ser rechaçados e deixados à margem de um novo projeto religioso sacro. Não há espaço para as religiões afro-brasileiras, não há espaço para o espiritismo, nem para o sincretismo religioso. No fundo, só há espaço para uma identidade única, polida pelos interesses "pseudo-espirituais dos novos homens de Deus", que operam uma grande cruzada contra a diferença. Ainda em 1968, Deleuze lançava uma dura tarefa para a filosofia: "Tirar a diferença de seu estado de maldição parece ser, assim, a tarefa da filosofia da diferença" (2021, p. 54). Passados mais de 50 anos, desde a publicação de *Diferença e Repetição*, assinalamos que a tarefa continua a mesma e que, desde então, a diferença tem avançado poucas jardas.

3.2.2 Teologia da Prosperidade: o casamento entre a fé e o dinheiro

O Cristo dos evangelhos não parece combinar com o mercantilismo do acúmulo de capital que se dá por meio da exploração humana. Há uma clara dicotomia entre Deus e dinheiro: "Ninguém pode servir a dois senhores. Com efeito, ou odiará um e amará o outro, ou se apegará ao primeiro e desprezará o segundo. Não podeis servir a Deus e ao Dinheiro" (Mt 6: 24). Mateus é bastante literal quando diz: ou um ou outro. Não há conciliação, porque Deus não deve ser atrelado a qualquer benefício financeiro. O evangelista João narra um episódio em que Cristo se irrita e usa do "chicote" para banir mercadores do templo:

> Estando próxima a Páscoa dos judeus, Jesus subiu a Jerusalém. No Templo, encontrou os vendedores de bois, de ovelhas e de pombas e os cambistas sentados. Tendo feito um chicote de cordas, expulsou todos do Templo, com as ovelhas e com os bois; lançou ao chão o dinheiro dos cambistas e derrubou as mesas e disse aos que vendiam pombas: 'Tirai tudo isto daqui; não façais da casa do meu Pai uma casa de comércio'. Recordaram-se seus discípulos do que está escrito: *O zelo por tua casa me devorará* (Jo 2: 13-17).

Novamente, o recado é simples e direto: "não façais da casa do meu pai uma casa de comércio". Como dito, não há conciliação possível entre Deus e dinheiro. Com isso, Jesus não está "demonizando" o dinheiro, mas colocando cada coisa em seu devido lugar, com o intuito de purificar o templo para deixá-lo livre da prática de comércio. O próprio Mateus enfatiza a separação entre as atividades humanas de comércio e obtenção de lucro e a relação homem/Deus: "Dai, pois, o que é de César a César, e o que é de Deus, a Deus" (Mt 22: 21). O dinheiro não é "proibido" ou "demonizado", tal qual a IURD faz com seus dessemelhantes, apenas não deve ser usado como atividade-fim no templo, nem confundido como meio para se chegar até Deus.

A preocupação de Cristo em afastar o dinheiro do templo e, consequentemente, da vivência individual da fé de cada cristão, certamente se deve ao caráter monopolizante do dinheiro. O dinheiro cria hierarquias e relações de poder. Por meio dele, povos são subjugados e indivíduos são valorados como meras mercadorias com um valor comercial determinado. É praticamente impossível conciliar Deus e dinheiro, uma vez que o segundo tende a exercer um papel alienante sobre o indivíduo – que, na busca pela subsistência e pela riqueza, tende a deixar Deus em segundo plano: "Em verdade vos digo que o rico dificilmente entrará no Reino dos Céus. E vos digo ainda: é mais fácil o camelo entrar pelo buraco da agulha do que o rico entrar no Reino de Deus" (Mt 19: 23-24). Não há outro meio de ler essa passagem de Mateus, senão pela via de que o dinheiro afasta o fiel de Deus. Se formos refazer essa leitura, à luz do capitalismo na atualidade, novamente fica difícil conciliar a produção de capital e riqueza com o "Reino de Deus". Para Guattari (2012, p. 51), "o que condena o sistema de valorização capitalista é seu caráter de equivalente geral, que aplaina todos os outros modos de valorização, os quais ficam assim alienados à sua hegemonia". Ao aplainar "todos os outros modos de valorização", o próprio Deus acaba subjugado ao plano do capital.

Dízimos, ofertas e até a venda de indulgências são práticas que acompanham a cristandade desde a Idade Média; inclusive, a venda de indulgências serviu de estopim para a Reforma Protestante no século XVI. Ao elaborar as 95 teses e fixá-las na Igreja de Wittemberg, na Alemanha, Martinho Lutero impôs uma verdadeira guerra contra o Catolicismo Romano, denunciando os excessos institucionais e financeiros que vinham compondo o enredo da hierarquia papal constituída. No que diz respeito à venda de indulgências, havia pregações sensacionalistas que visavam comover os fiéis a comprar a própria salvação da alma. Existia, inclusive, uma frase atribuída ao frade Johan Tetzel, comissário alemão de indulgências da época, expressa nos seguintes termos: "Assim que o dinheiro tilinta na caixinha, a alma (em favor de quem se dá a esmola) salta para fora do purgatório" (DANIEL-ROPS, 1996, p. 267).

É certo que a cristandade medieval não pode ser reduzida à venda de indulgências ou a excessos políticos; no entanto, tais práticas marcaram pejorativamente a história da Igreja Católica Romana. Foi-se assim constituindo um período de baixa espiritualidade e forte acúmulo de relíquias e posses para endossar o poder financeiro da cristandade. Para o historiador Green (1984, p. 128):

> O sistema das indulgências tinha tido a sua origem no tempo das Cruzadas, como um meio de as pessoas compensarem a sua incapacidade de tomar parte numa cruzada e não deixarem, por isso, de ganhar o prometido perdão dos pecados, mediante um pagamento à Igreja.

Se, por um lado, a Guerra Santa (Cruzadas) contra Jerusalém era considerada um movimento de peregrinos penitentes que buscavam o "perdão dos pecados", por outro, ao longo do tempo, aqueles que não se adequavam, ou não se dispunham a enfileirar as trincheiras de combate, foram buscando a salvação por meio de tributos e ofertas dirigidas à Igreja, ato que ficaria selado como a venda de indulgências.

Ao introduzir a temática das indulgências na era pré-renascentista, estabelecemos certa conexão com a Teologia da Prosperidade, pois, a partir da década de 60 nos EUA e da década de 70 no Brasil, a relação dos fiéis evangélicos, agora chamados de neopentecostais, com o mundo e o dinheiro, adquire nova tonalidade. Se outrora o sectarismo e o ascetismo dos pentecostais acabava por deixar o mundo em segundo plano, "agora", com o neopentecostalismo, a prosperidade e a afirmação dos bens indispensáveis à "boa vida" passam a ser ideais constantes em meio aos fiéis.

> Com promessas de que o mundo seria *lócus* de felicidade, prosperidade e abundância de vida para os cristãos, herdeiros das promessas divinas, a Teologia da Prosperidade veio coroar e impulsionar a incipiente tendência de acomodação ao mundo de várias igrejas neopentecostais aos valores e interesses do 'mundo', isto é, à sociedade de consumo (MARIANO, 2005, p. 149).

Ao operar um salto do verticalismo ascético para as relações cotidianas, o neopentecostalismo revoluciona o protestantismo, atraindo adeptos de todas as classes sociais[160]. A partir de então, o mundo deixa de ser o sombrio e subterrâneo vale de lágrimas para ser visto como local de ascensão e deleite dos bens e posses conquistadas. O próprio dinheiro, que levou Judas a vender seu Mestre Jesus e, por séculos, fora tido como obstáculo para alcançar a salvação[161], passa a ser visto como ferramenta sagrada: "O dinheiro é uma ferramenta sagrada usada na obra de Deus. Ele é o dono de todas as coisas, mas nós somos os sócios nos Seus empreendimentos"

---

[160] No caso da IURD, os fiéis são, em sua grande maioria, compostos pela população mais vulnerável economicamente: "Por piores que sejam os indicadores sociais brasileiros, os membros da Universal têm renda e escolaridade bem inferiores às da população. São, portanto, os muito pobres e marginalizados que fazem a fortuna da Universal" (MARIANO, 2005, p. 59).

[161] As ordens religiosas que foram surgindo ao longo da história da Igreja Católica Apostólica Romana instituíram os votos de *pobreza*, castidade e obediência para a admissão de seus religiosos(as) consagrados(as). Um exemplo a ser mencionado é a Ordem dos Agostinianos Descalços, inspirada em Santo Agostinho e guiada por sua regra de vida. Quanto à pobreza, selecionamos alguns trechos da regra: "31 - Professando, por amor a Deus, a pobreza, acompanhamos mais de perto a Jesus, feito pobre por nosso amor, e seguimos seu ensinamento de não colocar nossa esperança e nossa segurança nos bens terrenos e sim nos celestes. [...] 32 - A pobreza é um meio fundamental para realizar a vida comunitária, pois, quanto mais se desfaz a cupidez dos bens terrestres, tanto mais edificar-se-á a caridade no coração dos irmãos. 33 - Pelo voto simples ou temporário, o religioso renuncia ao direito de usar e dispor dos bens temporais [...] 34 - Pelo voto solene ou perpétuo, o religioso torna-se incapaz de possuir e de administrar bens temporais" (1996, p. 42-43).

(MACEDO, 2000, p. 52). Por essas e outras afirmações, é certo que Edir Macedo não inventou a Teologia da Prosperidade, mas deu um belo salto para difusão e popularização em sua Igreja.

Constituindo uma teologia ligada ao bem-estar financeiro e emocional dos fiéis, a IURD aposta no "investimento direto a Deus" do capital construído por seus membros: "O princípio da prosperidade é a doação financeira, entendida não como gratidão ou devolução a Deus (como na teologia tradicional), mas como um investimento. Devemos dar a Deus *para que* ele nos devolva com lucro" (FRESTON, 1993, p. 105). Na nova ótica iurdiana, o bom Deus retribui as ofertas com juros. Fica difícil não associar a figura divina a uma espécie de Banco Central, cuja essência é sempre receber o máximo que o indivíduo possa "depositar", a fim de ter maior quantidade de "juros". O exemplo recorrente usado por Macedo é o da viúva que ofertou todas as suas moedas: "No contexto terreno, vemos que *quem dá é maior* do que quem recebe [...]. O exemplo da pobre viúva que deu suas únicas duas moedas a Deus prova isso" (MACEDO, 2018, p. 170-171)[162].

Essa relação de intimidade com o dinheiro e as riquezas aproxima o término da Idade Média do advento do neopentecostalismo. Podemos até questionar se a Teologia da Prosperidade seria ou não uma nova forma de cobrança de indulgência em pleno século XXI. Afinal, guardadas as devidas proporções, cada uma tem, como *modus operandi*, a arrecadação de dinheiro que será usado em "benefício" da igreja. A diferença fundamental é que, no medievo, o cristão era tomado como pobre e se contentava com uma vida próspera após a morte, enquanto, na atualidade neopentecostal, as arrecadações se dão com a promessa de uma vida terrena mais plena de posses e riquezas. Promessas à parte, é difícil não perceber que os benfeitores, em sua maioria, continuam levando uma vida de miséria, em condições mínimas de salário e moradia. A justificativa para tal infortúnio é descrita por R. R. Soares: "Não basta dar o dízimo. Os negócios aqui na terra são administrados pelo homem. Se for inteligente, astuto e souber aproveitar as oportunidades, estes dons, aliados à bênção divina, farão dele uma pessoa tremendamente próspera (SOARES, 1985, p. 17).

No fundo, independente da época e da condição socioeconômica, os donatários do bom e velho dízimo costumam ser compostos pela população mais pobre, que vive à margem da estrutura religiosa por eles sustentada. A diferença é que agora o bem-estar financeiro passou a ser incentivado,

---

[162] Referência ao Evangelho de Marcos (13: 41-44).

só necessitando de "inteligência, astúcia e aproveitar as oportunidades..." para haver êxito. O discurso de Soares lembra um pouco a velha falácia da meritocracia: a prosperidade está ali, mas você precisa se "esforçar" para ultrapassar os verdadeiros detentores do capital. É, ainda, semelhante à lógica da Rainha de Copas: "[...] aqui, como vê, você tem de correr o mais que pode para continuar no mesmo lugar. Se quiser ir a alguma outra parte, tem de correr no mínimo duas vezes mais rápido!" (CARROL, 2009, p. 121). "Continuar no mesmo lugar"! Triste sina de quem acredita estar indo mais longe e que, no fundo, está apenas contribuindo para a edificação de uma pirâmide – cujo lugar de ocupação permanece sempre na base. Na lógica da pirâmide, o juízo estabelece hierarquias, frente às quais o fiel religioso costuma olhar de baixo e sonhar alto; tal como o artista ingênuo, descrito por Nietzsche (GT/NT § 8), que, ao perceber-se no mundo onírico, deseja continuar sonhando. Para sintetizar, diríamos: um olhar idealista para uma realidade que, de tão repugnante, chega a ser cômica.

Em seu ensaio de juventude, *Do Cristo à burguesia*, Deleuze (2018) estabelece algumas relações entre o cristianismo e a burguesia. Em ambos os casos, há uma submissão do mundo exterior ao interior. Enquanto o cristão busca se salvar do próprio mundo, abandonando o pecado nele (mundo) impregnado, o burguês, igualmente, repele o público em prol de seus interesses privados. Deleuze é enfático em pontuar: "[...] a vida espiritual cristã é tão somente uma *natureza burguesa*" (2018, p. 274). Dito isso, poderíamos até cair na ingenuidade de acreditar que o neopentecostalismo estaria em via contrária, uma vez que constrói sua teologia em consonância com o mundo. No entanto, é explícito o casamento entre Deus e o dinheiro, de tal forma que o único mundo neopentecostal possível é o mundo do capital, das relações de poder que se exercem por meio do dinheiro. Deleuze já havia percebido que "a burguesia de negócios substituiu a burguesia de propriedade" (2018, p. 270); agora percebemos que o cristianismo do sujeito pecaminoso é substituído pelo empreendedor de Cristo.

Um cristão com a consciência tranquila pelas posses conquistadas e uma igreja com os cofres em dia – eis o primor do empreendedor cristão. O início deste parágrafo pode até soar subversivo; no entanto, o trato com o dinheiro passou, inclusive, a ser visto como assunto espiritual ainda antes do aparecimento do neopentecostalismo. Robert McAlister, fundador da Nova Vida[163], escreveu um livro intitulado *Dinheiro*: um assunto altamente

---

[163] A Igreja Nova Vida é classificada, por Mariano, como deuteropentecostalista. Fundada em 1960 no bairro de Botafogo, no Rio de Janeiro, destacava-se pelo "[...] intenso combate ao Diabo, valorização da prosperidade

espiritual. Nele McAlister (1981) estabelece uma crítica aos pastores que encaram o dinheiro como *"a raiz de todos os males"* (1981, p. 8). McAlister chega a mencionar que o dinheiro é "[...] um deus que exige devoção" (1981, p. 38). Por se tratar de um "deus outro" e não do verdadeiro Deus, ele não deve ser adorado nem repudiado. Além do mais, não há mal algum em possuir dinheiro: "[...] o pecado relacionado a esta maldição não é a posse do dinheiro, e sim o amor do dinheiro" (McALISTER, 1981, p. 42). Não sendo pecado possuir dinheiro, o caminho fica livre para o cristão buscar uma vida financeira próspera, que, na verdade, só será realmente próspera se este mantiver lealdade a Deus pelos benefícios conquistados – lealdade selada com a oferta "espontânea" do dízimo: "Se você deseja garantir o seu futuro financeiro, pague seu dízimo. Dê também ao Senhor ofertas de amor" (McALISTER, 1981, p. 54).

O resumo da "ópera" acima descrita é: desde que o dinheiro não seja fruto de amor e adoração do cristão, não há mal algum em possuí-lo e ofertá-lo aos cofres divinos. Tendo em vista que, para prosperar, é preciso contar com o maior credor da história do mundo, Deus – fator que novamente assinala a continuidade da velha "dívida infinita" –, além de não haver mal algum em possuí-lo, a Teologia da Prosperidade passa a associar diretamente o dinheiro à vivência da fé, a própria pobreza é vista como falta de fé, uma vez que uma fé genuína aproxima o cristão de Deus e lhe assegura uma vida em abundância: "Deus não Se contenta com o fato de Seus filhos serem pobres e necessitados" (MACEDO, 2000, p. 20). É desconcertante ver que a velha fé de Abraão (Gn 22), disposto ao sacrifício do próprio filho, agora está quase que reduzida à prosperidade e à capacidade de doação (dízimo e oferta) dos fiéis[164]. O objetivo da Teologia da Prosperidade se assemelha aos ideais neoliberais de uma vida saudável, segura e com uma boa reserva financeira. Para tanto, a Igreja Internacional da Graça de Deus, por exemplo, realiza cultos, com a famosa Corrente da Prosperidade e a Fogueira Santa, com o primordial objetivo de arrecadar ofertas dos fiéis[165]. Não

---

material mediante a contribuição financeira, ausência do legalismo em matéria comportamental (2005, p. 51). Interessa-nos destacar que, dentre seus fiéis, estavam Edir Macedo e R. R. Soares, que, como sabemos, foram, posteriormente, os principais fundadores do neopentecostalismo no Brasil.

[164] "A Bíblia tem mais de 640 vezes escrita a palavra oferta. Oferta é uma expressão de fé. Se Deus não honrar o que falou há três ou quatro mil anos atrás, eu é que vou ficar mal" (MACEDO *apud* MARIANO, 2005, p. 165). "É necessário dar o que não se pode dar. O dinheiro que se guarda na poupança para um sonho futuro, esse dinheiro é que tem importância, porque o que é dado por não fazer falta não tem valor para o fiel e muito menos para Deus" (MACEDO *apud* MARIANO, 2005, p. 170).

[165] Acerca do funcionamento da mencionada Fogueira Santa e da Corrente da Prosperidade, o próprio Soares (1985, p. 40) explica: "Na primeira, a pessoa coloca uma oferta e um pedido em um envelope e o leva à igreja

seria exagero afirmar que grandes bênçãos requerem generosas doações. Ademais, o velho diabo atormenta até quem não é generoso aos cofres da Igreja: "Quase sempre a pessoa que não contribui com os dízimos e ofertas para a obra de Deus está dando ouvidos ao diabo" (SOARES, 1985, p. 120).

De um lado saúde, sucesso e dinheiro; do outro, a falta de fé, o diabo e toda má sorte de mazelas que atormentam os fiéis e os levam para os cultos de cura e libertação frequentemente realizados nas igrejas neopentecostais[166]. A considerar o enorme contingente demográfico de pessoas em condições de vulnerabilidade social que frequentam as religiões neopentecostais é inevitável a conclusão da ineficácia dos cultos e da contundente falta de fé dos fiéis. Outro fator, também destacado por Mariano (2005, p. 167-170), são os constantes constrangimentos operados por pastores na hora de pedir as ofertas: não há pudor algum em "desnudar" até os últimos centavos de quem tem quase nada para ofertar. Ademais, uma vez que a prosperidade está atrelada à própria fé, torna-se vergonhoso para o fiel não possuir nada para doar, o que seria o mesmo que admitir não ter dinheiro porque não possui fé e, ainda pior, sua condição pode estar atrelada à ausência da graça divina e à consequente possessão demoníaca. Nesse caso, fica difícil até de ir até o templo com os "bolsos vazios".

Uma prosperidade à custa da miséria – eis a contradição que parece alimentar os cofres de muitas igrejas na atualidade. Neste "novo mundo", o juízo precisou adquirir novas plumagens – a tal ponto que se tornou possível usar o termo depósito para se referir às ofertas. Um depósito que, quando não efetuado, predispõe o cristão na condição de "devedor". A velha saga da "dívida infinita" segue aqui viva: é preciso arrecadar o máximo para manter a credibilidade com Deus e se afastar do diabo. Poderíamos até criar uma fórmula ao estilo do lema positivista: ganhar para ofertar, a fim de prosperar. De fato, o juízo tem-se reinventado e o neopentecostalismo se

---

no dia determinado. Todos, no momento do culto, colocam os envelopes sobre o altar e oram fervorosamente agradecendo a Deus pela oferta, consagrando-a a Ele, e rogando que atenda aos pedidos contidos nos envelopes. Após isso, num gesto de fé, os pedidos são queimados, lembrando as ofertas do Antigo Testamento, que eram queimadas, sobre o altar, na certeza de que já foram atendidos. A outra é a Corrente da Prosperidade, na qual as pessoas se comprometem a contribuir durante algum tempo. Nas reuniões da corrente, os envelopes são levados ao altar e as pessoas, de mãos dadas, numa grande corrente de fé, oram pedindo a Deus que resolva seus problemas, principalmente os financeiros".

[166] Na atual agenda de celebrações da IURD, as segundas-feiras trazem, em sua programação, o "Congresso para o Sucesso", voltado para o bem-estar financeiro; as terças-feiras são contempladas com a chamada "Corrente dos 70", uma celebração que promete cura definitiva para os problemas de saúde; as quintas-feiras dispõem da "Terapia do Amor" e as sextas-feiras da "Sessão de Descarrego". Enfim, para cada problema uma celebração e a promessa de cura. Disponível em: https://www.universal.org/agenda/post/sessao-do-descarrego/. Acesso em: 18 fev. 2022.

transformado numa espécie de Anticristo em prol da "salvação" em Cristo: se soa contraditório não há problema algum; afinal, nunca foi uma questão de lógica e, sim, de poder e fanatismo.

3.2.3 As novas faces do juízo frente ao neopentecostalismo

Não é mera coincidência a inscrição deleuziana (2018, p. 274), segundo a qual a espiritualidade cristã dispõe de uma *natureza burguesa*. Afinal, a máquina capitalista adestra os corpos, que acabam por se moldar perfeitamente no moralismo cristão. Um burguês domesticado é praticamente um cristão subserviente e vice-versa. A grande saga do neopentecostalismo e, sobretudo da IURD, é ter consagrado o dinheiro como bem interiorizado, isto é, como resultado de uma aliança espiritual (parceria) entre criatura e Criador. Quanto à natureza burguesa do neocristão, cabe aqui uma ressalva, haja vista que não se trata necessariamente do indivíduo de classe média ou classe alta, mas da transformação dos cidadãos mais vulneráveis em difusores da *natureza burguesa*. Se considerarmos o asco geral do neopentecostalismo brasileiro à esquerda político-partidária, podemos associar a figura do pobre cristão de natureza burguesa ao culturalmente rotulado "pobre de direita".

Cada vez mais o conservadorismo dos costumes tem-se aliado ao liberalismo político e, com essa "fausta aliança", o juízo acaba exercendo soberania sobre as mais diversas camadas sociais. Desse modo, a "noção de interesse coletivo", abordada por Guattari (2012, p. 51), como indispensável para o enriquecimento processual da humanidade, é deixada à margem, abrindo espaço para aquilo que Deleuze (2018, p. 268) chamou de vida interior e primado do sujeito – ocorre aqui o primado do mundo interior e a consequente exclusão do mundo exterior: "Na medida em que a burguesia interioriza a vida interior e o próprio Cristo, ela o faz sob forma de propriedade, de dinheiro, de ter" (DELEUZE, 2008, p. 272). Nesse cenário de interiorização do capital, o dinheiro se tornou assunto espiritual. Não se trata mais da velha dicotomia bíblica "Não podeis servir a Deus e ao Dinheiro" (Mt 6: 24); a questão agora é servir a Deus com dinheiro. Nesse caso, o juízo passou a ganhar até investidores.

Na ótica capitalista, o dinheiro produz capital na medida em que engendra mais dinheiro. Deleuze e Guattari, parafraseando Marx, sintetizam: "o capital devém um capital filiativo quando o dinheiro engendra dinheiro, ou o valor uma mais-valia" (2011c, p. 302). O capitalismo se concretiza numa pura formalidade. O próprio bispo Robert McAlister, percebendo essa formalidade, institui o dinheiro como forma-Deus. A velha fórmula medieval – "uma moeda para a salvação de uma alma" – continua a atormentar a atualidade: é como se, mesmo depois de crucificado, Jesus continuasse a ser traído por Judas. Nesse cenário de interiorização em que o dinheiro e o próprio Cristo são subjetivados, isto é, dimensionados para o indivíduo em antagonismo ao "interesse coletivo", Deleuze escreve (2008, p. 272) que "tudo o que Cristo odiava" passa a compor a ótica do cristianismo. Talvez a única saída, como propôs Lawrence, seria transformar Cristo em Osíris – libertando-o, de uma vez por todas, das artimanhas que a humanidade construiu para torná-lo símbolo de tantas ideologias hostis à vida.

Como sabemos que essa libertação só é possível como linha de fuga, temos de admitir que o capital/dinheiro exerce, com muita eficácia, o papel de juiz, ou, como queriam Deleuze e Guattari, de vampiro: "O capital é trabalho morto que, de maneira semelhante ao vampiro, só se anima ao sugar o trabalho vivo, e sua vida é tanto mais alegre tanto mais trabalho vivo ele sorve" (2011c, p. 303). Por meio da perspectiva subjetivista, religiosa e neoliberal burguês, o próprio Cristo é feito "vampiro" para sugar "o trabalho vivo" dos fiéis; se é um paradoxo ou uma contradição não sabemos ao certo, mas que é uma prática recorrente – e uma nova face do exercício do juízo – não nos resta qualquer dúvida.

Um novo sujeito, livre e portador das dádivas divinas, transbordando saúde e prosperidade financeira – eis o estereótipo perfeito, nascido das muitas promessas de tantos bispos e pastores. No entanto, Nietzsche já dizia: "[...] todo idealismo é mendacidade [...] (EH/EH "Por que sou tão inteligente" § 10), sem dúvida, uma enorme mendacidade. A questão é saber como separar a hipocrisia da história dos povos. Nesse caso, nos resta concordar com Ferreira:

> No caso das igrejas evangélicas, o discurso reproduzido no interior de seus templos se articula a partir da apropriação da experiência pessoal do sujeito para atingir um nível de consciência prática, construindo uma identidade comum entre os frequentadores, porém retirando todo impulso coletivo social e a concepção de construção da história. A transformação é atribuída ao sujeito individual e à sua fé, gerando 'tipos ideais' artificialmente construídos e não sujeitos coletivos reais (2020, p. 50).

"Tipos ideais artificialmente construídos" e portadores de uma fé que alcança a prosperidade: é disso que se trata a nova saga evangélica aplicada às massas, sedentas de uma razão ou justificativa para suas existências. O único "impulso coletivo social" que costuma reger as práticas neopentecostais é a prosperidade do clã, de um reduzido coletivo, na medida em que se abre para os benefícios que um grupo homogêneo costuma oferecer[167]. Como toda força reativa, o objetivo do "clã" costuma ser apofático, pois se revela no repúdio à comunidade LGBT, às religiões afro-brasileiras, ao feminismo, ao comunismo e, em alguns casos, até à ciência e à academia. Enfim, a marca registrada costuma ser o conservadorismo, que só não se aplica à economia – dada a importância do liberalismo econômico para a prosperidade do clã. Assim, a velha saga de perseguição às diferenças, que distinguia helenos (pátrios) de estrangeiros (metecos), judeus de filisteus, cristãos de pagãos – com a comum exclusão de mulheres, criminosos/pecadores e escravos – segue viva. Nesse caso, embora o neopentecostalismo apresente uma roupagem um tanto diferente das religiões até aqui apresentadas, as faces do juízo continuam a cintilar em suas práticas[168].

Burguesia, Estado e religião. Esse tripé tem sustentado muito bem o novo formato religioso neopentecostal, com algumas ressalvas, como já pontuamos, de que os fiéis, em sua maioria, são pobres cristãos de natureza burguesa. A pobreza de grande parte dos fiéis, no entanto, não tem impedido a expansão política e econômica do movimento neopentecostal nas Américas. Para opor crítica e resistência a tal avanço, em 2019, 16 veículos de comunicação latino-americanos, sob a liderança da *Columbia Journalism Investigations* da Escola de Jornalismo da Universidade de Columbia, criaram o projeto "Transnacionais da Fé"[169]. Para Tec-Lopez (2020, p. 126, tradução nossa): "Esta série de investigações permeou a opinião pública, gerando um estigma ainda maior em relação ao mundo

---

[167] Em concordância com a filosofia de Hume, Deleuze (2001, p. 32) reconhece que a simpatia se sobressai ao egoísmo no que tange às relações de familiaridade e de proximidade que envolvem o clã. No entanto, tal simpatia é sempre parcial, voltada para a segurança do clã; nesse contexto, Deleuze (2001) faz um elogio à moral, que deve ultrapassar a parcialidade da simpatia. Para Heuser e Kessel (2021, p. 40-41), "cabe à moral quebrar a lógica da natureza e produzir no humano a consideração ampliada; dar à simpatia um caráter em geral não referente ao seu interesse pessoal, mas à humanidade". Essa mudança só é possível pela transmutação da simpatia em estima, deslocando um interesse meramente privado por um interesse mais coletivo e, portanto, humano: "A estima é a integral das simpatias" (DELEUZE, 2001, p. 35).

[168] Nos referimos às cinco faces citadas na Introdução: 1ª Superioridade moral e anulação das diferenças. 2ª Fanatismo religioso e conservadorismo dos costumes. 3ª Tonalidade legalista e incapacidade de aceitar nuanças culturais. 4ª Superioridade étnica, de gênero e racial e exclusão das minorias. 5ª Tendência teleológica com fins apocalípticos.

[169] Disponível em: https://apublica.org/especial/transnacionais-da-fe/. Acesso em: 03 abr. 2023.

evangélico, principalmente a vertente neopentecostal"[170]. Frente a tais avanços, o caráter laico que deveria permear a formação de cada grupo politicamente organizado acaba sendo ofuscado pelo que podemos chamar de cristianização do Estado e do direito. Diante de tal cenário, as últimas duas eleições presidenciais do Brasil, em 2018 e 2022, independentemente de qualquer outro resultado, revelaram contundente força e poder pentecostal na formação da opinião pública e no consequente corpo de "evangélicos" eleitos[171].

Como se pôde observar, de um lado se tem os fiéis, sua pobreza e seu título de eleitor e, do outro, a cúpula da igreja disputando cargos federativos e acumulando generosas quantias oriundas dos "honorários" da Igreja – que, na maioria dos países latino-americanos, dispõe de imunidade tributária. Para se ter uma ideia do poder de compra desses "honorários", basta ver o vasto império da IURD, que compreende emissoras de rádio e TV, banco, indústrias e refinados templos, como o imponente Templo de Salomão, finalizado em 2014, em São Paulo.

Não estamos com isso insinuando que a posse de bens patrimoniais é exclusiva da IURD. A rigor, o Catolicismo Romano dispõe de capital incalculável adquirido em seus dois milênios de história. O juízo não pode ser reduzido meramente ao poder financeiro de uma Igreja, entretanto, seu poder de barganha e de ação sobre os corpos (trabalho morto que se alimenta de trabalho vivo) faz dele um "soldado" de prestígio na sujeição e aprisionamento dos corpos. Se outrora Deleuze já dizia que "[...] o juízo implica uma verdadeira organização dos corpos" (2011, p. 168), agora o jogo continua e o dinheiro chega a separar os bem-aventurados dos amaldiçoados: uma fé relacionada à prosperidade. Por fim, o juízo até se confunde com o *status* do fiel, seja pela ausência de dinheiro ou pela doação do mesmo à Igreja: em ambos os casos, a situação é de dívida –

---

[170] *"Esta serie de investigaciones permeó en la opinión pública generando in mayor estigma hacia el mundo evangélico, especialmente al aspectro neopentecostal"* (TEC-LOPEZ, 2020, p. 126).

[171] A dobradinha entre os poderes político e religioso muitas vezes acaba produzindo escândalos que escapam ao "sigilo da corrupção pública". Um exemplo explícito ocorreu em abril de 2022, quando vazou a informação de que o até então ministro da Educação Milton Ribeiro liderava um gabinete paralelo, ao lado dos pastores Gilmar Silva dos Santos e Arilton Moura, com o intuito de cobrar vantagens ilícitas de prefeitos para liberar verbas ligadas ao FNDE (Fundo Nacional de Educação). Em meio ao escândalo da cobrança de propinas, "o pastor Arilton Moura, um dos integrantes do gabinete paralelo no Ministério da Educação, pediu 1 quilo de ouro em troca da liberação de verbas da pasta ao prefeito Gilberto Braga (PSDB), da cidade de Luís Domingues, no Maranhão. O pedido de propina teria sido feito em um restaurante em Brasília na presença de mais de 20 gestores municipais. O episódio foi revelado pelo jornal O Estado de S. Paulo" Disponível em: https://www.cartacapital.com.br/politica/pastor-do-gabinete-paralelo-pediu-1-kg-de-ouro-a-prefeito-em-troca-de-verbas-do-mec-diz-jornal. Acesso em: 05 abr. 2022.

aquela velha dívida infinita que não cessa de atormentar os corpos – à semelhança de Tântalo: sedento e faminto, mesmo mergulhado em água e rodeado de saborosas frutas.

 De um lado, a construção de riquezas e o esforço pessoal para alcançar o topo da pirâmide capitalista; de outro, a capacidade de entregar todo o resultado dos seus esforços a Deus. Em meio a esse conflito enantiológico há um recuo do Estado e um salto do indivíduo: "O Estado recua, a religião e a família se privatizam, a sociedade de mercado se impõe: para disputa resta apenas o culto à concorrência econômica e democrática, a ambição técnica, os direitos do indivíduo" (LIPOVETSKI, 2004, p. 54). Vivemos numa sociedade *hiper* (LIPOVETSKI, 2004), de excessos, inclusive sob a égide dos mais variados excessos de religião que exercem poder sobre o Estado. Esse mundo "novo", frente ao qual a lógica do consumo converte os seres humanos em constantes e exímios clientes das mais variadas fórmulas de bem-estar e felicidade, esbarra nas constantes decepções de não ter acesso à saúde, educação, produtos tecnológicos e toda sorte de promessas anunciadas pelo capital. Assim, o prazer e a satisfação de tantos bens de consumo esbarram na frustação de não poder possuir aquilo que, mesmo estando tão próximo, se revela, ao mesmo tempo, tão distante. Ademais, quem alcança os beneplácitos do consumo se depara com um mundo sem escopos, no qual o presente é sempre remetido a algo outro, gerando toda sorte de ansiedade e desamparo.

 Nesse contexto de enfraquecimento do corpo coletivo e exacerbação do individual, "[...] cresce também a necessidade de unidade e de sentido, de segurança, de identidade comunitária – é a nova chance das religiões" (LIPOVETSKI, 2004, p. 94). Há, assim, um ambiente propício para o neopentecostalismo, ou melhor, o neopentecostalismo soube ascender em meio à carência humana dessa sociedade, em certo aspecto, frustrada, ou ainda melhor, uma "sociedade do cansaço", como bem sintetizou Byung-Chul Han: "Se a 'sociedade pentecostal' fosse sinônimo de sociedade futura, a sociedade por vir poderia chamar-se então sociedade do cansaço" (2015, p. 41). É um pouco do cansaço de Grace Marks, que, de tanto ser julgada, não deposita mais esperanças em coisas audaciosas: "Quanto às minhas esperanças, eu as reservo para as pequenas coisas. Vivo na esperança de ter amanhã um desjejum melhor do que tive hoje" (ATWOOD, 1991, p. 64). Com a considerável diferença de que o "homem religioso" não costuma guardar sequer esperanças para as pequenas coisas, razão pela qual, na maioria das vezes, acaba se refugiando em Deus.

O velho juízo, então, reanima suas faces, na medida em que o fiel de agora lança um novo olhar para o mundo circundante: não mais desprezado e deixado à margem como outrora; entretanto, mercantilizado e tornado via de troca para os desígnios da fé. Nesse cenário de consonância entre a esfera privada e mercantil com a esfera pública, ascendem novas formas de poder, tão teocráticas quanto o foram na Idade Média. Uma teocracia não mais fundada na figura do rei ou do alto clero, mas emaranhada ao poder dito democrático, levantando pautas conservadoras e buscando vantagens para o clã, ou grupo de fiéis que sustentam crenças comuns. A sobrevivência do juízo é explícita e a sensação é semelhante à de Alice caindo vagarosamente pela toca do coelho, tão vagarosamente que era possível ver tudo ao seu redor (2009, p. 10-11). Quiçá tivéssemos o otimismo de Krenac (2019, p. 14) em meio à queda: "Cair, cair, cair. Então por que estamos grilados agora com a queda? Vamos aproveitar toda a nossa capacidade crítica e criativa para construir paraquedas coloridos".

4

DAS RELAÇÕES CRUZADAS ENTRE JUÍZO E AFETOS

Na trama construída por Atwood (2017), pesou contra a condenação de Grace Marks o fato de a mesma ter-se mantido "calma e de bom humor" durante seu depoimento; entrementes, se a mesma estivesse "chorando e se lamuriando", mesmo assim lhe imputariam a culpa: por arrependimento, remorso ou algo do gênero. São pontuais e incisivas as palavras de Grace: "[...] já haviam decidido que eu era culpada e, quando as pessoas passam a acreditar que você cometeu um crime, qualquer coisa que você faça é considerada prova disso" (ATWOOD, 2017, p. 230). A partir desse exemplo, que cruza as mais variadas linhas de nossa investigação, é possível abrir este capítulo dizendo que os afetos são diretamente "afetados" pelo juízo – numa relação que extrapola qualquer limite teórico, uma vez que forja a existência em sua composição de relação entre os corpos.

Dado esse jogo de afetar e ser afetado, entre juízos e afetos, duas questões nos soam pertinentes: 1ª) Haveria predominância ou antecedência de um sobre o outro? e 2ª) Em que medida juízo e afetos entram em disputa? Já dissemos anteriormente, ainda no item 1.1, que, segundo a interpretação deleuziana de Nietzsche, a relação credor-devedor que produz afetos de dívida seria anterior ao juízo de Deus. Aqui entra todo o sistema de crueldade e o suposto prazer que levaria o credor a cobrar seu devedor com práticas que infringem diretamente o próprio corpo do detentor da dívida; no entanto, houve um "determinado momento" em que a dívida particular e pertinente às relações individuais passou a ser subsumida como infinita: "O credor infinito, o crédito infinito substituiu os blocos de dívida móveis e finitos" (DELEUZE; GUATTARI, 2011c, p. 262). Para admitir tal "substituição" parece pertinente, à primeira vista, elencar o ponto arquimédico a partir do qual a dívida teria se tornado infinita. Deleuze e Guattari (2011c, p. 262) chegam a apontar o dinheiro como este ponto: "Em suma, o dinheiro, a circulação do dinheiro, é o meio de tornar a dívida infinita".

O contexto em que a dupla francesa propõe essa sintetização está relacionado a uma análise da gênesis do Estado e seu *modus operandi* por meio do qual se estabelecem credores e devedores. É inegável que o dinheiro faz dos "pobres devedores" vítimas de uma dívida que se estende *ad infinitum*; afinal, a lógica mercadológica se retroalimenta do crédito – que se transforma em débito no momento em que é creditado. Ademais, se tomarmos a máxima do Pastor McAlister e da Teologia da Prosperidade, segundo a qual o dinheiro dispõe de sacralidade divina, somos propensos a admitir a tese deleuze-guattariana de que o dinheiro traria um caráter infinito para a dívida. No entanto, nos parece que a questão ainda dispõe de elementos imprecisos, pois, ao referendar uma origem para a infinitude da dívida, estamos, de certo modo, buscando a própria origem do infinito no humano e, ou, de modo mais direto, do próprio Deus e da idolatria no humano – afinal, estamos a perscrutar a dívida infinita que é o próprio juízo de Deus.

Nesse sentido, poderíamos dizer que a manifestação do divino se dá desde a origem dos primeiros povos primitivos, ou que o homem é um ser religioso por natureza, ou que Deus faz parte do anseio humano de transcender sua própria finitude, ou que Deus surge como uma tentativa rudimentar de desmistificar a natureza, ou que o próprio humano é uma manifestação do divino que busca a autoconsciência de si mesmo, enfim, poderíamos multiplicar teorias e crenças acerca da origem de Deus no humano. Tais especulações já foram feitas por muitos filósofos e teólogos e não temos intenção de replicá-las aqui; interessa-nos, sobretudo, apontar que, assim como não há unanimidade acerca do aparecimento do fenômeno Deus no homem, também é difícil falar sobre o momento do aparecimento histórico do juízo de Deus enquanto dívida infinita.

Ainda no Prefácio do *Tratado teológico-político*, Spinoza salienta que a superstição decorre da dificuldade humana de compreender a natureza e da consequente tendência a aceitar qualquer explicação genérica acerca dos fenômenos naturais. De tal sorte que, na medida em que os humanos começam a perscrutar e compreender a natureza, concomitantemente também passam a compreender o próprio Deus. Em outras palavras, é por meio da compreensão da natureza que compreendemos a Deus, pois, a rigor, utilizar-se da autoridade divina para explicar o que a razão ainda não compreendeu é hipocrisia que advém do fanatismo religioso[172].

---

[172] "De fato, tudo é feito pelo poder de Deus e, além disso, na medida em que o poder da natureza não é senão o próprio poder de Deus, nós não compreenderemos este enquanto ignorarmos as causas naturais. É, portanto, insensato recorrer a ele quando ignoramos ainda a causa natural de qualquer coisa" (SPINOZA, 2003, p. 30).

Feita essa ambientação inicial, respondemos agora à primeira pergunta que vem perscrutando nossa análise desde a Introdução: 1ª) "Haveria predominância ou antecedência de um sobre o outro?". Sim, acreditamos que os afetos antecedem o juízo de Deus, pois qualquer valoração que tenha levado ao aparecimento de uma dívida infinita para com a divindade é resultado da dinâmica dos afetos, enquanto jogo de afetar e ser afetado. Assim, o juízo não somente não pode ser tomado como primeiro na constituição da mecanosfera, como também não pode ser tomado como primeiro na constituição do homem.

Quanto à indagação de quando e onde teria surgido o juízo de Deus, mantemos em suspenso, haja vista que existem múltiplas maneiras de existências e não é possível determinar a relação de cada qual com a constituição do juízo de Deus. Aliás, seria estúpido limitar seu aparecimento ao início do judaísmo, do orfismo ou de qualquer outra religião – estigmatizar seu início soaria como uma atitude psicanalítica de buscar a origem como forma de "tolher um trauma". A nosso ver, esse "início" está difuso ao longo da formação do *Homo sapiens* e de sua busca por uma compreensão do mundo circundante e vai além de uma busca edipiana por seus progenitores. Obviamente, podemos elencar momentos no processo maquínico de estratificação da forma homem na mecanosfera, em que o juízo de Deus tenha se revelado como mais aterrador e nefasto; aliás, assim o fizemos até o momento. Resta-nos agora mergulhar na outra questão: 2ª) "Em que medida juízo e afetos entram em disputa?", no intuito de caminharmos para a conclusão.

4.1 Jogo de afetos

Para Spinoza (2019), as afecções estão diretamente ligadas à substância, do mesmo modo que o homem é volúvel a diferentes maneiras de ser afetado por um único objeto. Acerca desse duplo sentido da afecção, Vinciguerra (2020, p. 24, tradução nossa) sintetiza: "[...] enquanto corpo, a afecção é um efeito da substância, sua propriedade; enquanto modificação do corpo, é um efeito do encontro entre corpos"[173]. Assim, por meio da natureza e contínuo movimento das afecções, os afetos se tornam possíveis enquanto potência que aumenta ou diminui sua ação ou paixão.

---

[173] "[...] En cuanto cuerpo, la afección es un efecto de la substancia, su propiedad; em cuanto modificación del cuerpo, es el efecto de un encuentro entre cuerpos" (VINCIGUERRA, 2020, p. 24).

Nesse processo de afetar e ser afetado, as coisas que me afetam revelam mais sobre a minha condição do que sobre a condição delas próprias. Segundo Alexander (2019, p. 33), "[...] a ideia que tenho sobre a mesa informa-me antes sobre o estado do meu corpo do que da mesa". Sou assim, constantemente, submergido à condição de receptáculo ativo de toda a experiência produzida em mim, numa relação direta entre o paralelismo existente no meu corpo e na minha mente. Desse modo, sou constituído por um turbilhão de objetos que me afetam na proporção direta que também os posso afetar. Logo, dada a afecção (*affectio*) enquanto mistura dos corpos, minha potência de ação é uma constante produção de afetos (*affectus*) entre as múltiplas formas de corpos que exercem contato com a unidade psicofísica do meu ser.

Tudo isso possibilita-me chegar à conclusão de que sou o resultado da multiplicidade de causas exteriores que me afetam, e mais, que esse resultado nunca é ou está acabado, porque, afinal, o jogo nunca cessa. Aqui convém, para voltarmos à questão do juízo, mencionar uma máxima atribuída popularmente a Freud: "quando Pedro me fala de Paulo, sei mais de Pedro que de Paulo"[174]. O Paulo do Pedro é consequência dos afetos que Pedro teve sobre Paulo e, portanto, suas avaliações sempre partem de sua base subjetiva, quando não, da sua imaginação. Tendo em vista que a imaginação é a grande responsável pela deturpação que costuma se apoderar da realidade, os juízos, quando extrapolam a dimensão dos fatos e se voltam para os valores, tendem a ser marcados por visões ilusórias e até nefastas acerca dos corpos que nos afetam.

A finitude humana, oriunda de nossa condição de contingência, faz produzir os universais da imaginação. Por meio deles, multiplicamos juízos e nos afastamos daquilo que Spinoza (2019) classifica como conhecimento racional ou discursivo. Assim, o erro produzido pela imaginação é decorrente da parcialidade que nos impede de perceber o conjunto e os limites de algo. É como olhar para a diarista que limpa uma casa somente como um artifício programado para a limpeza, deixando de lado todos os outros aspectos que constituem seu devir mulher. Por isso, da imaginação decorrem todos os preconceitos morais e estéticos. Para Spinoza, "tudo isto mostra suficientemente que cada um julga as coisas de acordo com a disposição de seu cérebro, ou melhor, toma as afecções de sua imaginação pelas próprias coisas" (2019, I, Apêndice, p. 46-47).

---

[174] Para Spinoza, "[...] as ideias que temos dos corpos exteriores indicam mais o estado de nosso corpo do que a natureza dos corpos exteriores" (2019, II, Corolário da Proposição 16, p. 67).

Imaginamos o que nos convém e, com isso, pervertemos o mundo à nossa volta. Como mencionamos no segundo capítulo, a dinâmica dos afetos também produz emoções inadequadas, oriundas da diminuição da potência de agir. Padecemos, assim, devido à parcialidade da imaginação que, por ora, impede o aumento da potência da ação e mergulha o ser humano em afetos tristes. Finalmente, o juízo de Deus, que se efetiva por meio da diminuição da potência de agir, encontra na imaginação e no consequente cultivo dos afetos tristes um ninho aconchegante para "chocar seus ovos". Aliás, o próprio Deus passa a ser apenas um meio de acalentar o egoísmo daqueles que constroem a deidade conforme lhe convém.

4.1.1 O fetiche do Deus que convém

Muitos são os deuses, e de muitos modos é representado o "Deus" das religiões monoteístas. Se, no *Gênesis*, Deus afirma ter criado o homem à sua imagem e semelhança; aqui afirmamos que há tantas formas de "Deus" quantas imagens e semelhanças os homens são capazes de engendrar. Assim como Marx conceituou o fetiche da mercadoria na obra *O capital*, em Spinoza encontramos o fetiche de Deus: "[...] cada homem engendrou, com base em sua própria inclinação, diferentes maneiras de prestar culto a Deus, para que Deus o considere mais que aos outros e governe toda a natureza em proveito de seu cego desejo e de sua insaciável cobiça" (2019, I, Apêndice, p. 43).

Nós poderíamos aqui mencionar, à luz do neopentecostalismo, que o Diabo exerce um poder maior sobre o juízo, por toda a simbologia negativa que ele representa. Mas temos que concordar com Pineda Santoyo: "[...] o diabo é um pobre diabo, conceitualmente falando" (2018, p. 36, tradução nossa)[175]. Aliás, não faz sentido falar em diabo prescindindo da teologia divina que o envolve. Embora reconheçamos o papel preponderante da substância divina em todo constructo filosófico de Spinoza, novamente somos partidários da tese de Pineda Santoyo: "[...] uma perspectiva intelectual como a de Spinoza nasce sem nação e sem religião" (2018, p. 26, tradução nossa)[176]. Em suma, cada qual produz seus próprios deuses/deus à luz da imaginação e dos afetos; na maioria das vezes à luz das paixões tristes, usando do seu próprio ressentimento para condenar os deuses/deus do vizinho e afirmar os/o seus/seu como único, verdadeiro e soberano.

---

[175] "[...] El diablo es un pobre diablo, conceptualmente hablando" (PINEDA SANTOYO, 2018, p. 36).
[176] "[...] Una perspectiva intelectual como la de Spinoza se nace sín nación y sin religión" (PINEDA SANTOYO, 2018, p. 26).

Frente a isso, não seria descabido chamar de idolatria a essas formas de produzir e cultuar a Deus. Afinal, a produção dessas deidades não passa de um equívoco da imaginação, que acaba por se tornar submissa a uma realidade outra, por ela inventada. Para Jaques (2020, p. 182), a idolatria não passa de um espectro: "[...] a idolatria é como um espectro, 'pensamos' ver algo que não é algo, porque não se refletiu a respeito"[177]. Nesse viés, a idolatria se torna uma espécie de crença cega que impede o *conatus* de perseverar em seu ser[178] e, não seria errôneo assimilar, que o próprio juízo de Deus encontra na idolatria um *modus* de perpetuar sua lógica nefasta; afinal, a concepção de Deus dos neopentecostais é essencialmente idolatria. Não estamos com isso negando ou afirmando a existência em Deus; aliás, cremos que a idolatria, nesse caso, se afasta mais de Deus que o próprio ateísmo, uma vez que o corrompe a um mesquinho narcisismo, ou, como dissemos acima com Spinoza, a uma "insaciável cobiça".

Por meio da idolatria, se constroem símbolos religiosos que acabam por legitimar sujeições e até as mais perversas formas de dominação. Spinoza (2003) já havia denunciado a perniciosidade de reduzir o governo de qualquer estado a uma religiosidade, cuja obediência cega pode se tornar oposta ao direito natural. À luz da filosofia de Spinoza, Pineda Santoyo (2018, p. 27, tradução nossa) assegura: "[...] a religião reduzida à obediência pode converter-se em uma serva implacável das tiranias". O fanatismo com que costumeiramente se emoldura uma religião deveria ser motivo suficiente para afastá-la de uma relação sagrada e direta com o poder político, seja ele de qualquer regime de governo; no entanto, a história nos revela justamente o contrário. Daí a necessidade de uma filosofia capaz de se afastar das crenças verticais de um Deus transcendente e que exerce o governo sobre a Terra.

Encontramos, em Spinoza, a força motriz necessária para opor resistência à religião – principalmente à idolatria e ao fetiche. Embora o juízo de Deus siga em seus múltiplos modos de ferir e tolher os diversos modos de existência, Spinoza, mesmo padecendo ante ao juízo (excomunhão), constituiu uma ética cuja afluência não se encontra na prescrição ou no

---

[177] A respeito do espectro, na sequência, Jaques cita Derrida: "Um espectro é algo que se vê sem ver e que não se vê ao ver, a figura espectral é uma forma que hesita de maneira inteiramente indecidível entre o visível e o invisível. O espectro é aquilo que se *pensa ver*, 'pensar' desta vez no sentido de 'acreditar', pensamos ver. Há aí um 'pensar-ver', um 'ver-pensado'. Mas nunca se viu pensar. Em todo caso, o espectro, como na alucinação, é alguém que atravessa a experiência da assombração, do luto etc., alguém que pensamos ver" (DERRIDA *apud* JAQUES, 2020, p. 182).

[178] Referência a Spinoza (2019, III, Proposição 6, p. 105): "Cada coisa esforça-se, tanto quanto está em si, por perseverar em seu ser".

dever[179]. A rigor, com o filósofo holandês é possível sentir-se parte do cosmos, sem que para isso tenhamos que antropomorfizá-lo ou individualizá-lo. Para Pineda Santoyo (2018, p. 72, tradução nossa), "esta é a religião cósmica que tanta perplexidade causava a Einstein". Por tudo isso, o Deus/substância de Spinoza é um aceno contra o juízo de Deus, e agora chegou o momento de concordarmos com a resposta que Einstein teria dado ao rabino H. Goldstein acerca de sua crença particular em Deus: "Acredito no Deus de Spinoza, que se revela por si mesmo na harmonia de tudo o que existe, e não no Deus que se interessa pela sorte e pelas ações dos homens" (EINSTEIN apud GOLGHER, 1991, p. 304).

"O que nos falta é vida cósmica" (LAWRENCE, 1990, p. 37), o que nos falta é o "Deus de Spinoza". Novamente, aqui, falta esse afeto cósmico porque sobra juízo. Um excesso revelado por meio daquela velha psicologia prescritiva, assinalada nas palavras certeiras de Deleuze (2011), por meio das quais o juízo interpõe um querer incessante: "quero julgar, preciso julgar", de quem se recusa a deixar de exercer sua tirania contra o cosmos e todas as singularidades vivas que o permeiam. Assim, é preferível "obedecer" ao espectro de um deus invisível, materializado em tantos raios, bezerros de ouro, moedas de prata ou cédulas de papel, a ter que se ver refletido no gozo derradeiro do romper da atadura do "galo liberto" pelo "homem que morreu" de Lawrence (1990).

Discordando de Jaques (2020, p. 181), para o qual "sair da idolatria é sair do simulacro", afirmamos a emergente necessidade de reconhecimento das potências afirmativas que perfazem os simulacros; afinal, é da dualidade representativa entre original e cópia que se alimenta a idolatria. Se, para Platão (1972) e tantos outros filósofos platônicos, o simulacro deve ser repudiado em prol de um modelo identitário que sirva como arquétipo às

---

[179] Para Spinoza, a razão não é suficiente para refrear qualquer afeto. A grande novidade de Spinoza, que o afasta de um modelo prescritivo de ética, se encontra no fato de que o bem e o mal só fazem sentido no mundo das emoções, de tal sorte que a razão não dispõe de poder sobre os afetos: "O conhecimento verdadeiro do bem e do mal, enquanto verdadeiro, não pode refrear qualquer afeto; poderá refreá-lo apenas enquanto considerado como afeto" (2019, IV, Proposição 14, p. 166). O papel da razão só se torna efetivo com o prazer (afeto) propiciado pela performance adquirida mediante o uso da razão, ou seja, como é o desejo que move toda a ação ética, somos impelidos racionalmente a um esforço racional capaz de conservar o ser numa alegria perene. Frente a isto tudo, poderíamos indagar: para que serve a ética quando lhe é tirada a prescrição do dever? Para fazer a razão ser capaz de gerar emoções, não mais no âmbito do livre-arbítrio, que é comumente a causa de todos os erros morais, mas no próprio âmbito das emoções e da necessidade Afinal, não se trata de negar o desejo, mas de buscar aqueles desejos capazes de conservar a própria existência: "Pelo desejo que surge da razão, buscamos diretamente o bem e evitamos indiretamente o mal" (2019, IV, Corolário da Proposição 63, p. 198). E ainda: o que ela (a ética) faz se não normatiza? Descreve os modos de viver na imanência, orientando para o deleite de uma vida em consonância com os afetos ativos, aquém das falsas noções de livre-arbítrio, culpa e mérito.

coisas, para Spinoza (2019) os simulacros não passam dos modos infinitos da substância e, portanto, não possuem nenhum aspecto depreciativo. À luz da filosofia de Deleuze, Scienza define: "o simulacro é a diferença que não pode ser reduzida às categorias que a representação estabelece" (2022, p. 27). Portanto, sair da idolatria é, também, entrar no reino dos simulacros, num reino coroado por sistemas intensivos, onde "[...] as distribuições nômades substituem as distribuições sedentárias da representação" (2021, DELEUZE, p. 367). Não estamos com isso apontando que o simulacro e a consequente filosofia da diferença de Deleuze seriam capazes de exterminar o juízo de Deus. Como o próprio título deste capítulo sugere, há uma relação cruzada entre juízos e afetos, de forma que os "sistemas intensivos", propiciados pelo simulacro, configuram a expansão de uma potência ativa, poderíamos dizer, ditirâmbica, diante da qual a potência da ação é aumentada e, consequentemente, o juízo refreado.

4.2 Potência do juízo

O juízo exerce tirania contra os corpos: seu poder de afetar é capaz de restringir e até de inibir a potência de ação de um corpo. Ademais, o juízo tem a seu favor o peso da infinitude de uma dívida que não cessa de sobrepor tensão aos afetos. Suas deteriorantes faces, elencadas na Introdução, soam como o tilintar da luneta de raio de Pierrette Fleautiaux (2014), cortando as diferenças e as intensidades dos corpos que buscam destoar da vibrante orquestra que entoa seus cantos sobre a plataforma. Fanatismo, conservadorismo, legalismo, racismo e identitarismo são alguns dos "ismos" que subjazem à performance do operador da luneta de raio. Como e por que resistir são inquietações que agitam as múltiplas plataformas constituintes da totalidade dos corpos. Resistir sempre, vencer dificilmente! Talvez esta seja a mais dura exclamação que esboça a força do juízo de Deus (luneta de raio). Afinal, diria Nietzsche, toda vontade se exerce em sua potência e, no caso do juízo de Deus, se apresenta como uma vontade reativa, como uma vontade do nada "Wille zum Nichts", em que é preferível "[...] *querer o nada a nada querer*" (GM/GM III § 1). Num jogo onde o ressentimento e a "malvadez" do juízo comumente tendem a apresentar novas jogadas, dando a sensação de uma eternidade da disputa.

Seria hipocrisia imputar às religiões toda a responsabilidade pela perversidade que o juízo de Deus tem acarretado contra o cosmos. Nosso objetivo não é apontar culpados, ou demonizar o credo de milhares de pessoas ao redor do mundo; aliás, a tarefa de demonizar e até perseguir os diferentes já tem sido bem executada na atualidade por muitos neopentecostais. Até porque, esse gesto, por si só, já seria estar ocupando um lugar na plataforma do juízo. Por meio de nosso estudo, de alguns acontecimentos e marcos religiosos, estamos em busca de uma melhor compreensão do humano que, na ausência de entidades sagradas ou sobrenaturais, é capaz de cultuar até uma loja de departamento em suas incontáveis promoções de "*black friday*", para não citar qualquer outra frivolidade "digna" de culto. Aliás, na atualidade os shoppings centers exercem papel semelhante às catedrais, atraindo "fiéis" de todas as denominações religiosas para o que podemos chamar de "ritual" do consumo. Para Sung (1989), o capitalismo, à luz de seus teóricos progenitores, dispõe de uma contundente congruência com os valores judaico-cristãos, numa relação de reciprocidade entre a divindade e o dinheiro.

Dada a sacralização do dinheiro e a própria vinculação da religião cristã neopentecostal com a prosperidade financeira, somos impelidos a concordar com Sung: "A nossa sociedade não celebra 'a morte de Deus'; pelo contrário, celebra o 'deus da morte'" (1989, p. 136). Um deus que "mata" os afetos, um deus que "mata" a pluralidade, um deus que "mata" a feminilidade, um deus que "mata" a negritude, um deus que "mata" a homossexualidade, enfim, um deus que "mata" as minorias. Que deus é esse? O deus capitalizado e individualizado ao gosto subjetivo da conveniência que apraz pseudocristãos. Um novo Baal-Moloc, que "[...] promete abundância, mas suga a vida dos inocentes para continuar vivo" (SUNG, 1989, p. 128). Para Benjamin (2013, p. 21), o capitalismo se tornou a religião de culto mais extremada que já se viu; ademais, "o capitalismo presumivelmente é o primeiro caso de culto não expiatório, mas culpalizador" (BENJAMIN, 2013, p. 22). Uma religião cujo consumo é celebrado cotidianamente, sem feriados; aliás, Benjamim (2013) enfatiza que cada dia comum é tornado dia festivo, frente ao qual o dever de compra impera, transformando em culpados os que não estão aptos para comprar/festejar nesta "data especial.

A conclusão inevitável é de que o juízo de Deus se alimenta da própria vida dos indivíduos, de tal forma que a potência do juízo se dá na proporção direta em que os afetos perdem sua potência. Assim, uma potência de morte soa como o combustível que mantém o juízo de Deus em atividade, literalmente "sugando a vida dos inocentes para continuar vivo". É sempre uma potência reativa, selada pela tristeza e pelo ressentimento de um olhar dialético, que se alimenta da antítese, ou do outro enquanto força motriz que exerce potência sobre minha ação. A potência do juízo depende da vitória do ressentimento: "O tirano precisa da tristeza das almas para triunfar, do mesmo modo que as almas tristes precisam de um tirano para se prover e propagar. De qualquer forma, o que os une é o ódio à vida, o ressentimento contra a vida" (DELEUZE, 2002, p. 31).

Uma contundente e avassaladora tirania que se alimenta do ódio, transformando a consequência de cada ação em culpa, remorso e ressentimento: "A vida está envenenada pelas categorias do Bem e do Mal, da falta e do mérito, do pecado e da remissão. O que perverte a vida é o ódio, inclusive o ódio contra si mesmo, a culpabilidade" (DELEUZE, 2002, p. 32). "A vida está envenenada" e, em consequência, a morte se aproxima, uma morte planejada à luz de uma vida mórbida – que vive a expectativa de um porvir. Novamente, cintila a tendência teleológica com fins apocalípticos do juízo. Nesse caso, tal qual no episódio da morte de Sócrates, só a morte dispõe do poder farmacológico de cura; afinal, o juízo de Deus já transformou toda configuração e pulsão de vida num terrível gemer e ranger de dentes.

4.2.1 A sina de alguns contraventores do juízo

Ao tentar "enfrentar" seu destino, Édipo se tornou uma das principais personagens de uma visão trágica de mundo. O herói, após, inconscientemente, matar seu pai biológico e casar-se com sua própria mãe, sofrerá o mais sórdido golpe que uma adaga amolada possa desferir. A imagem do "mendigo errante" que vaga cegamente pelo mundo, guiado pela culpa e pelo remorso, faz parte do imaginário social do homem ocidental e sela o próprio "complexo de Édipo" freudiano. Poderíamos dizer que os contraventores do juízo gozam do mesmo infortúnio, ao elegerem o juízo como oponente para duelar. Aliás, a impressão que temos é que, ao sobrepor-se ao *status quo* da lógica do juízo de Deus, qualquer filósofo ou indivíduo vive um pouco a experiência da busca edipiana: na ânsia de apoderar-se de si mesmo, acaba por desferir um final trágico à sua própria sina. Obviamente, não queremos simplesmente generalizar, ou aplicar o remorso de Édipo a Spinoza e seus cavaleiros. No entanto, as cicatrizes que marcam a pele e selam o destino de personagens como Spinoza, Nietzsche e Artaud vão além de uma simples peleia. Ao se disporem frente a frente com o juízo de Deus, transformaram a própria vida em *polemos*, abdicando de qualquer paz ou harmonia que costuma acalmar os mares após uma tempestade.

No dia 27 de julho de 1656, por exemplo, Spinoza se viu despojado de suas origens judaicas ao ser excomungado formalmente diante de sua comunidade. O rigor e a sagacidade do pensamento e da corporeidade de Spinoza foram reduzidos à mais sórdida fórmula de maledicência do ritual hebraico:

> Com o julgamento dos anjos e a sentença dos santos, anatematizamos, execramos, amaldiçoamos e expulsamos Baruch de Espinosa, estando de acordo toda a sagrada comunidade, reunida diante dos livros sagrados, contendo seiscentos e treze preceitos, e pronunciamos contra ele a maldição que Elias lançou sobre os filhos rebeldes e todas as maldições escritas no Livro da Lei. Que ele seja execrado durante o dia e execrado à noite; seja execrado ao deitar-se e seja execrado ao levantar-se; execrado ao sair e execrado ao entrar. Que o Senhor nunca mais o perdoe ou aceite; que a ira e o desfavor do Senhor, de agora em diante, recaiam sobre este homem, carreguem-no com todas as maldições escritas no Livro do Senhor e apaguem seu nome de sob o firmamento; que o Senhor o aparte de todas as tribos de Israel e o marque para o mal, oprima-o com todas as maldições do firmamento contidas no Livro da Lei; e que todos vós que obedecêsseis ao Senhor vosso Deus sejais salvos nesse dia.
>
> Por meio deste documento ficai, portanto, todos avisados de que ninguém poderá manter conversação com ele pela palavra oral, ter comunicação com ele por escrito; de que ninguém poderá lhe prestar nenhum serviço, habitar sob o mesmo teto que ele, aproximar-se dele a uma distância de menos de quatro cúbitos e de que ninguém poderá ler qualquer papel ditado por ele ou escrito por sua mão (*apud* DURANT, 1994, p. 25-27).

Spinoza foi despido de seus laços familiares, comunitários e afetivos. O cerne de todas as maldições da *Torah* lhe recaiu sobre o corpo, e só não se tornou um "mendigo errante" porque não cedeu ao juízo e prosseguiu firme em suas batalhas. Sua vida foi maculada e para sempre marcada com a excomunhão; entretanto, sua altivez não o tirou do ofício de polir lentes e mentes. Afinal, o filósofo holandês resistiu e, de certo modo, ainda resiste em tantos pensadores e escritores que continuam tendo-o como aliado, ao relacionar a potência de atuar com a potência de pensar – de modo a fazer dos afetos alegres uma contínua ferramenta contra o silício que insiste em marcar os corpos.

Outro exemplo é Nietzsche, que, após anos de solidão e de combate solitário contra os velhos ídolos que o assolavam e o levaram a filosofar com o martelo, teve sua consciência repentinamente ofuscada no dia 05 de janeiro de 1889. Uma das mais refinadas mãos dedicadas à filosofia foi sorrateiramente imobilizada e teria de "pagar" o mais alto preço por buscar a solidão e o autopertencimento:

> A cena final de seu afundamento é bem conhecida. No dia 05 de janeiro, na Piazza Carlo Alberto de Turim, Nietzsche vê um cocheiro castigando o seu cavalo – consumido de piedade, abraça-se ao pescoço do animal e cai em um choro convulsivo. Overbeck vai encontrá-lo três dias mais tarde em um delírio que alterna euforia com extrema depressão. Graças à intervenção do proprietário da casa de hóspedes onde Nietzsche se aloja, Davide Fino, Nietzsche não será internado em um manicômio italiano. Imediatamente, Overbeck voltará com Nietzsche à Basiléia, onde é internado em uma clínica para doenças nervosas, com o diagnóstico de 'paralisia progressiva'. A partir desse momento, Nietzsche não recobrará plenamente sua lucidez: sua impressionante aventura intelectual terminou (MOREY, 2005, p. 118).

Não obstante ter de passar os últimos dez anos de sua vida praticamente inconsciente, Nietzsche ainda teria parte de sua obra deturpada por Elisabeth Förster-Nietzsche. Talvez tivesse chegado a hora de conviver com o caos dentro de si, para, posteriormente, seu trabalho dar à luz uma estrela bailarina que ganharia o mundo. Aliás, de modo muito semelhante a Spinoza, o filósofo alemão pouco ou nada pôde desfrutar do resultado de tantos anos de pesquisa e escrita. Sua vida intensa e de poucos amigos foi um duro combate-entre toda a variedade de inimigos que o juízo de Deus arrasta consigo.

Tantos são os casos de luta vital entre juízo e afetos, entre as potências de vida e de morte: seja pelas muitas injustiças e acusações contra as destemidas ideias de Lawrence; pelo delicado quadro clínico mental de Artaud, que oscilava entre o mais altivo vigor dramatúrgico à mais cruel insanidade clínica; pela genialidade e maestria clínica de Guattari, contrastada com a depressão que o acompanhou antes de sua morte; pelo vigor e a exuberância vital das aulas e escritos de Deleuze, até a dor e sofrimento que o levaram ao suicídio; isso para citar apenas a sina de alguns de nossos "cavaleiros do Apocalipse ao revés" (HEUSER, 2019).

Muitas são as formas e invenções do juízo para limitar e até barrar a dinâmica de vida dos corpos. Quantas vidas deixadas no anonimato? Quantos gênios silenciados no presente à esteira de um futuro cujo brilhantismo lhes fora estranho? Van Gogh representa um pouco essa relação de ambiguidade, a justa medida entre o anonimato e o delírio, pois o mais encantador maestro das cores também foi dilacerado pelo famigerado juízo de Deus. Em seu texto *Van Gogh: o suicidado pela sociedade*, Artaud (2019, p. 162-165) denuncia os abusos e atrocidades cometidos contra a vitalidade e a genialidade de Van Gogh, de modo especial, pela psiquiatria: "Foi assim que uma sociedade tarada inventou a psiquiatria, para defender-se das investigações feitas por algumas inteligências extraordinariamente lúcidas, cujas faculdades de adivinhação a incomodavam" (2019, p. 162).

Indo direto ao ponto, não se trata de um ataque *ad hominem*; afinal, figuras como Van Gogh são avessas ao glamour narcísico de qualquer culto a si mesmo e, por isso, não costumam atrair holofotes para si. O inaceitável é a reviravolta na maneira de olhar para as instituições e o mundo. O simples fugir de um padrão social determinado foi e continua sendo motivo suficiente para o repúdio e o "banimento" de figuras como Van Gogh que, de fato, operaram grandes "explosões" na maneira de conceber a realidade: "Até a natureza exterior, com seus climas, suas marés e suas tormentas equinociais, não pode mais, depois da passagem de Van Gogh pela terra, manter a mesma gravitação (ARTAUD, 2019, p. 163). Desse modo, loucura, reclusão e isolamento soam como mecanismos de defesa de uma civilização em decadência, como maneiras vilipendiosas de deixar à margem quem poderia destruir as "margens/limites" e alterar as "gravitações da terra": "Assim, a sociedade mandou estrangular em seus manicômios todos aqueles dos quais queria desembaraçar-se ou defender-se porque se recusavam a ser seus cúmplices em algumas imensas sujeiras" (ARTAUD, 2019, p. 163).

Não obstante, a maneira deslumbrante com que Van Gogh vislumbrou e representou as cores é o mais explícito sinal de que a vida insiste em continuar e expandir sua potência. Por isso, resistir é também uma forma de não deixar a luta morrer, pois não haveria Spinoza, Nietzsche, Artaud, Lawrence, Deleuze, Guattari, Van Gogh e tantos outros se o grito de resistência representado por Edvard Munch, em sua imortal pintura *O grito*, não fosse maior que a ansiedade, a melancolia e o medo dos covardes abutres que buscam "endireitar"[180] a beleza incompreensível de gênios como Van Gogh e Artaud. Definitivamente, embora o juízo marque a sina de seus contraventores, seus aberrantes movimentos intensivos de fuga e

---

[180] "O doutor Gachet não chegou a dizer a Van Gogh que estava ali para endireitar sua pintura (como ouvi o doutor Gaston Ferdiére, médico-chefe do manicômio de Rodez, dizer que estava ali para endireitar minha poesia), porém mandava-o pintar a natureza, sepultar-se na paisagem para evitar a tortura de pensar" (ARTAUD, 2019, p. 171).

aquarela em meio à massa cinzenta do juízo de Deus nos fazem novamente repetir: "Cair, cair, cair. Então por que estamos grilados agora com a queda? Vamos aproveitar toda a nossa capacidade crítica e criativa para construir paraquedas coloridos" (KRENAC, 2019, p. 14).

Em suma, para lutar é também necessário padecer, reconhecer derrotas e, muitas vezes, sequer conhecer pequenos lampejos de vitória.

Para que lutar? Perguntaria, então, qualquer sábio Sileno.

– Para que o juízo de Deus não se consolide como o único caminho possível e para que a primavera, conforme nos diria Grace, continue "inflando e explodindo suas peônias", num ritmo em que inflar e explodir se harmonizam e se complementam: "peônias crescem em meio aos cascalhos. Irrompem pelos seixos cinzentos soltos, os botões testando o ar como olhos de caracóis, depois inflam e se abrem, enormes flores vermelho-escuras, lustrosas como cetim. Então explodem e caem no chão" (ATWOOD, 2017, p. 8).

Devemos então ter esperança? atacaria novamente um sábio Sileno.

– Pergunta já respondida por nossa encantadora Grace: "Quanto às minhas esperanças, eu as reservo para as pequenas coisas" (ATWOOD, 2017, p. 64).

CONCLUSÃO

Consoante com o que Deleuze indica ao final de seu "Para acabar com o juízo de deus", seria apropriado fabular uma espécie de novo *ethos* e, quiçá, até apresentar a ideia de um mundo livre do juízo de Deus; porém, seguimos sem um novo *ethos* e com nosso oponente vivo em campo de batalha: em meio a uma peleia que, para nós, ao revés do que quis Deleuze, se apresenta como invencível, restando-nos estar à altura da disputa. Desde o início de nossa trajetória argumentativa, estamos andando numa linha tênue cujo equilíbrio se sustenta entre juízo e afeto. É como se, tal qual a personagem da *História do abismo e da luneta*, comemorássemos o estrago da velha luneta: "Minha luneta está quebrada: um grito de viva" (FLEAU-TIAUX, 2014, p. 129). Chega de amontoar cacos e buscar reconstituir o que foi quebrado; agora é o momento de se distanciar desse [...] longo pesadelo de lunetas, de Células, do Raio [...]" (FLEAUTIAUX, 2014, p. 131). É hora de deixar para trás a plataforma e suas parafernálias, mesmo sabendo que outras lunetas continuarão operando. Não se trata de desistir, ou de fugir da batalha, qualquer lenhador sábio reconhece a necessidade de parar para afiar seu machado ou até de aposentá-lo quando sua estrutura de aço não suporta mais a intensidade de um fio cortante.

Estaríamos, com isso, reconhecendo uma vitória parcial do juízo de Deus? Sob certo aspecto sim. Interessa-nos desfrutar do doce deleite de bater em retirada, pois enquanto permanecemos em campo de batalha não somos capazes de ver nossos "oponentes" como algo a mais que meros inimigos. Enfim, outras lunetas continuarão operando, e nós estaremos experimentando um pouco do viver sem lentes.

No espaço deste livro, analisamos alguns aspectos do politeísmo helênico, do monoteísmo judaico e suas ramificações oriundas do advento de Cristo na história – porque compreendemos que seus efeitos constituem mais diretamente as diretrizes do modo de viver do humano ocidental. Embora não pretendamos elaborar um desfecho determinado, avaliamos ser oportuno ressaltar o que, na composição do livro, foi o mais marcante: as personagens que compuseram nosso enredo. As personagens que povoaram nosso trabalho deram a ele consistência em meio ao caos da vastidão da mecanosfera: expressa por infinitos conjuntos de signos potencialmente produtores de uma vastidão de significados e significantes. Entretanto, em meio a tantas menções e narrativas, aqui cabe destacar as que, para nós, são as principais, com idiossincrasias que escapam ao limite de uma biografia e da própria historiografia; afinal, filosofar é também criar – destoando e reinventando situações e personagens que, para um olhar metafísico, sempre foram unitários e identitários, mas que para nós são multiplicidades e diferenças...

Nossa primeira e contínua personagem, extrovertida e introvertida, tão culpada quanto inocente, tão irreverente quanto cerimoniosa, presente entre meio a peônias e espinhos, é a graciosa Grace Marks. Com ela é possível deslizar até as entranhas do juízo e também saltitar dele por movimentos aberrantes de fuga. Dela aprendemos que não importa se somos culpados ou inocentes – afinal, já fomos julgados!

Nosso matricida Orestes, ávido por vingar a morte do pai e perseguido por executar a morte da mãe, marcado por despertar a fúria das Eríneas, enquanto é defendido por Apolo e favorecido pelo que podemos chamar de "machismo" de Atenas, foi o mote para apresentar o primeiro tribunal instituído em solo ateniense, numa trama que envolve vingança, reparação e a mais tênue linha entre a culpa e a justiça. Alimentado por uma dívida que o levou ao matricídio, Orestes traz à tona o que poderia ser mencionado como "justa vingança" e que, à luz de nosso livro, não passa de um pretexto para a continuidade da dívida infinita.

Temos, ainda, o memorável Édipo, sem dúvida uma personagem que extrapola os limites do espaço e do tempo para se tornar imortal. Não seria exagero afirmar que se trata de uma das maiores "celebridades" da mitologia grega: o típico herói trágico que, na ânsia pelo autoconhecimento, se tornaria a própria personificação da culpa e do sofrimento. Édipo é o exemplo vivo de que a *hamartía* que recai sobre a *génos* constitui a própria tragicidade da vida enquanto dor e sofrimento. Por vezes, a condição da contingência e falta de sentido da vida humana nos remete à cegueira de Édipo, vítimas de um juízo que nos é estranho, mas do qual somos incapazes de nos desprender.

Nosso também forte, destemido e memorável Héracles, fruto da traição de Zeus a Hera com a ninfa Alcmena, perseguido por Hera, o herói mataria sua esposa e seus próprios filhos. No entanto, em sua luta contra o destino, Héracles se casa novamente com Dejanira e padece revestido com a túnica do falecido centauro Nesso, selando seu próprio destino tramado por Hera e profetizado por Zeus. Uma trama revestida por traição e heroísmo, uma história que referenda o que poderíamos mencionar como um dos maiores dentre os mortais. Héracles também tentou burlar e postergar sua saga imputada pela velha "dívida infinita"; no entanto, sua morte inglória – longe dos campos de batalha – é a prova viva de que o juízo fora também implacável àquele que foi capaz de matar o leão de Nemeia e a Hidra de Lerna[181], mas que não pôde resistir à profecia de seu próprio pai e à vingança de sua madrasta.

Nossa enfurecida Medéia, inconformada com a traição de Jasão e obstinada a fazê-lo sofrer por uma traição que afetaria drasticamente o rumo da trama, expressa a guinada do destino para um processo deliberativo que levou a protagonista àquilo que Deleuze (2005) mencionou como restituição do equilíbrio. Para nós, Medéia representa o auge da torpeza do juízo: afinal, em sua obstinada busca por reparação, cometeu o infanticídio dos próprios filhos – revelando que fazer sofrer (referência a Jasão) justificaria qualquer ato –, situação que tragicamente revela o caráter ilimitado do juízo, deixando-nos à mercê de um processo que, ao buscar o equilíbrio, caminha *ad infinitum* à repetição da *hamartía*.

O velho Sócrates também é uma personagem presente em alguns lampejos de nossa trama e que aqui merece menção. Figura basilar para a História da Filosofia, o ateniense revelou, momentos antes de morrer, que a vida não passa da manutenção de uma grande dívida que precisa ser reparada com a morte e a posterior "imortalidade da alma". Quando exorta Críton acerca da dívida de um galo a Asclépio, Sócrates revela que a "dívida infinita" marca toda a extensão de movimento dos corpos, de tal sorte que nos resta carregar a culpa por possuirmos um invólucro carnal que é condição *sine qua non* para qualquer existência.

No que diz respeito ao judaísmo, também escalamos nossas personagens. Adão e Eva, os primeiríssimos a entrar em campo, gozam do privilégio de um "paraíso virgem" para inventarem e constituírem o mundo. Teriam sido os primeiros humanos a atribuir sentido e valor para as coisas, numa história que – à primeira vista – revela inocência e criação pueril, mas que, desde o início, já contém toda a doutrina do julgamento que viria a se arraigar na mecanosfera. Em meio à vastidão do Jardim do Éden, lá estava a temida árvore do conhecimento do bem e do mal, à espreita de uma "degustação" que determinaria o banimento do paraíso e a marca definitiva de um mal que selaria as gerações vindouras. Bastou o suave "gosto da maçã", para que

---

[181] Referência aos dois primeiros, dos doze, trabalhos realizados por Héracles como penitência por ter matado sua esposa Megara e seus filhos.

o pecado se interiorizasse em cada humano, que já nasce com a maldição de Adão e Eva e, consequentemente, busca uma redenção por um pecado que lhe é estranho, mas que o insere numa imensa lista de devedores. Tal qual Édipo, Adão, Eva e a humanidade estão presos a uma dívida infinita cuja causa lhes é desconhecida.

Caim e Abel, ligeiras personagens que revelam a inveja e o ódio que acompanha até os irmãos – mais uma história que termina em morte e que mantém a *génos* marcada pelo sangue dos antepassados.

Noé e a arca da antiga aliança, certamente umas das maiores tragédias narradas pela antiguidade judaica; o "extermínio da humanidade" e o restabelecimento do "bem" – que viria a se romper tão logo nas tênues linhas da história da humanidade – representam a velha tensão entre justiça e vingança que alimenta toda a saga do Livro Sagrado dos judeus e cristãos. Noé é uma personagem que revela a vitória do bem sobre o mal – num mundo em que a destruição é vendida como necessária para a salvação de um grupo seleto de seres que mantém "a maçã à sete chaves".

Nosso paterno e inabalável Abraão – o homem que resiste ao amor humano/paterno para manter viva a fé que o liga ao criador divino, testado pela iminente perda de seu único filho e eleito como patriarca de toda a geração vindoura do povo "escolhido por Deus" – é o símbolo mais contundente de aliança entre Deus e o homem, selando um caminho escatológico que mantém viva a esperança em um porvir distante, cujo tempo presente se torna propedêutico de um ideal transcendente.

Nosso indulgente José, personagem que não hesitou em estender a mão aos irmãos que o venderam para os ismaelitas, é um aceno contra o juízo, em meio a tantas traições, assassinatos e vinganças que permeiam o Antigo Testamento. Homem que, após ser vendido como escravo, conquistou a confiança do faraó e se tornou responsável pela administração do Egito. Essa nobre personagem é quem melhor representa o amor desinteressado que seria, posteriormente, pregado por Jesus de Nazaré.

João de Patmos, personagem por excelência da revelação e do Juízo Final do Novo Testamento, responsável por um enredo simbológico que culmina num atroz julgamento contra todos os ímpios e réprobos, intercala destruição e construção, num livro cujo teor do ressentimento coloca à prova o amor donativo e gratuito que compõe os evangelhos. Sem dúvida, esta personagem representa o próprio modus operandi do juízo de Deus, em sua exímia tarefa de julgar e punir – num desfecho mórbido e seletivo.

Do outro lado, temos nossas personagens contraventoras por excelência, que empreenderam batalha contra o juízo e suas mazelas. Nosso primeiro combatente é Spinoza, severo crítico do Deus vingativo e personalista da tradição judaico-cristã, o holandês reconstruiu as relações epistêmicas entre Deus e a natureza. Com seu brilhantismo e precisão teórica contra os ditames do credo judaico, Spinoza sofreu na pele as represálias da instituição em que fora educado. Excomungado do judaísmo, fez da filosofia um movimento de resistência e insurgência.

Nessa seleta prateleira de nossos contraventores, temos também Nietzsche, a solitária personagem de Sils Maria. Com Nietzsche, o juízo não teve sossego. Afinal, o filósofo alemão dedicou praticamente toda a sua trajetória intelectual no combate contra os velhos ídolos alimentados pela saga apocalíptica do juízo de Deus. Tendemos a acreditar que a veemência dessa peleia teria lhe causado a repentina insanidade mental aos 44 anos; no entanto, quem somos nós para apontar os reais motivos de sua interrupção intelectual? Fato é que Nietzsche foi um grande soldado, a serviço da imanência, que a história soube reconhecer com os devidos méritos póstumos, mas que não teve a bem-aventurança de sair vivo do campo de batalha.

E quanto à dupla Deleuze e Guattari? Sem dúvida, são as personagens que deram o tom de nossa escrita. Temos de reconhecer que, em muitos momentos, comungamos do mesmo plano de imanência outrora perscrutado pela dupla francesa. Nosso otimismo teórico, muitas vezes ofuscado pelo juízo de Deus, muito se deve a esses coloridos e múltiplos pensadores. Com eles aprendemos a criar linhas de fugas, deles também aprendemos que toda intensidade que se institui em meio à densa plataforma da mecanosfera reacende o desejo de luta e a busca por um devir outro, no qual a vida cintila e reverbera em afetos alegres.

Nosso potente Lawrence, capaz de fazer de um galo forasteiro um símbolo de libertação e aclamação da vida, insiste em expandir sua potência e foi um dos intercessores que mais nos encorajaram na dimensão crítico-criativa dessa obra. O poder da imaginação para a criação de outros mundos possíveis é algo que não falta nessa personagem inglesa: transformar Cristo em Osíris e levá-lo até o encontro de Ísis é apenas um dos exemplos da maestria desse pensador. Com ele reaprendemos a olhar e a sentir o sol, numa perspectiva que ultrapassa a sensação de estarmos "deitados nus como porcos na praia".

Obviamente que essas não foram nossas únicas personagens; afinal, por razões meramente sintéticas, passamos por várias outras que não foram mencionadas no espaço desta conclusão. Figuras como Edir Macedo e R. R. Soares não dispõem de quaisquer relações com o brilhantismo de nossas seletas e altivas personagens, além do mais; não intentamos chamá-las de nossas, pois são tão burlescas quanto grotescas. A elas não direcionaremos mais considerações, apenas diremos que seus constantes ataques às minorias são o motivo pelo qual resistimos – afinal, a identidade sempre encontrará tensão e resistência da diferença.

Nessa saga de levantamento de personagens, restaria ainda a indagação: seriam Deus ou os deuses algum tipo de personagem? Em nossa visão não, pois se trata da razão de ser de todas as personagens que povoam nossa obra, seja por via propositiva ou apofática. Nesse sentido, podemos concluir que, em meio à vastidão de possibilidades que ganham consistência com nossas personagens, se encontram Deus e/ou os deuses, numa ambiguidade que deveria impossibilitar uma identidade absoluta, mas que nem por isso o faz. E quanto à existência ou à fé Nele/neles? Ora, Deus está dado no espaço desta discussão, aceitá-lo ou recusá-lo ontologicamente ou em nível de fé escapa a qualquer domínio de nossa especulação teórica.

Como se pôde observar até aqui, desde o início de nossa produção, levantamos questões, localizamos disputas e criamos um enredo que teve o juízo como protagonista e, por que não, como personagem por excelência. Neste exato momento, me encontro[182] questionando qual personagem mais usei para compor essa escrita, ou, mais arriscadamente: se teria criado alguma? Ciente de que, em nível pessoal, me encontro numa posição, no mínimo, privilegiada, por ser branco, heterossexual e "pai de família". No entanto, busquei fugir de uma idiossincrasia estereotipada por minha condição, deixando fluir processos que vão além do meu próprio reflexo narcísico. Aonde cheguei e se realmente constituí algum tipo de personagem não sei, aliás, este não sei é pura influência socrática – a impressão que tenho é a de que me encontro mais ignorante agora do que quando adentrei nesta aventura absurda.

O juízo exerce tirania contra os corpos foi uma expressão recorrente ao longo desse livro. Figuras como Hitler, Stalin e Pinochet exerceram cruéis e sanguinárias tiranias; no entanto, o juízo de Deus exerce, ao longo da

---

[182] O itálico neste parágrafo, que virá a se repetir nos três últimos, serve para destacar a ligeira fuga do uso plural para o singular.

história, a mais longa e nefasta tirania que se possa mencionar. Em nome do todo-poderoso, onisciente, perfeito e bondoso Deus, o juízo causou tantas destruições e mortes que nos permitem crer que a mecanosfera não passa de um grande mar de sangue no qual pisamos sobre as múltiplas vítimas que nos precederam. Idolatrar um Deus de bondade para justificar toda maldade, assim caminha a humanidade – bem-intencionada na aparência de seus tetos de vidro, mas imunda nas entranhas de sua *práxis* perversa.

Muitos são os desafios e caminhos ainda a serem percorridos. O velho e vulgar ditado popular, segundo o qual "religião não se discute" deveria ser, de uma vez por todas, ignorado. Ao discutirmos o "juízo de Deus" e sua relação com as religiões, fomos até as entranhas da moral – numa história em que o transcendente regulou e ainda dita as regras da humanidade – que, se, por um lado, são violadas e muitas vezes ignoradas, por outro, instituem costumes e selam o "destino" de muitos corpos. Por fim, em momento algum negamos a força e a intensidade da imanência; pelo contrário, empreendemos todo o nosso trabalho como uma forma de resistência com vistas à imanência, mesmo sabendo da predominância histórica e estrutural da transcendência.

Para finalizar, nossa crença porfia é que somente é possível a produção de fissuras nos estratos, isto é, momentos de lampejo em que a vida "escapa" do juízo...

***

P.S.: Como o breve parágrafo acima denuncia, embora *imaginasse* haver terminado de preencher os espaços que concernem a esta conclusão, no final da tarde do dia de ontem, 22/03/2023, ao abrir a caixa postal de minha casa, *deparei-me* com uma carta – uma pequena "carta despretensiosa", escrita a punho pelo remetente – que *me fez* recordar todo o trajeto percorrido até aqui:

Figura 1 – Carta de um testemunho de Jeová

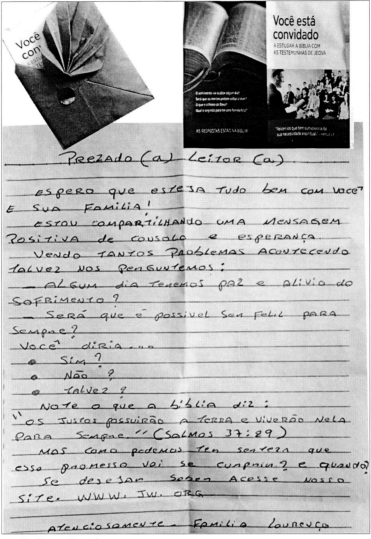

Fonte: autoria desconhecida

Embora as Testemunhas de Jeová não tenham sido objeto direto desta obra, não poderia deixar de lado tamanha coincidência. Primeiramente *pensei*: que belo dia para receber uma "mensagem positiva de fé e esperança". Depois de tanto tempo vivendo a incredulidade que o juízo de Deus *me trouxe*, a família Lourenço resolveu *me propiciar* um pequeno alento. E, para melhorar, *me sensibilizou*, por meio de uma pergunta retórica, acerca da possibilidade da "paz e alívio do sofrimento" e do tão sonhado "feliz para sempre". Logo adiante, ainda *me deixou* a esperança contida no versículo 29 do Salmo 37: "Os justos possuirão a terra e viverão nela para sempre". Ansioso e *curioso que sou*, logo abri *minha própria* Bíblia para ver o versículo mais de perto e toda a euforia caiu repentinamente ladeira abaixo, pois o versículo anterior *me revelou* o que no fundo *eu já sabia*: "Os malfeitores serão destruídos para sempre e a descendência dos ímpios extirpada" (Sl 37: 28). *Justo ou ímpio? Possuidor da terra e da vida eterna ou destruído e com a descendência extirpada?* No ímpeto por respostas até *abri* o site indicado, mas *minha inquietação* só aumentou – em meio a muitas promessas e propagandas de um "futuro melhor". *Pensei* até em responder à família Lourenço, mas ela não *me deixou* endereço para retribuir "tamanha solidariedade". Enfim, a carta *me fez* recordar que o juízo ainda viaja leve, por vezes, até no estilo retrô de uma saudosa carta escrita à mão, dando odes à transcendência e fazendo promessas tentadoras que facilmente encantam a carência e o desejo humano de ascender aos céus.

E para terminar, *me resta* a certeza que o juízo de Deus também se alimenta de boas intenções: afinal, quem *sou eu* para negar o gesto de gentiliza que acompanha a carta dos Lourenço? No entanto, não *poderia deixar* de mencionar, ironicamente, a velha máxima: "De boas intenções o inferno está cheio"; afinal, os escolhidos são "sempre" poucos e o "lago de fogo e enxofre" parece suportar muitos...

REFERÊNCIAS

ADAMS, James Truslov. *The epic of America*. Boston: Little, Brown and Company. 1931. Disponível em: https://archive.org/details/in.ernet.dli.2015.262385/mode/2up Acesso em: 12 set. 2022.

AGOSTINHO. *A Cidade de Deus*: contra os pagãos. Tradução: Oscar Paes Leme. Bragança Paulista: Editora Universitária São Francisco, 2003 (Coleção Pensamento Humano).

AGOSTINHO. *Comentário à Primeira Carta de João*. Tradução: Nair de Assis. São Paulo: Paulinas, 1989.

AGOSTINHO. Regra de Santo Agostinho. In: *Norma de vida dos Agostinianos Descalços*. Tradução: Vicente M. Sorce e Luigi Kerschbamer. 3. ed. Nova Londrina/PR: Ms Publisher2, 1996.

ATWOOD, Margaret. *Vulgo Grace*. Tradução: Geni Hirata. Rio de Janeiro: Rocco (versão digital), 2017.

ARANHA, Maria Lúcia de Arruda. *História da educação*. São Paulo: Moderna, 1989.

ARISTÓTELES. *Poética*. Tradução: Paulo Pinheiro. 2. ed. São Paulo: Editora 34, 2017.

ASSUNÇÃO, Diego Paleólogo. *Produção de Alteridade*: A Experiência do Minotauro. Dissertação (Mestrado em Letras). Pontifícia Universidade Católica do Rio de Janeiro/RJ, 2010. Disponível em: https://www.maxwell.vrac.puc-rio.br/16475/16475_8.PDF Acesso em: 08 ago. 2021.

AZEREDO. Vânia Dutra de. *Nietzsche e a dissolução da moral*. 2. ed. São Paulo: UNIJUÍ, 2003.

BÍBLIA. Português. *Bíblia de Jerusalém*. Tradução publicada sob a direção da "École Biblique de Jerusalém". São Paulo: Paulus, 2002.

BLOCH, Ernst. *O princípio esperança*, vol. III. Tradução: Nélio Schneider. Rio de Janeiro: EdUERJ; Contraponto, 2006.

BOFF. Leonardo. *Quarenta anos da Teologia da Libertação*. 2011. Disponível em: https://leonardoboff.org/2011/08/09/quarenta-anos-da-teologia-da-libertacao/. Acesso em: 13 set. 2022.

BORGES, Jorge Luis. *La muerte e la brújula*. Madrid: Alianza, 2000.

BORTOLINI, José. *Como ler o Apocalipse*: resistir e denunciar. 5. ed. São Paulo: Paulus: 1994.

BRANDÃO, Junito de Souza. *Mitologia grega*. Vol. 1. Petrópolis/RJ: Vozes, 1986.

BRANDÃO, Junito de Souza. *Mitologia grega*. Vol. 3. Petrópolis, RJ: Vozes, 1987.

BRANDÃO, Junito de Souza. *Teatro grego*: tragédia e comédia. Petrópolis/RJ: Vozes: 1985.

BROWN, Raymond Edward. *A comunidade do discípulo amado*. São Paulo: Paulus, 2011.

CASTRO NEVES, José Roberto de. *A invenção do direito* – As lições de Ésquilo, Sófocles, Eurípedes e Aristófanes. Rio de Janeiro: Edições de Janeiro, 2015.

CARROL, Lewis. *Aventuras de Alice no País das Maravilhas e Através do espelho e o que Alice encontrou por lá*. Tradução: Maria Luiza X. de A. Borges. Rio de Janeiro: Jorge Zahar, 2009.

CARVALHO, Rogério. A correspondência entre o cristianismo ascético e o paganismo erótico na ressurreição de O homem que morreu, de D. H. Lawrence. *Ciberteologia – Revista de Teologia & Cultura*. n. 23, ano V, maio/jun. 2009, p. 58-63.

CAYGILL, Howard. *Dicionário Kant*. Tradução: Álvaro Cabral. Rio de Janeiro: Jorge Zahar, 2000.

CERQUEIRA, Fábio Vergara. As origens do direito ocidental na pólis grega. *Justiça & História* (Impresso), Porto Alegre, vol. 2, n. 3, p. 97-106, 2002.

CRAIA, Eladio. *A problemática ontológica em Gilles Deleuze*. Cascavel: EDUNIOESTE, 2002.

CROIX, Geoffrey Ernest Maurice de Sainte. Why were the early christians persecuted? In: *Christian persecution, martyrdom, and orthodoxy*. Edited by Michael Whitby and Joseph Streeter. New York: Oxford University Press, 2006.

DANIEL-ROPS, Henri. *A Igreja da Renascença e da Reforma*: a Reforma Protestante. São Paulo: Quadrante, 1996.

DURANT, Will. *A Filosofia de Spinoza*. Tradução: Maria T. Miranda. Rio de Janeiro: Ediouro, 1994.

DELBOS, Victor. *O problema moral na filosofia de Spinoza*. Rio de Janeiro: FGV Editora, 2016.

DELEUZE, Gilles. *Cartas e outros textos*. Tradução: Luiz Benedicto L. Orlandi. São Paulo: n-1 edições, 2018.

DELEUZE, Gilles. *Conversações*. Tradução: Peter Pál Pelbart. 3. ed. São Paulo: Editora 34, 2013.

DELEUZE, Gilles. *Crítica e clínica.* Tradução: Peter Pál Pelbart. 2. ed. São Paulo: Editora 34, 2011.

DELEUZE, Gilles. *Cursos sobre Spinoza*: (Vincennes, 1978-1981). 3. ed. Tradução: Emanuel A. da Rocha Fragoso, Francisca E. Barbosa de Castro, Hélio R. Cardoso Júnior e Jefferson A. de Aquino. Fortaleza: EdUECE, 2019.

DELEUZE, Gilles. *Diferença e Repetição.* 3. ed. Tradução: Luiz Benedicto L. Orlandi e Roberto Machado. Rio de Janeiro/São Paulo: Paz e Terra, 2021.

DELEUZE, Gilles. *Empirismo e subjetividade*: ensaio sobre a natureza humana segundo Hume. Tradução: Luiz Benedicto L. Orlandi. São Paulo: Editora 34, 2001.

DELEUZE, Gilles. *Espinosa*: filosofia prática. Tradução: Daniel Lins e Fabien Pascal Lins. São Paulo: Escuta, 2002.

DELEUZE, Gilles. *Espinosa e o problema da expressão*. São Paulo: Editora 34, 2017.

DELEUZE, Gilles. *Foucault.* Tradução: Claudia Sant'Anna Martins. São Paulo: Brasiliense, 2019.

DELEUZE, Gilles. Sobre Nietzsche e a Imagem de Pensamento. *In: A ilha deserta e outros textos.* Tradução: T. Tadeu e S. Corazza. São Paulo: Iluminuras, 2005.

DELEUZE, Gilles; GUATTARI, Félix. *Mil Platôs: capitalismo e esquizofrenia 2.* 2. ed. vol. 1. Tradução: Ana Lúcia de Oliveira, Aurélio Guerra Neto e Célia Pinto Costa. São Paulo: Editora 34, 2011a.

DELEUZE, Gilles; GUATTARI, Félix. *Mil Platôs: capitalismo e esquizofrenia 2.* Tradução: Ana Lúcia de Oliveira e Lúcia Cláudia Leão. 2. ed. vol. 2. São Paulo: Editora 34, 2011b.

DELEUZE, Gilles; GUATTARI, Félix. *Mil Platôs: capitalismo e esquizofrenia 2.* Tradução: Aurélio Guerra Neto, Ana Lúcia de Oliveira, Lúcia Cláudia Leão e Suely Rolnik. 2. ed. vol. 3. São Paulo: Editora 34, 2012a.

DELEUZE, Gilles; GUATTARI, Félix. *Mil Platôs: capitalismo e esquizofrenia 2*. Tradução: Suely Rolnik. 2. ed. vol. 4. São Paulo: Editora 34, 2012b.

DELEUZE, Gilles; GUATTARI, Félix. *O anti-Édipo*: capitalismo e esquizofrenia 1. Tradução: Luiz B. L. Orlandi. 2.ed. São Paulo: Editora 34, 2011c.

DELEUZE, Gilles; GUATTARI, Félix. *O que é a filosofia?* Tradução: Bento Prado Jr. e Alberto Alonso Muñoz. Rio de Janeiro: Editora 34, 1992.

DIEL, Paul. *O simbolismo na mitologia grega*. Tradução: Roberto Cacuro e Marcos Martinho dos Santos. São Paulo: Attar, 1991.

Documento secreto da política Reagan para a América Latina. Apresentação de Fernando Peixoto. São Paulo: Hucitec, 1981.

DUARTE, Marcello Felipe. A teologia da prosperidade na Igreja Universal do Reino de Deus e a demonização das religiões afro-brasileiras. *Revista Maracanan*, Rio de Janeiro, n. 20 – jan.-abr., p. 91-111, 2019. Disponível em: https://www.e--publicacoes.uerj.br/index.php/maracanan/article/view/36836/27727. Acesso em: 03 mar. 2021.

DUMAS, Alexandra Gouvêa. Corpo negro: uma conveniente construção conceitual. *XV enecult* – encontro de estudos interdisciplinares em cultura. Salvador, 2019. Disponível em: http://www.enecult.ufba.br/modulos/submissao/Upload-484/111785.pdf. Acesso em: 03 set. 2023.

EASTERLING, Patrícia Elizabeth. Introdução às Traquínias. In: SÓFOCLES. *As traquínias*. Tradução: Dirceu Villa. São Paulo: Editora 34, 2011.

ELIAS, Norbert; SCOTSON, John. *Os Estabelecidos e os Outsiders*: sociologia das relações de poder a partir de uma pequena comunidade. Tradução: Vera Ribeiro. Rio de Janeiro: Jorge Zahar, 2000.

ÉSQUILO. *Eumênides*. Estudo e tradução: Jaa Torrano. 2. ed. São Paulo: Iluminuras; FAPESP, 2013.

EURÍPEDES. *Medeia*. Tradução, posfácio e notas: Trajano Vieira. São Paulo: Editora 34, 2010.

FERREIRA, José de Freitas. Cruz, sinal de contradição. Revista *Didaskalia*. vol. *14*. n. 1-2, p. 3-10, 1984. Disponível em: https://doi.org/10.34632/didaskalia.1984.840. Acesso em: 09 jul. 2022.

FERREIRA, Manuela Lowenthal. Evangélicos e extrema direita no Brasil: um projeto de poder. *Revista Fim do Mundo*. n. 1 – jan./abr., p. 46-71, 2020. Disponível em: https://revistas.marilia.unesp.br/index.php/RFM/article/view/10204/6418. Acesso em: 23 fev. 2022.

FITZGERALD, F. Scott. O colapso. *In*: TADEU, Tomaz (Trad. e Org.). *Quatro novelas e um conto*. Belo Horizonte: Autêntica, 2014.

FLEUATIAUX, Pierrette. História do abismo e da luneta. In: TADEU, Tomaz (Trad. e Org.). *Quatro novelas e um conto*. Belo Horizonte: Autêntica, 2014. Divulgado por HEUSER, Ester Maria Dreher – Projeto áudio-fônico "Doses Literárias". Disponível em: https://open.spotify.com/episode/024fB3PVWHKGtbldEC0opb e https://www5.unioeste.br/portalunioeste/pos/ppgfil/informacoes/outras-informacoes/extensao-midia/doses-literarias. Acesso em: 11 mar. 2022.

FOUCAULT, Michel. *A ordem do discurso*: aula inaugural no Collège de France, pronunciada em 2 de dezembro de 1970. Tradução: Laura F. de Almeida Sampaio. 24. ed. São Paulo: Edições Loyola, 2014.

FOUCAULT, Michel. *Microfísica do poder*. Tradução: Roberto Machado. 9. ed. Rio de Janeiro: Graal, 1979.

FRESTON, Paul. Breve história do pentecostalismo brasileiro. *In*: ANTONIAZZI, Alberto et al. *Nem anjos nem demônios*. Petrópolis: Vozes, 1994.

FRESTON, Paul. *Prostestantes e política no Brasil*: da constituinte ao impeachment. Tese (Doutorado em Ciências Sociais). Universidade Estadual de Campinas, Campinas/ SP, 1993. Disponível em: https://www.academia.edu/6834583/Protestantes_e_pol%C3%ADtica_no_Brasil_Tese_doutoral_de_Paul_Freston?auto=-download&email_work_card=download-paper. Acesso em: 26 out. 2021.

GWERCMAN, Sérgio. Evangélicos. *Revista Superinteressante*, 2004. Disponível em: https://super.abril.com.br/historia/evangelicos/. Acesso em: 20 maio 2020.

GHISALBERTI, Alessandro. *Guilherme de Ockham*. Tradução: Luiz A. De Boni. Porto Alegre: EDIPUCRS, 1997.

GOLGHER, Isaías. *O universo físico e humano de Albert Einstein*. Belo Horizonte: Oficina de Livros, 1991.

GOMES, Pinharada. *Filosofia Grega Pré-Socrática*. 4. ed. Lisboa: Guimarães Editores, 1994. (Colecção Filosofia e Ensaios).

GRAVES, Robert. *Os mitos gregos*. Tradução: Fernando Klabin. 3. ed. Rio de Janeiro: Nova Fronteira, 2018.

GREEN, Vivian Hubert H. *Renascimento e reforma*: a Europa entre 1450 e 1660. 4. ed. Lisboa: Publicações Dom Quixote, 1984.

GUATTARI, Félix. *As três ecologias*. 21. ed. Campinas: Papirus, 2012.

GUERREZI, Evânio Márlon. *Mecanosfera*: uma política-cosmológica em Deleuze e Guattari. Tese (Doutorado em Filosofia). Universidade Estadual do Oeste do Paraná, Toledo/ PR, 2020. Disponível em: http://tede.unioeste.br/handle/tede/5314. Acesso em: 10 dez. 2021.

GUZIK, Alberto. Teatro. *In*: PINSKY, Jaime (org.). *Cultura e elegância*. 3. ed. São Paulo: Contexto, 2005.

HAN, Byung-Chul. *Sociedade do cansaço*. Tradução: Enio Paulo Giachini. Petrópolis/ RJ: Vozes (Edição Digital), 2015. Disponível em: http://www.poscritica.uneb.br/wp-content/uploads/2021/01/HAN_BYUNG_CHUL_Sociedade-do-cansa%-C3%A7o.pdf. Acesso em: 04 fev. 2022.

HENGEL, Martin. *Judaism and Hellenism:* Studies in their encounter in Palestine during the early Hellenistic period. Philadelphia: Fortress Press, 1974. 2 vols.

HERÁCLITO. Os fragmentos. *In*: KAHN, Charles H. *A arte e o pensamento de Heráclito*: uma edição dos fragmentos com tradução e comentário. Tradução: Élcio de Gusmão V. Filho. São Paulo: Paulus, 2009.

HESÍODO. *Teogonia*: a origem dos deuses. Estudo e tradução: Jaa Torrano. São Paulo: Iluminuras, 2007.

HEUSER, Ester Maria Dreher (org.). *Contra o juízo*: Deleuze e os herdeiros de Spinoza. Curitiba: Appris, 2019.

HEUSER, Ester Maria Dreher; KESSEL, Christian Alejandro. Hume, Deleuze e uma intepretação do direito. *Revista Brasileira de Estudos Jurídicos*, Montes Claros: Fundação Santo Agostinho, v. 16, n. 1, p. 36-50, 2021.

HOMERO. *Odisseia*. Tradução: Frederico Lourenço. São Paulo: Companhia das Letras, 2011.

HUBNER, Manu Marcus. O número 120 na Bíblia Hebraica como um parâmetro para a medida de tempo. *Revista Digital de Estudos Judaicos da UFMG*, Belo Horizonte, v. 11, n. 20, p. 1-15, 2017. Disponível em: https://periodicos.ufmg.br/index.php/maaravi/article/view/14382. Acesso em: 02 abr. 2021.

JAMES, Henry. Na gaiola. *In*: TADEU, Tomaz (Trad. e Org.). *Quatro novelas e um conto*. Belo Horizonte: Autêntica, 2014.

JAEGER, Werner Wilhelm. *Paideia* – a formação do homem grego. Tradução: Artur M. Parreira. 3. ed. São Paulo: Martins Fontes, 1994.

JAQUES, Gustavo. A escravidão da idolatria – a ausência de reconhecimento e de igualdade do outro. *In*: SOUZA, Ricardo Timm de; FREITAS, Isis Hochmann de; PONTEL, Evandro; TAUCHEN, Jair; PERIUS, Oneide (org.). *A Tentação Ancestral:* a questão histórico-cultural do tema da Idolatria ao longo dos séculos e sua relevância na contemporaneidade. Porto Alegre: Editora Fundação Fênix, 2020. p. 177-195.

KAFKA, Franz. *Um artista da fome e A construção*. Tradução: Modesto Carone. São Paulo: Companhia das Letras, 1998.

KANT, Immanuel. *Crítica da razão pura*. Tradução: Valério Rohden e Udo Baldur Moosburger. São Paulo: Nova Cultural, 1987. (Os Pensadores).

KANT, I. Resposta à pergunta: o que é esclarecimento? *In: Textos Seletos*. 2. ed. Tradução: Raimundo Vier. Petrópolis: Vozes, 1985. p. 104.

KIERKEGAARD, Søren. *Temor e tremor*. Tradução: Maria José Marinho. São Paulo: Nova Cultural, 1979. (Os Pensadores).

KRENAC, Ailton. *Filosofia ameríndia*: por um outro modo de pensar e viver... Youtube: Agenciamentos contemporâneos, 2020. Disponível em: https://www.youtube.com/watch?v=g4_hnApXhrU&t=5379s. Acesso em: 04 jan. 2021.

KRENAK, Ailton. *Ideias para adiar o fim do mundo*. São Paulo: Companhia das Letras, 2019.

LAÉRCIO, D. *Vidas e doutrinas dos filósofos ilustres*. Tradução: Mário da Gama Kury 2. ed. Brasília: Universidade de Brasília, 2008.

LAWRENCE, David Herbert. *Apocalipse* seguido de *O homem que morreu*. Tradução: Paulo Henrique Britto. São Paulo: Companhia das Letras, 1990. Divulgado por HEUSER, Ester Maria Dreher – Projeto áudio-fônico "Doses Literárias". Disponível em: https://open.spotify.com/episode/14Ao1IMtCLELxnwIph6GJh; https://www5.unioeste.br/portalunioeste/pos/ppgfil/informacoes/outras-informacoes/extensao-midia/doses-literarias. Acesso em: 27 abr. 2022.

LEIBNIZ. *Monadologia*. Tradução e apresentação: Adelino Cardoso. Lisboa: Edições Colibri, 2016.

LEIBNIZ. *Princípios da Natureza e da Graça*. Tradução: Fernando Barreto Gallas. Edição digital, 2008. Disponível em: https://leibnizbrasil.pro.br/leibniz-pdf/principios_natureza_graca.pdf. Acesso em: 01 maio 2020.

LINS, Daniel. *Juízo e verdade em Deleuze*. Tradução: Fabien Pascal Lins. São Paulo: Annablume, 2004.

LIPOVETSKI, Gilles. *Os tempos hipermodernos*. Tradução: Mario Vilela. São Paulo: Barcarolla, 2004.

LÖWY, Michael. *A guerra dos deuses*: religião e política na América Latina. Tradução: Vera Lúcia M. Joscelyne. Petrópolis: Vozes, 2000.

MACARDLE, Meredith. *A história da civilização judaica*. São Paulo: M. Books do Brasil, 2021.

MACEDO, Edir. *O ouro e o altar*: uma revelação que vai abrir os olhos dos servos de Deus. Rio de Janeiro: Unipro Editora, 2018.

MACEDO, Edir. *Orixás, caboclos e guias*: deuses ou demônios? 15. ed. Rio de Janeiro: Unipro Editora, 2006.

MACEDO, Edir. *Vida com Abundância*. 14. ed. Rio de Janeiro: Universal Produções, 2000.

MACHADO, Roberto. *Deleuze, a arte e a filosofia*. 2. ed. Rio de Janeiro: Jorge Zahar, 2010.

MARIANO. Ricardo. *Neopentecostais*: sociologia do novo pentecostalismo no Brasil. 2. ed. São Paulo: Edições Loyola, 2005.

MARTON, Scarlett. *Nietzsche*: das forças cósmicas aos valores humanos. São Paulo: Brasiliense, 1990.

MARX, Karl. *Sobre a questão judaica*. Tradução: Nélio Schneider. São Paulo: Boitempo, 2010.

McALISTER, Robert. *Dinheiro*: um assunto altamente espiritual. Rio de Janeiro: Carisma, 1981.

MENEGHATTI, Douglas. *Construção e superação das imagens de Sócrates em Nietzsche*. Cascavel: EDUNIOESTE, 2016.

MOLL NETO, Roberto. *Reaganation*: a nação e o nacionalismo (neo)conservador nos Estados Unidos (1981-1988). Dissertação (Mestrado em História) – Universidade Federal Fluminense, Niterói, 2010. Disponível em: https://app.uff.br/riuff/handle/1/22635. Acesso em: 12 set. 2022.

MONTEIRO, Silas Borges. Hecceidade: formação como individuação sem sujeito. *Revista de Educação Pública*, Cuiabá, v. 28, n. 68, p. 521-533, 2019. Disponível em: https://periodicoscientificos.ufmt.br/ojs/index.php/educacaopublica/article/view/8405. Acesso em: 4 mar. 2022.

MOREY, Miguel. *Friedrich Nietzsche, uma biografia*. Tradução: Beatriz Marroco. São Leopoldo: Unisinos, 2005.

NIETZSCHE, Friedrich Wilhelm. *Além do Bem e do Mal* – prelúdio a uma filosofia do futuro. Tradução: Paulo César de Souza. São Paulo: Companhia das Letras, 2005.

NIETZSCHE, Friedrich Wilhelm. *Assim falou Zaratustra*: um livro para todos e para ninguém. Tradução: Paulo César de Souza. São Paulo: Companhia das Letras, 2011.

NIETZSCHE, Friedrich Wilhelm. *Aurora* – reflexões sobre os preconceitos morais. Tradução: Paulo César de Souza. São Paulo: Companhia das Letras, 2004.

NIETZSCHE, Friedrich Wilhelm. *A Gaia Ciência*. Tradução Paulo César de Souza. São Paulo: Companhia das Letras, 2001.

NIETZSCHE, Friedrich Wilhelm. Carta de Nietzsche a Overbeck de 1881. Tradução: André Martins. *Revista trágica*: estudos de filosofia da imanência. Rio de Janeiro, v.10, n. 2, p. 119-121, 2017. Disponível em: https://revistas.ufrj.br/index.php/tragica/article/view/27164. Acesso em: 28 abr. 2021.

NIETZSCHE, Friedrich Wilhelm. *Crepúsculo dos Ídolos* – ou, como se filosofa com o martelo. Tradução: Paulo César de Souza. São Paulo: Companhia das Letras, 2006.

NIETZSCHE, Friedrich Wilhelm. *Genealogia da moral* – uma polêmica. Tradução: Paulo César de Souza. São Paulo: Companhia das Letras, 1998.

NIETZSCHE, Friedrich Wilhelm. *Introdução à tragédia de Sófocles*. Tradução: Ernani Chaves. Rio de Janeiro: Jorge Zahar, 2006.

NIETZSCHE, Friedrich Wilhelm. *Fragmentos póstumos*. Tradução: J. L. Vermal y J. B. Llinares. Madrid: Tecnos, 2008.

NIETZSCHE, Friedrich Wilhelm. *Humano, demasiado humano* – um livro para espíritos livres. Tradução: Paulo César de Souza. São Paulo: Companhia das Letras, 2005.

NIETZSCHE, Friedrich Wilhelm. *O Anticristo* – maldição ao cristianismo – ditirambos de Dionísio. Tradução: Paulo César de Souza. São Paulo: Companhia das Letras, 2007.

NIETZSCHE, Friedrich Wilhelm. *O nascimento da tragédia* – ou Helenismo e pessimismo. Tradução: Jacó Guinsburg, São Paulo: Companhia das Letras, 1992.

NIETZSCHE, Friedrich Wilhelm. *Sämtliche Werke. Kritische Studienausgabe*. Giorgio Colli e Mazzimo Montinari (Hg.). Berlim: Walter de Gruyter, 1999. 15 Bn.

NIETZSCHE, Friedrich Wilhelm. *Sobre verdade e mentira*. Tradução e organização: Fernando de Moraes Barros. São Paulo: Hedra, 2008.

OCKHAM, Guillelmus de. Scriptum in Librum Primum Sententiarum. *In*: *Opera Theologica*, vol. 2. New York: St. Bonaventure University, 1970.

OCKHAM, Guillelmus de. Summa Logicae. *In*: *Opera Philosophica*, vol. 1. New York: St. Bonaventure University, 1974.

OLIVEIRA, Jelson; GUIMARÃES, Marcella Lopes. *Diálogo sobre o tempo*: entre a filosofia e a história. Curitiba: PUCPress, 2015.

OLIVEIRA, José. *Breve história do movimento pentecostal*: dos Atos dos Apóstolos aos dias de hoje. Rio de Janeiro: CPAD, 2003.

PLATÃO. *Fédon*. Tradução: J. C. de Sousa, J. Paleikat e J. C. Costa. São Paulo: Abril Cultural, 1972. p. 61-132. (Os Pensadores).

PENA, Clarice Zientarski; PEREIRA, Anderson dos Anjos. Cristianismo de libertação, teologia da prosperidade e as perspectivas da luta de classes no Brasil. *Revista Brasileira de Educação*, v. 27, p. 1-25, 2022. Disponível em: https://doi.org/10.1590/S1413-24782022270062. Acesso em: 16 set. 2022.

PIERUCCI, Antônio Flávio; PRANDI, Reginaldo. *A realidade social das religiões no Brasil*: religião, sociedade e política. São Paulo: Hucitec, 1996.

PORFÍRIO, *Isagoge*. Lisboa: Guimarães, 1994.

RAMPAZZO, Lino. *Antropologia, religiões e valores cristãos*. São Paulo: Edições Loyola, 1996.

ROCHA, Camilo. *A ascensão e influência das igrejas neopentecostais no Brasil*. São Paulo: Nexo Jornal, 2020. Disponível em: https://www.nexojornal.com.br/explicado/2020/04/19/A-ascens%C3%A3o-e-influ%C3%AAncia-das-igrejas-neopentecostais-no-Brasil. Acesso em: 18 jan. 2021.

ROHDEN, Huberto. *Paulo de Tarso,* o maior bandeirante do evangelho. 2. ed. Rio de Janeiro: Library of the Theological Seminary, 1941.

ROMILLY, Jaqueline de. *A tragédia grega*. Tradução: Ivo Martinazzo. Brasília: UnB, 1998.

SARAMAGO, José. *As intermitências da morte*. São Paulo: Companhia das Letras, 2005.

SARTRE, Jean-Paul. *Entre quatro paredes*. Tradução: Guilherme de Almeida. São Paulo: Abril, 1977.

SELVACI, Monica. *Os judeus helenistas e a primeira expansão cristã*: questões de narrativa, visibilidade histórica e etnicidade no livro dos *Atos dos Apóstolos*. Tese (Doutorado em História) – Universidade Estadual de Campinas, Campinas, 2006. Disponível em: https://doi.org/10.47749/T/UNICAMP.2006.362871. Acesso em: 23 abr. 2022.

SCHAPIRA, Laurie Layton. *O complexo de Cassandra*: histeria, descrédito e o resgate da intuição feminina no mundo moderno. Tradução: Cecília Casas. 2. ed. São Paulo: Cultrix, 2018.

SCHÜTZ, Rosalvo. Homo absconditus: o conteúdo utópico-subversivo das religiões segundo L. Feuerbach e E. Bloch. *Revista Dialectus*, Fortaleza, n. 21, p. 189-207, 2021. Disponível em: http://www.periodicos.ufc.br/dialectus/article/view/70901. Acesso em: 16 mar. 2022.

SCIENZA, Roberto Corrêa. A insurgência das margens: filosofia da diferença e um anarquismo por vir. Tese (Doutorado em Filosofia) – Universidade Estadual do Oeste do Paraná, Toledo, 2022. Disponível em: https://tede.unioeste.br/handle/tede/6245. Acesso em: 17 nov. 2022.

SIMÕES DE PAULA, Eurípedes. Hamurabi e o seu Código. *Revista de História*, São Paulo, v. 27, n. 56, p. 257-270, 1963. Disponível em: https://www.revistas.usp.br/revhistoria/article/view/122191/118939. Acesso em: 05 jan. 2021.

SOARES, Romildo Ribeiro. *As bênçãos que enriquecem*. Rio de Janeiro: Graça Editorial, 1985.

SÓFOCLES. *As traquínias*. Tradução, posfácio e notas: Trajano Vieira. São Paulo: Editora 34, 2014.

SÓFOCLES. *Édipo rei*. Tradução, notas e mosaico hermenêutico: Trajano Vieira. São Paulo: Perspectiva, 2011.

SPINOZA. *Ética*. Tradução: Tomaz Tadeu. 2. ed. Belo Horizonte: Autêntica, 2019.

SPINOZA. *Tratado teológico-político*. Tradução, introdução e notas: Diogo Pires Aurélio. São Paulo: Martins Fontes, 2003.

SUNG, Jung Mo. *A idolatria do capital e a morte dos pobres*: uma reflexão teológica a partir da dívida externa. São Paulo: Edições Paulinas, 1989.

TEC-LOPEZ, René A. El neopentecostalismo y sus caracterizaciones en América Latina. *Revista Política y Cultura*, Ciudad de México, n. 54, p. 105-132, 2020. Disponível em: https://polcul.xoc.uam.mx/index.php/polcul/article/view/1438/1392. Acesso em: 18 jul. 2022.

TERTULIANO. Apología contra los gentiles. Tradução e compilação: Alfonso Ropero. *In*: *Lo mejor de Tertuliano*. Barcelona: Editorial Clie, 2001.

VAIHINGER, H. *A Filosofia do como se*. Tradução: J. Kretschemer. Chapecó: Argos, 2011.

VASCONCELLOS. Paulo Sérgio de. *Mitos gregos*. São Paulo: Objetiva, 1998.

VERNANT, Jean Pierre. *As origens do pensamento grego*. Tradução: Ísis Borges B. da Fonseca. Rio de Janeiro: Difel, 2002.

VERNANT, Jean Pierre. *Mito e religión en la Grecia antigua*. Barcelona: Arial, 2011.

VINCIGUERRA, Lorenzo. *La semiótica de Spinoza*. Ciudad Autónoma de Buenos Aires: Cactus, 2020.

VOLET, Lucas Ribeiro. A faculdade do juízo na Crítica da Razão Pura: discussões sobre o primado da razão prática sobre a teórica. *Cognitio-Estudos*: Revista Eletronica de Filosofia da PUC, São Paulo, v. 8, n. 1, p. 50-59, 2011. Disponível em: https://revistas.pucsp.br/index.php/cognitio/article/view/6224. Acesso em: 15 jan. 2021.

WAVGINIAK, Túlio Melo. *O testemunho no quarto evangelho*: uma análise narrativa de João Batista e do discípulo amado. Dissertação (Mestrado em Teologia) – Pontifícia Universidade Católica do Rio Grande do Sul, Porto Alegre, 2007. Disponível em: https://tede2.pucrs.br/tede2/handle/tede/5863. Acesso em: 22 jul. 2021.

WEBER, Max. *A Ética protestante e o Espírito do Capitalismo*. Tradução: José Marcos M. de Macedo. São Paulo: Companhia das Letras, 2005.

ZOURABICHVILI, François. *Deleuze*: uma filosofia do acontecimento. Tradução: Luiz B. L. Orlandi. São Paulo: Editora 34, 2016.

ZUSAK, Markus. *A menina que roubava livros*. Tradução: Vera Ribeiro. Rio de Janeiro: Intrínseca, 2007.